《第欧根尼》 中文精选版

张冠梓 张 静 总主编

多样的哲学
与全球化世界中的认同

超越与开放

贺慧玲 杜 鹃 主编

Philosophical Research and
Identity in a Globalized World
Transcendence and Openness

中国书籍出版社
China Book Press

图书在版编目（CIP）数据

多样的哲学与全球化世界中的认同：超越与开放／张冠梓，张静总主编；贺慧玲，杜鹃主编. -- 北京：中国书籍出版社，2023.3
ISBN 978-7-5068-9083-0

Ⅰ.①多… Ⅱ.①张… ②张… ③贺… ④杜… Ⅲ.①哲学—文集 Ⅳ.①B-53

中国版本图书馆CIP数据核字(2022)第115137号

多样的哲学与全球化世界中的认同：超越与开放

张冠梓　张静　总主编
贺慧玲　杜鹃　主编

责任编辑	朱　琳
责任印制	孙马飞　马　芝
封面设计	东方美迪
出版发行	中国书籍出版社
地　　址	北京市丰台区三路居路97号（邮编：100073）
电　　话	(010) 52257143（总编室）　　(010) 52257140（发行部）
电子邮箱	eo@chinabp.com.cn
经　　销	全国新华书店
印　　厂	北京九州迅驰传媒文化有限公司
开　　本	787毫米×1092毫米　1/16
印　　张	19.25
字　　数	429千字
版　　次	2023年3月第1版　2023年3月第1次印刷
书　　号	ISBN 978-7-5068-9083-0
定　　价	79.00元

版权所有　翻印必究

前　言

习近平总书记在 2016 年 5 月 17 日召开的哲学社会科学工作座谈会上深刻指出："国外哲学社会科学的资源，包括世界所有国家哲学社会科学取得的积极成果，这可以成为中国特色哲学社会科学的有益滋养。"编选本套两卷本《第欧根尼》精选集旨在为加强中外哲学与人文社会科学学术交流做贡献，为加快构建中国特色哲学社会科学学科体系、学术体系、话语体系服务。

《第欧根尼》（季刊）创办于 1952 年，是联合国教科文组织国际哲学与人文科学理事会会刊，由国际哲学与人文科学理事会赞助并在联合国教科文组织支持下出版。《第欧根尼》刊登国际哲学和人文社会科学各领域学术论文，在世界范围具有广泛的学术影响。该刊的撰稿者多为国际知名学者，论文前沿性较强；以问题为导向，基本上每期均围绕哲学与人文社会科学领域的热门议题进行多角度探讨，跨学科特点明显；主创团队以及国际学术委员会委员来自不同学科、不同地域，具有多样的文化背景，这让该刊具有宽阔的国际视野，观照人类发展，注重推介非西方国家的学术思想和成果，倡导文明间的对话与合作。

《第欧根尼》目前有三个版本：法文版、英文版、中文选刊（半年刊）。《第欧根尼》（中文版）于 1985 年创立，由中国社会科学院主管，先后由中国社会科学院文献信息中心和中国社会科学院信息情报研究院主办。截至 2022 年 1 月，《第欧根尼》（中文版）已出版 74 期，向读者译介了近一千万字原汁原味的国外人文学术经典。论题具有鲜明的时代感，"全球化""文化认同""我们是谁""文化基因""民主""文化史""全球史与宗教""情感与道德生活""城市人类学""普遍性""非洲哲学""美学""艺术史"等论题吸引了相关研究领域科研人员和广大读者的关注。

2008 年至 2019 年，《第欧根尼》（中文版）编辑部将相关论题的已刊论文汇编结集，共出版了三套《第欧根尼》中文精选集。2008年出版了《哲学家的休息》《圣言的无力》《文化认同性的变形》以及《对历史的理解》四部精选集，分别以哲学、宗教、文化和历史为专题。2014年又分别以哲学和文化为主线，出版《哲学在西方精神空间中的地位》《久远的文明与文化多样性的假想》两部精选集。2019年出版的两部精选集题为《全球视野中的哲学研究：相遇与交融》和《人文科学的全球意义与文化的复杂性：多学科进路》。这些精选集不仅在国内产生了良好的社会反响，而且受到国际哲学与人文科学理事会的重视和推崇。

《第欧根尼》（中文版）文章多年来受到《中国社会科学文摘》、人大报刊复印资料等二次文献刊物的青睐，经常被全文转载或部分收录。根据中国社会科学院图书馆国家哲学社会科学文献中心2021年发布的《国家哲学社会科学文献中心建设成果报告（2016—2021年）》，《第欧根尼》（中文版）获得"2016—2020年最受欢迎期刊"荣誉。为响应国家推动学术期刊繁荣发展的高要求，进一步扩大刊物影响，作为推动刊物高质量和可持续发展的一个举措，《第欧根尼》编辑部秉承传统，借鉴编撰专题性文献汇编著作的成功经验和做法，从2018年以来发表的期刊译文中挑选出精品，根据论题需要也挑选2009年以来未收入前述精选集的少量译文，并做相应的整理、编辑和加工，以哲学和文化为主线，编选了本次出版的两部精选集，即《多样的哲学与全球化世界中的认同：超越与开放》和《文化的交融与对艺术的感知：历史与新想象》。

《多样的哲学与全球化世界中的认同：超越与开放》精选《第欧根尼》（中文版）2009年以来，特别是2018年以来的21篇译文，分为两部分，主题分别为"多样的哲学"和"全球化世界中的认同"。《文化的交融与对艺术的感知：历史与新想象》精选《第欧根尼》（中文版）2017年以来的24篇译文，全书也分为两部分，主题分别为"文化研究"和"语言、文学与艺术"。

以下对本书文章的主要内容做简要概述。本书第一部分在"多样的哲学"论题下收入了11篇译文。

《自我——一种现象学解说：时间性、有限性和主体间性》的作者追随胡塞尔和梅洛-庞蒂关于经验的分析，主张构造世界意义的自我并不是一个独我也不是一种单纯的表象形式。构造意义的自我不是一个静态形式或一个孤独的行为者，而是一个具有内部结构并与其他类似的自我具有生成关联的动态形成。《感觉能力》一文分析了英文动词"to feel"的若干不同用法，进而揭示了单纯知觉与感觉之间的差异。作者阐述了感觉的新鲜性、个体性和普遍性。《古日语中的"心灵"：关于其存在的原始理解》旨在阐明古日语中"心"（kokoro）的原始含义，主要参考了日本8世纪中叶形成的古诗集《万叶集》。《交多少朋友合适？谈亚里士多德对"大量交友"的评论》关注《尼各马可伦理学》第九卷第十章，其中，亚里士多德详细论述了结交多少朋友才算合适这一问题，并指出共同生活对友谊的重要性。

《黑人女性主义的我：答"我以为我是谁"之问题》的作者在文中对其作为一个美国黑人女性主义者、专职哲学家的概念定位做了局部描述，借此来例示非洲哲学形成和开展的一种方式。《从女性哲学到临床哲学》通过关注"临床哲学"概念提出叙事/创伤进路来应对压迫和暴力的哲学问题，认为女性主义要充分发挥作用，就应该将自身从一个性别范畴转变为一种哲学，并创造一种女性概念，以其作为哲学的女性主义的核心概念。《虚假新闻与真实性的未来》一文提出为什么信息污染——具体地讲，虚假新闻——在社交媒体上如此容易传播？为什么借助理性和证据来克服它会如此无效？为了解答这两个问题，作者提出了一个关于我们在社交媒体上的某些交流行为的新假设。

《什么是有尊严的生命？》一文作者从"尊严与人类状况""人人都应重视的东西""不朽与尊严""有尊严的生与死""固有的尊严，矛盾的观念"等方面对尊严问题进行了阐述。《尊严与参与》一文指出尊严是一种至高无上的、所有文化都认可的价值。所有人在尊严面前一律平等，应为最弱势的群体、被统治者和穷人伸张尊严，以避免尊严沦为富贵和权势者的特权。《论尊严观念的正确使用》认为对尊严的尊重建立在对自律性、完整性和脆弱性的尊重之上。《联合国教科文组织的跨部门哲学战略》概述了联合国教科文组织的角色，跨部门哲学战略的总体目标、战略的实施、预期成果，联合国教科文组织哲学行动的主要方面；分析了面对世界问题的哲学、世界范围内的哲学教学、推进哲学思考和研究，并就相关活动的开展提出了建议。

本书第二部分在"全球化世界中的认同"论题下收入了以下 10 篇译文。

《作为人而在世生存》指出，人类既非人工创造物，也不是转基因生物，而是与植物和动物共享生命的身体，并自身独有某些诸如语言和思考能力等特质，这些特质提供了获取知识、计划并实现目标以及作用于世界的自由。人类以男女各自的特殊方式，按照群体的特定规范行事。仍未得到解答的问题是，是否有可能产生一种对所有人都有效的普遍伦理。文章聚焦于这一问题，提供了一些来自西方和非洲传统的哲学的和文学的参照。《学以成人：非洲文化的贡献》认为回归非洲的价值观乃是一种必要的返本归源，这使得我们可以为人类大厦添砖加瓦，由此产生了不同的回应运动，如发扬黑人文艺传统运动、民族哲学，等等。

《超越世界主义》认为，界限存在论既是对"我们"必然的重新肯定，又是对"我们"的补充，这种存在论得到我们地球上民族和文化间的多方会谈的支持，是超越世界主义以及构建一个全球范围的人类共同体的手段。《关于普遍模式的争论》认为，消费主义普遍主义正在衰退，对于一种替代发展模式的寻求已刻不容缓。这种替代发展模式应该在技术层面上是可持续的，在社会层面上是更为公平的，在文化层面上是更多样化的，在政治层面上是更具参与性的。《全球化还能以人为本吗？》探讨了文化与经济全球化的诸多方面，主张物质和智力资源在世界各个国家和地区更为公平的分配。

《人工智能真的不存在？关于一种有争议的科学的几个澄清要素》旨在对何为人工智能、人工智能是否存在等问题做一些澄清。《数字机制的可靠性》一文的两位作者说明了当前状态下新的社交媒介不值得信任的三个理由，也简要评述了当前为构建可信赖的数字机制所做的尝试。《对自然科学发展的几点见解》描述了 1955—1960 年在科技发展中、在科技发展与社会的关系中的一种转向；分析了巨大化与微型化这两种技术发展方式，并将它们与世界的变迁（冷战和后冷战时期）、学科中的趋异/趋同现象紧密相联；通过引入道德重估概念来说明"科学中的道德运动"；概述了科学界内部对于日趋更甚的社会抗议（针对核设施、卫生危机、转基因生物、纳米技术，等等）的各不相同甚至对立的反应。

《是一部世界宗教史还是多部世界宗教史？》一文的作者指出，一个世纪以来，人文与社会科学发生过数次转向，每次转向都是决定性的并彻底改变了全部知识，目前引发争论的最大转向是全球转向。文章探讨了始于20世纪90年代初的"全球转向"代表了什么征兆？全球性的转向把有关神圣信仰体系的认识引向了何方？世界史学或全球史学的特点是什么？文章还探讨了宗教在全球史中的作用，以及重新创立宗教史是否可能。

《卡迪·西拉和查利·范达默的影片〈无声的独白〉：有关女性全球化的（不那么新的）故事》探讨了全球化对非洲电影的影响，特别关注非洲女导演的社会性别视角。作者特别以电影《无声的独白》为例，认为卡迪·西拉在影片中能够将诗歌或文学写作与电影写作结合起来，通过一种将文本和影像结合起来的戏剧化，即诗喃这种创作方法，展示了日常生活的全球化。

以上概述了本书译文的主要内容。期待所编选的这些译文能够为读者了解和思考国内外哲学和人文社会科学的前沿动态提供有益的参考。

感谢《第欧根尼》（中文版）编委对刊物给予的一贯支持，感谢《第欧根尼》（中文版）历任主编为刊物付出的巨大心血，感谢各位译者的辛勤劳动。感谢期刊室同志的帮助。当然，还要感谢中国书籍出版社编辑同志为本套文集所做的专业细致的编辑校对工作。

由于所编选的译文涉及学科多、论题多、语种多，在编选文集的过程中难免出现疏漏。不当之处，敬请读者批评指正。

编者
2022年3月

目 录

上篇　多样的哲学

自我——一种现象学解说：时间性、有限性和主体间性
　　莎拉·海因娜玛　著 …………………………………………… 3
　　萧俊明　译

感觉能力
　　佐佐木健一　著 ………………………………………………… 20
　　萧俊明　译

古日语中的"心灵"：关于其存在的原始理解
　　佐佐木健一　著 ………………………………………………… 36
　　杜　鹃　译

交多少朋友合适？谈亚里士多德对"大量交友"的评论
　　迪米特里·穆尔　著 …………………………………………… 62
　　马胜利　译

黑人女性主义的我：答"我以为我是谁"之问题
　　克里斯蒂·多森　著 …………………………………………… 81
　　萧俊明　译

从女性哲学到临床哲学
　　金井芳子　著 …………………………………………………… 104
　　杜　鹃　译

虚假新闻与真实性的未来
　　迈克尔·林奇　著 ……………………………………………… 120
　　萧俊明　译

什么是有尊严的生命？
　　塔内拉·博尼　著 ……………………………………………… 135
　　马胜利　译

尊严与参与
　　穆罕默德·萨瓦多哥　著 ·············· 150
　　彭姝祎　译

论尊严观念的正确使用
　　彼得·肯普　著 ·················· 157
　　贺慧玲　译

联合国教科文组织的跨部门哲学战略
　　联合国教科文组织 ················ 164
　　贺慧玲　译

下篇　全球化世界中的认同

作为人而在世生存
　　塔内拉·博尼　著 ················· 173
　　杜鹃　译

学以成人：非洲文化的贡献
　　米雷耶·阿拉泰·博多　著 ············ 183
　　贺慧玲　译

超越世界主义
　　M.伯纳德·拉莫斯　著 ·············· 193
　　俞丽霞　译

关于普遍模式的争论
　　克洛德·阿尔巴利　著 ·············· 202
　　贺慧玲　译

全球化还能以人为本吗？
　　本·萨利姆·希姆什　著 ············· 217
　　孙艳　译

人工智能真的不存在？关于一种有争议的科学的几个澄清要素
　　让-塞巴斯蒂安·韦尔　热拉尔德·加利奥　著 ····· 232
　　贺慧玲　译

数字机制的可靠性
　　雅各布·多梅尼库奇　米拉德·杜埃伊　著 …………… 245
　　贺慧玲　译

对自然科学发展的几点见解
　　热拉尔·图卢兹　著 ……………………………………… 256
　　贺慧玲　译

是一部世界宗教史还是多部世界宗教史？
　　莱昂内尔·奥巴迪亚　著 ………………………………… 266
　　马胜利　译

卡迪·西拉和查利·范达默的影片《无声的独白》：
有关女性全球化的（不那么新的）故事
　　奥迪勒·卡泽纳夫　著 …………………………………… 275
　　贺慧玲　译

作者简介 ………………………………………………………… 290

CONTENTS

Part 1 Philosophical Research

Self, A Phenomenological Account: Temporality, Finitude and Intersubjectivity
    Sara Heinämaa 3

The Faculty of Feeling
    Ken-ichi Sasaki 20

"Mind" in Ancient Japanese: The Primitive Perception of Its Existence
    Ken-ichi Sasaki 36

How Many Friends Should We Have? Notes on Aristotle's Refusal of Poluphilia
    Dimitri el Murr 62

Black Feminist Me: Answering the Question "Who Do I Think I Am"
    Kristie Dotson 81

From Philosophy of the Feminine to Clinical Philosophy
    Yoshiko Kanai 104

Fake News and the Future of Truth
    Michael Lynch 120

What is a Life of Dignity?
    Tanella Boni 135

Dignity and Engagement
    Mahamadé Savadogo 150

On the Good Use of the Idea of Dignity
    Peter Kemp 157

Unesco Intersectoral Strategy on Philosophy
    UNESCO 164

Part 2 Identity in a Globalized World

Living in the World as Humans
 Tanella Boni ··· 173

Learning to Be Human: The Contribution of African Culture
 Mireille Alathé Bodo ·· 183

Transcending Cosmopolitanism
 Mogobe Bernard Ramose··· 193

Controversies around a Universal Model
 Claude Albagli·· 202

Can Globalization Still Be Humanized?
 Bensalem Himmich ·· 217

Does Artificial Intelligence Really Not Exist? Some Points of Clarification about a Controversial Science
 Jean-Sébastien Vayre, Gerald Gaglio ····································· 232

Digital Institutions
 Jacopo Domenicucci, Milad Doueihi ······································ 245

Snapshots from the Development of the Natural Sciences
 Gérard Toulouse ··· 256

Global History of Religion, Global Histories of the Religions
 Lionel Obadia ·· 266

The Silent Monologue by Khady Sylla and Charlie Van Damme: Some (Not So New) Gendered Stories of Globalization
 Odile Cazenave ·· 275

Notes on the Contributors ·· 290

上篇
多样的哲学

自我——一种现象学解说：时间性、有限性和主体间性[*]

莎拉·海因娜玛　著
萧俊明　译

　　对于欧洲哲学的批评和抨击往往说它是一种落伍的思维方式，不能解决当今世界的问题。它被刻画为个体主义的、人类中心论的和欧洲中心论的，与所谓更加多元主义的、社群主义的和生态的进路形成比照，后者是在当今的政治哲学、自然哲学和本体论中被提出的，并得到了最为生动的阐述。

　　后人类（主义）、新实在论、新唯物主义以及新生机论等思想运动的目的无非是通过创造服务于全球平等公正政治的备选概念化来接受这一挑战——不只是服务于所有人类和文化，还服务于动物王国以及最终地球本身。

　　这些讨论中提出的最流行的论点之一，是宣称欧洲哲学景观必须而且能够借助前现代思维方式提供的新概念工具加以重构。许多当代思想家还主张，欧洲哲学应该由非欧洲的智慧和学识传统来孕育。第三类日益普及的概念见于数学或数学化自然科学，最为重要的是系统论、量子力学和集合论中的概念（例如，巴迪乌，[1969]2007；芭拉德，2007）。

　　这些进路共有着这样一种观念，即当代欧洲哲学的主要问题根源在于其所传承的笛卡尔主义（梅亚苏，2006；贝内特，2010；布雷多蒂，2013；布雷多蒂，2016；哈曼，2018）。如果这种观念成立，那么要使欧洲思想重新振作焕发新的活力，就必须将所有的笛卡尔原理从中连根除掉。笛卡尔作为哲学遗产留给我们的二元论框架——在这种框架中，思维与延展对立，心与身对立，自我与任何异己者对立——必须由一元论的概念化取代，无论是关于前所未有的事件的概念化，还是关于动态力量和过程的概念化。

通常认为，康德的自我是一种伴随我们的一切表象的形式，这一论断充分地捕捉了笛卡尔的我思（ego cogito）——思维的自我。在康德的这种重新解释中，自我不过是一种形式的思维和经验因素，因而独立于历史、文化和活的身体因素，对所有人类主体是普遍地相同的。

然而，这种康德版本的笛卡尔主义并不是解释和发展笛卡尔关于自我的不可规避性的论点的唯一可能的方法。康德对笛卡尔主义的理解占据着主导地位，我想在本文中对康德的理解提出质疑，为此我提出的论点是，笛卡尔哲学的基本想法被20世纪的现象学家接受，并以一种不同于康德主义的方法被重新解释。在我看来，最具创造性地发展了笛卡尔的见识的两位现象学家是现象学运动的奠基者埃德蒙德·胡塞尔和他的法国批评者莫里斯·梅洛-庞蒂。在其文集《符号》的导论中，梅洛-庞蒂甚至认为关于笛卡尔主义的争论"没有多大意义，因为那些对笛卡尔说三道四的人不过是用归于笛卡尔的理由来拒斥他"（［1960］1998, 17/11）。

我在这里将追随胡塞尔和梅洛-庞蒂关于经验的分析，并且主张，构造世界意义的自我并不是一个独我（solus ipse），也不是一种单纯的表象形式。构造意义的自我不是一个静态形式或一个孤独的行为者，而是一个具有时间厚度和内部结构的动态形成。此外，在现象学的论述中，先验自我并不只在智性活动中运作，而且还在情感性和运动性中、在表达和交流中运作（参见许茨，［1957］2005, 114–115）。因此，自我并不是一定声称"我判断"和"我反思"，而且还表明"我感觉""我痛苦""我移动""我微笑"以及"我被人叫"。

一、自我的结构

在其《笛卡尔式的沉思》第四沉思中，胡塞尔以区分两个不同的维度来澄清他对自我的理解：一方面是作为行为极的自我，另一方面是人格自我（Personale Ich, Person）。[1] 胡塞尔在20世纪10年代到20世纪20年代完成的《纯粹现象学和现象学哲学的观念》第2卷中已经对自我的这两个维度进行了讨论和澄清，但是胡塞尔直到《笛卡尔式的沉思》问世（20世纪20年代末首次以法文出版）才对其做了全面详解。

在胡塞尔的详解中，作为一个行为极的自我是意向行为的主体，也就是说，自我是被作为单纯的行为施行者来理解和研究的。胡塞尔认为，每一个可以从意向体验流辨别出的行为都是从一个同一的中心"放射"或"散发"出来的；每一个意向行为都是作为这种放射射线给予我们的（《胡塞尔全集》第 1 卷，100/60，129/98；《胡塞尔全集》第 4 卷，97-98/103-104，104-106/100-112；Ms FIII 1 240b；参见，《胡塞尔全集》第 3 卷，63-66/72-76，85-86/100-103，109-110/132-133，150/180，159-161/190-191；《胡塞尔全集》第 4 卷，256/277-278）。

体验流包含自我的意向行为，还包含非意向的感觉、感受和驱动。在胡塞尔看来，自我行为不仅包括思维、判断、知道和相信等理论行为，还包括情绪感受和评价等价值论行为以及欲望、意愿和决断等实践行为——所有这些行为都处于各种各样的形态和改变中。此外，自我还在接受体验的方式中运作，也可以说是以与格而非主格运作。因此，"我判断""我知道"与"我爱""我恨""我后悔""我希望""我想"及"我决定"交替，而且还与"我被触动""我被感动"及"我被影响"交替（例如，《胡塞尔全集》第 4 卷，98-99/104-105；斯坦伯克，1995，34）。

所以，首先，现象学分析所揭示的自我是所有从流动的意识整体凸显出来的多重行为——实际的和可能的——之极。仿佛行为以自我为中心围绕其周围，类似于它们以对象极为中心围绕其周围。然而，在确立了这个基本点之后，胡塞尔指出，自我并不单纯是一个行为极或瞬间行为的同一中心。它还具有一个时间结构，并且总是向后指涉自己的过去。行为不是孤立的原子式的单位，而是具有相互之间的内在指涉，因而形成一个整合的连续体（例如，《胡塞尔全集》第 3 卷，165/195-196；《胡塞尔全集》第 4 卷，106/112，135/143；胡塞尔，1994，114）。

胡塞尔使用术语"习惯"和"习性"（Habitus、Habitualität）来描述不同于作为孤立行为施行者的自我的时间构造（《胡塞尔全集》第 1 卷，100 以下/66 以下；《胡塞尔全集》第 4 卷，111-114/118-121；《胡塞尔全集》第 14 卷，43；参见，贝尔内特、克恩和马尔巴赫，［1989］1995，199 及以下；莫兰，2014a；斯坦伯克，1995，33-36；卡瓦拉罗，201b；榊原哲也，

1997）。他告诫说，我们不应从惯例和社会习俗的日常意义来理解这个术语（《胡塞尔全集》第 4 卷，111/118）。它指涉的是内时间中的某些过程。自我行为在内时间中被确立，新的行为层叠于更早的行为，因而形成了一种活动形式或活动完形。这种时间完形是个体所独有的，我们因此可以认为，自我具有一种特定的行为和关联的节奏和风格（《胡塞尔全集》第 4 卷，276-278/289-290，349/360；《胡塞尔全集》第 14 卷，36，46，53；参见，梅洛-庞蒂，［1945］1993，100/73-75，214/164-165，519/406；斯坦伯克，1995，34-36）。

胡塞尔将"先验人格"或"先验自我的人格"（Person, Pesönlichkeit）称为完形，这种完形是在内时间中的自我行为的确立和习惯化中形成的（《胡塞尔全集》第 1 卷，101/67，参见，67/28，129/98）。[2] 在他看来，具体自我并不是去意愿、享受和设定存在的瞬间行为者，而总是带有一个意愿、享受和设定存在的过去。自我并不单纯是同时性行为的总体，而是具有一个在内时间中形成的意向行为的内在"历史"。换言之，自我具有一个**发生**：

> 这个置于中心的自我并不是一个空洞的同一性极，就像任何一个对象也不是同一性极。相反，按照一种"先验发生"规律，这个自我随着每个从其放射出并且具有一个新的对象意义的行为而获得了一个新的持久属性。（《胡塞尔全集》第 1 卷，100/66；参见《胡塞尔全集》第 4 卷，310-311/324）

胡塞尔通过研究判断形成的例子来阐明行为习惯化的过程。他解释说，每当我们做出一个判断时，判断总是以一种特别的方式成为我们自己的判断：它成为我们的先验习惯的一部分。判断在我们以另一个行为否弃它之前一直以这样的方式是我们自己的判断；之后，它仍然作为一个曾被持有、执行然后被否弃的判断是我们自己的判断（《胡塞尔全集》第 1 卷，100-101/66-67；《胡塞尔全集》第 4 卷，113 以下/120 以下；参见，雅各比，2010；莫兰，2011；雅各比，2014；莫兰，2014b）。这并不是说我们在否弃判断之前每时每刻都在重复它，而是说，从我们做出判断那一刻起，我们是这样判断和相信的我们。

类似地，当我的朋友关系结束时，我并不是以任何神奇的方式消除或使自己摆脱赏识和爱恋的情感，而是在自身内继续保持着这些情感，不过，现在是以过去的方式保持着。这并不是说我认为我对我的情感耿耿于怀，而是说我把朋友关系与同志情谊，比如与信任、交情或互惠搞混了。我知道我真的爱我的朋友，但同时我也知道我已经体验了这段情感，开始了新的生活；并且我知道这种情感现在已经属于我的过去。我不再过正在爱的生活——我在过爱过的生活。

胡塞尔强调，我们不应将决断、信念或情感的持久性与回忆或想象这类状态的体验混淆起来（《胡塞尔全集》第 1 卷，101/66；参见《胡塞尔全集》第 4 卷，111 以下 /120 以下）。我当然可能想起我最近与我的朋友相遇的经历，真实和真诚地将之作为过去来回忆，但只有在我放弃了她此时此刻就在这里的信念之后才会回忆。只要我仍然相信她在这里，或带有情感以及伴随着的评价，只要我没有否弃它们，我就可以总是返回到它们，并且我发现它们没有改变，是我自己的，是我的一部分。在胡塞尔看来，信念的这种持久性甚至在沉睡中还保持着。他认为：

> 每一次的其他决断如评价的决断和意愿的决断同样如此。我决定：这个行为过程消失，但决定却保持下来；不管我陷入沉睡而变得被动，还是体验其他行为，这个决定都继续被接受；相应地，只要我没有放弃这个决定，我从此以后就要被如此决定。（《胡塞尔全集》第 1 卷，101/67）

概而言之，我们可以认为，胡塞尔以《纯粹现象学和现象学哲学的观念》第 2 卷中所详述的、《笛卡尔式的沉思》第四沉思所定义的先验人格概念开始了对先验自我的时间性的新讨论：行为极是诸行为的同一中心，但是时间上具体的自我，即先验人格是在内时间中由体验的习惯化所形成的一个结构，它作为行为是转瞬即逝的，但作为自我的成就是持久的并且相互层叠。行为极和人格不是先验自我两个分离的部分或阶段，而是在本质上联结在一起的，只有通过分析才能区分。

在其20世纪20年代到20世纪30年代的研究手稿中，胡塞尔进一步详述了这种关于自我的分析。但此时他的着眼点落于评价和感受等价值论行为，于是自我的一个新维度显现出来。这就是深度维度。[3]

在分析评价情感的多样形式时，胡塞尔认识到某种爱的变体在汲取力量和强度方面不同于所有其他类型的情感，它不是从被体验的对象而是从体验的主体本身汲取。然后他论证说，这种特定的情感在我们的生活中具有一种调节功能，因为它让我们得以建立各种职业和持久的个人观照关系，进而将我们的生活组织成统一的有意义整体。[4]在从1919年开始讲授的哲学入门讲座《哲学导论》中，我们读道："引向真正的天职或职业的守护神通过爱来言说。所以，它不仅达及客观善和客观上最大的善，而且每一个守护神具有她爱的领域和她'爱的义务'。"（《胡塞尔全集》材料9，146，n.1；参见，梅勒，2002；洛伊多尔特，2012）

在胡塞尔的分析中，真正的爱源自意向体验的对立极，而不是其他情感和其他类型的体验，后者都具有其"就在那里"的感情基础（例如，胡塞尔，[1939]1985）。换言之，这种情感的感情来源不同于其他行为的感情来源；它在体验的自我自身之中，在其最内和最深的活的核心之中。[5]

在《现象学的边界问题》所包含的反思中，胡塞尔第一次解释说："爱启发的评价从主体流向个别对象，并将一种并非衍生于对象自身而最终衍生于其（自我）的价值给予或赋予对象"（《胡塞尔全集》第42卷，352）。几页之后，他详细解释了这种关于爱的分析对于自我结构的意蕴所在：

> 自我是一个极，而不是一个空点。它不是品质的一个空洞和死的基质，而是行动的自我中心，具有其自己的自我深度……然而，一个显著的特点是，这个自我不仅是一个极化的置于中心的内在性，因而完成了产生于其自身的意义、评价和行为，而且还是一个个别的自我，这个自我在进行其所有的呈现、感觉、评价、决断时都具有一个最深度的中心，即明显的人格意义上的爱的中心；处在这种爱中的自我跟随一个"召唤"、一个"天职"、一个最深处的召唤，它冲击着自我自身的最深处的中心，

并且坚定地进行新的决断。(《胡塞尔全集》第42卷,358-359)

这个详细说明的蕴含是,构造的自我具有一个三维结构。正如我们在上文已经看到的,《笛卡尔式的沉思》详述了自我的两个必然维度:作为意向活动中心之极的自我和作为内在时间中格式化的这类活动的一个完形的自我。但是现在我们开始注意到,胡塞尔关于情感和职业的反思揭示了自我的第三个维度,即内在深度的维度。正如他在《欧洲科学的危机和超越论的现象学》中所表明的,我们不仅是"平面生物",而且是具有深度的直立生物(《胡塞尔全集》第6卷,120-123/118-121)。

这些详解帮助我们认识到胡塞尔式的自我与康德的自我非常不同:它不只是认知的,而且还是有感情、有情感、进行评价奋争的自我;它不是固定的或稳定的,而是发展中的;它不是超越时间的,而是跨越时间的;它不是普遍的,而是个别的。

这种关于自我的解释还会使我们更容易理解胡塞尔为什么和如何论证世界的完全意义的构成基础不在先验自我,而在这些自我的共同体,即在先验的主体间性。

胡塞尔在许多语境中以不同的概念——系统的以及历史的——主张这一立场。这一论题将《笛卡尔式的沉思》中的认识论和方法论反思与后期的文化哲学和伦理学著作《欧洲科学的危机和超越论的现象学》以及发表在日本《改造》杂志上的文章(《胡塞尔全集》第27卷)串联起来。为了给下一节的详述奠定一个基础,我以援引胡塞尔最明晰的一段陈述来开始,这是在《欧洲科学的危机和超越论现象学》的增补手稿中的一段论述。我们在这里读道:

当然,如果我们将先验主体性解释为一个孤立的自我,并且追随康德的传统忽略详述一个先验主体共同体的整体任务,那么便会丧失所有先验地理解自我和世界的可能性。(《胡塞尔全集》第29卷,120)

二、主体间性与生成性

从20世纪20年代开始,胡塞尔就一以贯之地表明,世界的完全意义是一个开放的先验自我共同体的构造成就。体验的自我并不是凭借自我或在孤立的活动中确立世界的意义,而是在共同体中与其他自我的交流中构造这个意义。"主体性只有在主体间性之中才是它所是的那个东西——即以构造的方式起作用的自我",这是胡塞尔在《欧洲科学的危机和超越论的现象学》中的一段著名论述(《胡塞尔全集》第6卷,175/172)。在1929年为《笛卡尔式的沉思》第五沉思写的初稿中,他声称:

> 就这样,主体性扩展为主体间性,或者毋宁说,更确切地讲它并未扩展,而只是主体性更好地理解了自身。它将自己理解为一个原始的单子,这个单子在自身中以意向的方式承载了其他单子。(《胡塞尔全集》第15卷,17)

当代胡塞尔学术研究以这些论证和反思为着眼点,纠正了一个持久而顽固得令人吃惊的错误概念:经典超越论现象学是对康德主义的简单重述。这表明,在胡塞尔看来,世界性的构成来源不在使自己孤立于任何异己者的自我中,也不在所有自我平等地和毫无区别地共享的普遍原则或形式中(例如,扎哈维,1996;榊原哲也,1997;卡尔,1999;扎哈维,2014,2015;参见,卡瓦拉罗,2020)。

如果我们想找到超越论现象学的正宗哲学先驱,就必须严肃地看待胡塞尔对莱布尼茨的单子论的参照(例如,《胡塞尔全集》第8卷,190;参见梅尔滕斯,2014;施特拉瑟,1975)。莱布尼茨的单子和单子论和谐概念累积起来有助于解释胡塞尔的论点:对象世界的构成基础在相互交流互动的自我的无穷多元性中。

然而,胡塞尔认为,主体间和谐不仅是另一个前定状态,而且还是一个历史任务。[6]当胡塞尔将先验主体性理解为在本质上是事实的并有时间深度时,这种对"单子共同体"概念的基本上是历史的重述对他来说便是可能的(《胡塞尔全集》第1卷,103-107/69-72,167-168/140-141d)。我们具有的不是纯粹精神的稳定的博爱,而是具有独特行为和关联风格的具身自我的交流生成(参见,斯坦伯克,1995,34-35)。构造的自我在意向上与其他自我——

现在的、过去的和未来的——联结起来，这些自我在交流互动中一起确立世界的完全意义。在1930/1931年的一份手稿中，胡塞尔清晰表述说：

> 世界在其中得以构造的超越性在于它是通过他人和生成地构成的主体间性构造的，并由此获得了其作为一个无穷或无限的世界的本体意义。（《胡塞尔全集》材料8，393）

我们发现胡塞尔本人以及他的早期解释者以几种不同的方式释义了这个生成性观念。例如，梅洛－庞蒂强调先验主体的运作的、表达的身体性，并使用交叉路口的隐喻来阐明先验主体构成关联：

> 先验的主体性是一种向自身和他人显示的主体性，因此它是一种主体间性（梅洛－庞蒂，[1945] 1993，415/323；参见，莫兰，2013）。
>
> 现象学的世界不是纯粹的存在，而是意义，是在我的多种多样的体验之路的交叉之处显示的意义，还是在我和他人的交叉并像齿轮那样相互咬合之处显示的意义。因此，它与主体性和主体间性是不可分离的，当我或者是在现在的体验中再现我过去的体验，或者在我自己的体验中再现他人的体验时，它们便找到了它们的统一性。（梅洛－庞蒂，[1945] 1993，XV/XVIII）

这个生成主体间性的命题含有一种对有限性和死亡意识在世界构造中的作用的关键洞察。为了在多重生成中有意识地相互关联，构造世界的自我必须意识到自己的有限性，即出生和死亡（例如，《胡塞尔全集》第15卷，140，168-169，177-181，280；参见，斯坦伯克，1995，36）。这是因为对未来的他人、接替者和后代的意识仍然只是语言的，除非我们能够将我们的生命理解为受中断性的死亡事件威胁和限定的有限形态。换言之，一个对其自己的时间限度没有意识的自我不能理解任何因生死界限与自己分隔的过去或未来的他人。

要想弄明白胡塞尔和梅洛－庞蒂世界的完全意义是由一个生成性的自我

共同体构造的这一论点的主要意蕴,研究胡塞尔从共同构造者的主体间共同体排除出去的两种特殊情况是不无教益的:婴儿和动物。胡塞尔基于同样的理由排除了二者:二者都没有作为一个与其他世代和所有开放的世代相关联的世代之成员的亲身体验。[7]

胡塞尔认为,婴儿和动物都有意识地参与并意向性地生活于许多不同类型的同代者共同体,甚至生活在用于多种实际目的的符号的共同体中。但是,他认为,关键在于无论是婴儿还是动物,它们没有作为一个已经出生并将死亡的生物的亲身体验,这个生物与其他不在的不能以血肉显现的类似生物分享着一个共同的过去和未来。

由于我们的生死而在成熟人类体验方面与我们分隔的他人不只是对我们而言是偶然地不在的,而且在其本质上是不在的:有些活在我们出生前,还有些将活在我们死后。只要婴儿和动物主体没有意识到自己是有生有死的生物,就不能对这两类他人有意向(《胡塞尔全集》第15卷,140,171,184-185;参见,梅洛-庞蒂,[1945]1993,415-416/361-362)。

我们成熟成年人可以通过语言达及这两类不在的他人,这可以以几种不同的方式来实现(《胡塞尔全集》第15卷,224-225,108-181;《胡塞尔全集》第6卷,307/328)。比如,我们可以听和读关于我们祖先的故事,在祈祷中与这类他人沟通;我们还可以在比我们大的同代人重复他们的话语时捕捉其所言,在没有任何第三方的中介(或除了语言的任何中介)下阅读他们所写的东西。类似的,我们可以通过我们的写作对我们的后继者说话,并且我们可以让比我们年少的同代人照此向他人重复我们所言。对于语前婴儿和动物来说,"所有这一切都是无意义的,因为它们不知道自己是有生有死的生物,具有在时间上先于和后于它们的他人世代"。胡塞尔解释道:

> 一个动物……并没有一种作为历史时间的跨越世代的时间统一性,也没有通过时间而延续的世界统一性,它不会有意识地"具有"这种统一性。我们,我们人类则是这样的生物:我们在对我们有效的我们的世界中具有(动物)世代的链条、更迭和分支,等等。动物本身没有它们有意识地生活于其中的生成世界,没有在开放的世代无穷性中的有意识

生存,并且相关地,没有在一个我们人类通过人格化归于它的真正环境世界中的有意识生存。(《胡塞尔全集》第 15 卷,181)

从根本上没有生成时间和跨越世代的交流,蕴含着若干不具有或缺乏:就婴儿和动物没有世代链中的有意识成员资格而言,它们不能参与跨世代实践,并且不能分享这类实践的成就。这就使它们不具有关键意义上的文化和文化目的性:在一种无穷开放性中与多重世代分享的文化—历史目标,从未来世代的视角保留、维护和修复的文化—历史工具和器皿,以及最后包含所有这些开放性的文化—历史世界。

因此,胡塞尔认为文化、传统和历史意识是携手并进的,而所有这些意识取决于生死意识(《胡塞尔全集》第 15 卷,140-141, 168-169, 177-181, 280;第 1 卷,169/142;第 6 卷,191/188, 262-263/258-259)。在他看来,任何缺乏这些基本意识的主体不可能意向于这样的文化目的性或将这些目的性包含于一种无限开放性中的文化—历史世界。

每一件工具、每一件器皿、一所房子、一座花园、一座雕像、一座祭坛、一个宗教象征,都是(这种目的性)的例证。这类文物的目的是要实现一种无限的目标无穷性,这种无穷性是指人格和真正可能的环境的无穷性。而这对每一件文物都普遍适用。(《胡塞尔全集》第 27 卷,98)

三、结语

我在本文中论证的是,胡塞尔现象学对笛卡尔的自我概念提出了一种有力而可行的重新解释,它避免了康德的形式主义和智性主义的困境。在胡塞尔和梅洛-庞蒂的阐述中,自我不是单纯的表象形式,也不是从事制造意义的构造活动的孤独行为者。相反,自我具有三维的内在结构:(1)作为意识生活和意向活动之中心的自我极;(2)作为自我活动的习惯化完形的人格自我;以及(3)自我的价值论意向行为的深度。这三个维度对于我们理解先验主体间性的构成作用至关重要:世界的完全意义的构成来源不在孤立的自我,也不在同时期单子共同体。毋宁说，世界将其纵向结构和无限开放性作为先验人格的生成共同体的相关来接受。

Sara HEINÄMAA:
SELF-A PHENOMENOLOGICAL ACCOUNT:
TEMPORALITY, FINITUDE AND INTERSUBJECTIVITY
(DIOGENES, No. 269–270, 2020*)*

注：

*胡塞尔的Intersubjektivität英译为intersubjectivity，中文多译为"交互主体性""共主观性"，但涉及其他哲学家时则不适合采用这种专有译法，故此统译为"主体间性"。——中译者注

［1］关于具体自我，即具有时间性和意向性的自我，胡塞尔使用了莱布尼茨的术语"单子"（例如，《胡塞尔全集》第1卷，102-103/67-68，125-126/94；《胡塞尔全集》第14卷，34-35）。

［2］海因娜玛将这种先验意义的人格与其他几种意义的人格进行了区分：作为关联方式主体的人格、作为有动机行为者的人格，以及作为经验主体和人的人格。

［3］这些后期反思可能在《胡塞尔全集》第42卷《现象学的边界问题》和《胡塞尔全集》材料9《哲学导论》中找见。

［4］关于全面的阐述和讨论，见海因娜玛，2020。

［5］胡塞尔为了强调这一事实写道，"并不是所有（行为）都类似地以自我为中心"（《胡塞尔全集》第42卷，358）。

［6］单子论和先验主体间性这两个概念相互补充但互有不同。单子论是一个纯粹的可能性概念，而先验主体间性是受先验自我的事实性限定的（《胡塞尔全集》第1卷，166-168/139-141；参见140/110-111）。由此推论，单子论是非时间的，而先验主体间性具有一种生成形式（参见斯坦伯克，1995）。

［7］关于更全面的阐述，见海因娜玛，2013。

参考文献：

巴迪乌，A., Badiou, A. (2007 [1969]) *The Concept of Model:An Introduction to the Materialist Epistemology of Mathematics*, Melbourn: re. press。

芭拉德，K., Barad, K. (2007) *Meeting the Universe Halfway: Quantum Physics and the Entanglement of Matter and Meaning*, Durham and London: Duke University Press。

贝内特，J., Bennett, J. (2010) *Vibrant Matter: A Political Ecology of Things*, Durham and London: Duke University Press。

贝尔内特，R., 克恩，I. 和马尔巴赫，E., Bernet, R., Kern, I. and Marbach, E. (1995[1989]) *An Introduction to Phenomenology*, Evanston, Illinois: Northwestern University Press。

布雷多蒂，R., Braidotti, R. (2013) *The Posthuman*, Cambridge, UK, Malden, USA: Polity。

布雷多蒂，R., Braidotti, R. (2016) "Anthropos Redux: A Defence of Monism in the Anthropocene Epoch", *Frame*, 29(2): 29–46。

卡尔，D., Carr, D. (1999) *The Paradox of Subjectivity: The Self in the Transcendental Tradition*, Oxford: Oxford University Press 。

卡瓦拉罗，M., Cavallaro, M. (2020) "Ego-splitting and the Transcendental Subject: Kant's Original Insight and Husserl's Reappraisal", 收入 I. 阿波斯托莱斯库（主编）, in *The Subject (s) of Phenomenology: Rereading Husserl*, ed. Iulian Apostolescu, Dordrecht: Springer, 107–133。

卡瓦拉罗，M., Cavallaro, M. (2016) "Das 'Problem' der Habituskonstitution und die Spätlehre des Ich in der genetischen Phänomenologie E. Husserls", *Husserl Studies*, 32(3): 237–261。

哈曼，G., Harman, G. (2018) *Object-Oriented Ontology: A New Theory of Everything*, St. Ives: Pelican。

海因娜玛，S., Heinämaa, S. (2013) "Transcendental Intersubjectivity and Normality: Constitution by Mortals", 收入 D. 莫兰 和 R. T. 廷森（主编）, in *The Phenomenology of Embodied Subjectivity*, Contributions to Phenomenology Series, eds. Dermot Moran and Rasmus Thybo Jensen, Dordrecht: Springer, 83–103。

海因娜玛，S., Heinämaa, S. (2020) "Values of Love: Two Forms of Infinity Characteristic of Human Persons", *Phenomenology and the Cognitive Sciences*。

胡塞尔，E., Husserl, E. (Hua1) *Cartesianische Meditationen und Pariser Vorträge, Husserliana I*, ed. S. Strasser, The Hague: Martinus Nijhoff, 1950, in English: *Cartesian Meditations*, trans. Dorion Cairns, Dordrecht, Boston: Martinus Nijhoff, 1960。

胡塞尔，E., Husserl, E. (Hua4) *Ideen zu einer reinen Phänomenologie und phänomenologischen*

Philosophie, Zweites Buch: Phänomenologische Untersuchungen zur Konstitution, Husserliana IV, ed. Marly Biemel, The Hague: Martinus Nijhoff, 1952, in English: *Ideas Pertaining to a Pure Phenomenology and to a Phenomenological Philosophy, Second Book: Studies in the Phenomenological Constitution*, trans. Richard Rojcewicz and Andrew Schuwer, Dordrecht, Boston, London: Kluwer Academic Publishers, 1993。

胡塞尔, E., Husserl, E. (Hua6) *Die Krisis der europäischen Wissenschaften und dietranszendentale Phänomenologie: Eine Einleitung in die phänomenologische Philosophie, Husserliana VI*, ed. Walter Biemel, The Hague: Martinus Nijhoff, 1954, in English: *The Crisis of European Seiences and Transcendental Phenomenology: An Introduction to Phenomenological Philosophy*, trans. David Carr, Evanston: Northwestern University Press, 1988。

胡塞尔, E., Husserl, E. (Hua8) *Erste Philosophie, Zweiter Band: Theorie der phänomenologischen Reduktion*, ed. Rudolf Boehm, The Hague: Martinus Nijhoff, 1959。

胡塞尔, E., Husserl, E. (Hua14) *Zur Phänomenologie der Intersubjektivität, Texteaus dem Nachlass, Zweiter Teil (1921-1928), Husserliana XIV*, ed. Iso Kerm, The Hague: Martinus Nijhoff, 1973。

胡塞尔, E., Husserl, E. (Hua15) *Zur Phänomenologie der Intersubjektivität ,Texteaus dem Nachlass, Dritter Teil (1929-1935), Husserliana XV*, ed. Iso Kern, The Hague: Martinus Nijhoff, 1973。

胡塞尔, E., Husserl, E. (Hua27) *Aufsätze und Vorträge (1922-1937), Husserlina XXVII*, eds. Hans Rainer Sepp and Thomas Nenon, Dordrecht: Kluwer, 1989。

胡塞尔, E., Husserl, E. (Hua29) *Die Krisis der europäischen Wissenschaften und die transzendentale Phänomenologie, Ergänzungsband: Texte aus dem Nachlass 1934-1937, Husserliana XXIX*, ed. Reinhold Smid, Dordrecht: Kluwer, 1993。

胡塞尔, E., Husserl, E. (Hua42) *Grenzprobleme der Phänomenologie : Analysen des Unbewusstseins und der Instinkte, Metaphysik, Späte Ethik, Texte aus dem Nachlass (1908-1937), Husserliana XLII*, eds. Rochus Sowa and Thomas Vongehr, Dordrecht: Springer, 2013。

胡塞尔, E., Husserl, E. (HuaMat8) *Späte Texte über Zeitkonstitution (1929-1934)- die C-Manuskripte, Husserliana Materialienband VIII*, Dordrecht: Springer。

胡塞尔, E., Husserl, E. (HuaMat9) *Einleitung in die Philosophie, Vorlesungen 1916-1919, Husserliana Materien IX*, ed. H. Jacobs, Dordrecht: Springer, 2012。

胡塞尔, E., Husserl, E. (1994) " 'Phenom enology', Edmund Husserl's article for the Encyclopaedia *Britannica* 1927-1931", 收入 J. J. 科克尔曼斯, in J. J. Kockelmans: *Edmund*

Husserl's Phenomenology, Wes Lafayerre, India: Purdue University Press。

雅各比, H., Jacobs, H. (2010) "Towards a Phenomenological Account of Personal Identity", 收入 C. 伊尔纳、H. 雅各比和 F. 马特恩斯（主编）, in *Philosophy, Phenomenology, Sciences: Essays in Commemoration of Edmund Husserl*, eds. C. Ierna, Hannd Jacobs, and Filip Mattens, Dordrecht: Springer, 333–361。

雅各比, H., Jacobs, H. (2014) "Transcendental Subjectivity and the Human Being", 收入 S. 海因娜玛、M. 哈尔蒂莫和 T. 米耶蒂宁（主编）, in *Phenomenology and the Transcendental*, eds. Sara Heinamaa, Mirhja Hartimo and Timo Miettinen, New York, NY/Oxon: Routledge。

洛伊多尔特, S., Loidolt, S. (2012) "The 'Daimon' That Speaks through Love: A Phenomenological Ethics of the Absolute Ought-Investigating Husserls Unpublished Texts", 收入 M. 桑德斯和 J. J. 维斯内弗斯基（主编）, in *Ethics and Phenomenology*, eds. Mark Sanders and J. Jeremy Wisnewski, Lanham, Boulder, New York: Lexington, 9–38。

梅亚苏, Q., Meillassoux, Q. (2006) *Afier Finitude: An Essay on the Necessity of Contingency*, London, Oxford, New York: Bloomsbury。

梅勒, U., Melle, U. (2002) "Edmund Husserl: From Reason to Love", 收入 J. 德拉姆蒙德和 L. 恩布里（主编）, in *The Phenomenological Approaches to Moral Philosophy*, eds. John Drummond and Lester Embree, Dordrecht: Kluwer, 229–248。

梅尔滕斯, K., Mertens, K. (2014) "Husserl's Phenomenology of the Monad: Remarks on Husserl's Confrontation with Leibniz", *Husserl Studies*, 17(1), 1–20, reprinted in *Husserl: German Perspectives*, eds. John J. Drummond and Otfried Höffe, New York: Fordham University Press。

梅洛-庞蒂, M., Merleau-Ponty, M. (1993[1945]) *Phénoménologie de la perception*, Paris: Gallimard, in English: *Phenomenology of Perception*, trans. Colin Smith, London: Routledge, 1995。

梅洛-庞蒂, M., Merleau-Ponty, M. (1998[1960]) *Signes*, Paris: Gallimard, in English: *Signs*, trans. Richard C. McCleary, Evanston, Illinois: Northwestern University Press, 1987。

莫兰, D., Moran, D. (2011) "Edmund Husserl's Phenomenology of Habituality and Habitus", *Journal of the British Society for Phenomenology*, 42(3): 53–77。

莫兰, D., Moran, D. (2013) "'There is No Brute World, Only an Elaborated World': Merleau-Ponty on the Intersubjective Constitution of the World", *South African Journal of Philosophy*, 32(4): 355–371。

莫兰, D., Moran, D. (2014a) "Defending the Transcendental Attitude: Husserl's Concept of the Person and the Challenges of Naturalism," *Phenomenology and Mind*, 37–55。

莫兰, D., Moran, D. (2014b) "The Ego as Substrate of Habitualities: Edmund Husserl's Phenomenology of the Habitual Self", 收入 M. 鲍尔和 E. 卡米纳达（主编）, in *Mind, Habits, and Social Reality*, eds. Matt Bower and Emanuela Carminada, *Phenomenology and Mind, The Online Journal of the Research Center in Phenomenology and Sciences of the Person*, 6: 26–47, http://www.fupress.net/index.php/pam/article/view/19549。

榊原哲也, Sakakibara, Tetsuya (1997) "Das Problem des Ich und der Ursprung der genetischen Phänomenoogie bei Husserl", *Husserl Studies*, 14(1): 21–39。

许茨, A., Schutz, A. (2005[1957]) "The Problem of Transcendental Intersubjectivity in Husserl", 收入 R. 贝尔内特、D. 韦尔顿和 G. 扎沃尔塔（主编）, in *Edmund Husserl: Critical Asessments of Leading Philosophers, Volume I: Circumscriptions: Essays on Husserl's Phenomenology*, eds. Rudolf Bernet, Donn Welton and Gina Zavolta, London, New York: Routledge, 90–116, original paper presented in the Husserl-Colloquium in Royaumont on April 28, 1957。

斯坦伯克, A. J, Steinbock, A. J (1995) *Home and Beyond: Generative Phenomenology After Husserl*, Evanston, Illinois: Northwestern University Press。

施特拉瑟, S., Strasser, S. (1975) "Grundgedanken der Sozialontologie Edmund Husserls", *Zeitschrift für philosophische Forschung*, 29(1): 3–33。

扎哈维, D., Zahavi, D. (1996) *Husserl und die transzendentale Intersubjektivität: Eine Antwort auf die sprachpragmatische Kritik*, Dordrecht: Springer, in English: *Husserl and Transcendental Intersubjectivity*, trans. Elisabeth A. Behnke, Athens: Ohio University Press, 2001。

扎哈维, D., Zahavi, D. (2014) "Husserl's Intersubjective Transformation of Transcendental Phenomenology", *Journal of the British Society for Phenomenology*, 27(3): 228–245。

扎哈维, D., Zahavi, D. (2015) "Husserl and the Transcendental", 收入 S. 加德纳和 M. 格里斯特（主编）, in *The Transcendental Turn*, eds. Sebastian Gardner and Matthew Grist, Oxford: Oxford University Press, 228–243。

感觉能力

佐佐木健一　著
萧俊明　译

　　夏日蓝色的傍晚，走在小路上，被尖尖的麦芒刺着，我将踩踏新鲜的青草。梦想着，我将感觉到脚下的清凉，风将沐浴我的光头。
　　我不会说什么，我将清理所有的思绪。但无限的爱将充溢我的灵魂，而我将远行，远远地，在大自然流浪——幸福得犹如有一个女人陪伴。

阿蒂尔·兰波，《感觉》

美学诸领域

　　在西方近代文化中，美学是作为艺术哲学发展起来的。每当我们试图扩大它的领域或改变它的取向的时候，其可能的重新定义的范围就要受到这门学科的原初概念的限定。结果，可为美学所用的领域只有三个：艺术、美和感觉，它们分别代表对象、对象的价值以及我们对它的认识。我在本文将探讨第三个领域，它在这三个领域中一直探讨得最少。

　　我在这里的论题是美学的创立者 A.G. 鲍姆加登的规划中的美学第一个领域。正是这位德国哲学家创造了"美学"一词来指谓"低级认识论"哲学或"感性认识的科学"这个此前未曾开垦的领域（鲍姆加登，2007，§1：10-11）。如名所示，这一概念是认识论的，采取的是笛卡尔哲学的方式。作为一种艺术理论，它代表了一种新取向：鲍姆加登没有（以"诗学"的形式）客观地分析作品的构成，而是像许多当时的其他理论家一样，将着眼点落于我们在艺术中所经验的东西。低级认识论的对象是构成这种经验的"清楚但不明晰即混乱"的认识。鲍姆加登将高级认识论等同于逻辑，它对应的是"清楚而明晰"的认识。这种认识是笛卡尔极为珍视的,按照莱布尼兹的观点,它的特征在于语言定义的可能性。相反,对于"清楚但混乱"的认识只有承认的可能性而非定义的可能性。换言之,它的对象是不可言喻的(莱布尼茨,1880:422-423)。

在这种认识范畴下,莱布尼茨——他将不同的认识形式系统化——提出了两类对象:可感性质(诸如红色和甜)和一幅绘画的卓越,即按照他那个时代的观念的绘画之美。莱布尼茨没有像我们那样对这类对象进行区分。尽管从不同认识类型的范畴化的观点来看,这可能让我们觉得有些奇怪,但是莱布尼茨的断定是可以理解的,因为我们确实认识到一幅绘画的审美价值以及可感性质(红色或甜),却既不能定义其性质,也不能定义其价值。

由于鲍姆加登的目标是艺术哲学(或用他的术语讲,"自由艺术"),尤其是文学艺术,所以他并未将单纯的可感性质列入其美学的客观领域。即便有了这个着眼点,他也局限于谈论"理性类似物",而未具体说明这种感性认识特有的能力。这让我们想到了帕斯卡,他在一个世纪前提出了一个类似的概念,他写道,"我们认识真理,不仅凭借理性而且凭借内心;正是通过这后一种方式我们认识了第一原理……原理是被直觉感知的;命题是被证明的"(《思想录》:§214,拉菲马本;§282,不伦瑞克本)。在帕斯卡的这种理性和内心的两分中,内心带有深深的道德情感色彩,比如爱和勇气:的确,他对上帝的爱激出了高兴的眼泪。为确保审美维度与道德维度的对比,我反而要提出,感觉能力是感性认识的动因。鲍姆加登(2007,§14:20-21)本人选择了这一取向,他将美定义为"感性认识本身的完善"。显然,这一看上去怪异的定义[1]意图将美定义为一种特定的感性认识方式,以符合他的美学规划。下面这句话证实了这一意图:"丑的事物本身可以被想为美的,而美的事物,也可以被想为丑的。"[2](§18:22-23)他的着眼点是艺术表现的自主维度,它应该被感性地感知。我所谓的"感觉能力"指的就是这个感性直觉的动因。在某些语境中,这种能力可以被简单称为"感性",不过这可能是含糊的:从卢梭的伦理学到康德的感官接受功能,它都适用,那么,我此文的目的是要填补近代美学中这个最根本的空白。[3]

关于感觉行为的分析

　　动词"感觉"的语义域是宽泛的，让我们审视一下下列情况，我希望它们将涵盖与我们的论题最为相关的情况。

　　1. 我感到指尖一股刺痛。
　　2. 我感觉伊夫·克莱因的蓝有某种特殊的东西。
　　3. 我在伊夫·克莱因的蓝中感到地中海的色彩。
　　4. 我在这个贫穷的村庄感到某种孤独。
　　5. 进屋时，我感到某人在场。
　　6. 听了他的话，我感到一种突然的憎恨。
　　7. 感到他的邀请真是热情，我就接受了。
　　8. 丝绒感觉顺滑。
　　9. 这个贫穷的村庄让人感觉孤独。

　　例1是一种基本情况，指涉身体感觉。这种情况似乎很中性、很常见，所以不会对我们的考察有任何特殊的帮助。然而，如果将它与例2比较，我们就会看到一个重要的差别。例2表述的是我们所谓的审美知觉。它的对象是一种可感性质，但是我们不将动词"to feel"（感觉）用于对蓝色或红色的单纯的视觉知觉。它不是一种单纯的可感性质，而是我们在其中感觉到的"某种特殊的东西"。这已经表明感觉与知觉之间的差异，以及感觉与审美之间的本质关系。将它与例1比较似乎表明，感觉克莱因的蓝有些像疼痛那样被身体内化了。当我们感知一根针的尖锐并把这种知觉赋予对象时，我们感觉的是自身的疼痛。类似的，我们的确在内心中品味了国际克莱因蓝特有的某种东西。

　　关于这种内心性，我们不妨回顾一下英语的"to feel"（感觉）和德语的"fühlen"（感觉）与触觉的关联。"丧失感觉"只关涉触感。就视觉而言，我们使用"失明"这个表达。但是，法语更注重嗅觉和味觉，但并不排除触觉。

　　10. 我感到指尖一股刺痛。
　　11. 我闻一朵玫瑰。
　　12. 这条床单闻起来像薰衣草。

13. 这个红酒味道酸酸的。[4]

然而，我认为，这与其说是语言差异问题，不如说是感觉特有的认识方式，这是所谓的"低级感觉"如嗅觉、味觉及触觉的特征。

例 2 中的"某种特殊的东西"表达的就是这种特殊感觉方式，所以我们在后文毋宁称之为感觉的典型情况。如果我们只是感知伊夫·克莱因的蓝，那么这既不关涉感觉，也不关涉美学。将它称为"某种特殊的东西"是要注意它的不可言喻的性质，这种性质吸引我们去观看和鉴赏。不可言喻的先决条件是这种吸引力，而这种吸引力刺激并拒绝我们去命名它：不值得注意的东西并不是不可言喻的。例 3 就是尝试表述这种不可言喻性。然而，进行定义性性质说明是不可能的，因为，如果可能，这样一种性质应该是"清楚和明晰"的，不是不可言喻的。

蓝色的这种审美力诱使我们——如果可以这样说的话——停下来反复思考它。它是引人注目的，因为感觉是感知刺激的即刻反应：我们并不将感觉视为我们仅在反省之后达到的反应。感觉是即刻的并持续一个瞬间。由于这样一种绵延的持续，所以感觉是反省的。首先，我们对感觉本身的状态进行反省：康德所谓的反省判断。但是还有下一步。由于不可言喻的东西引诱我们从语言上把握它，所以我们在我们的记忆中回溯我们贮存的以往经验。只有曾经鉴赏过地中海的蓝色（也许在尼斯）的某人才可能说出例 3 的情况。儿童过去经验的存量很小，所以感觉较少。感觉需要成熟。

例 4 也表述了像伊夫·克莱因的蓝这样的客观性质，但是这种性质（"孤独状态"）是更加情感的。情感的东西关涉我们的在世存在，按照康德的标准，它是一种不纯的感觉。客观性和情感性似乎是相互排斥的，因为客观性可以被认为由它与我们的存在关注的距离构成的。然而，我想在说到不及物情况时（例 8，以及尤其是例 9）再进行讨论，这些情况似乎蕴含着孤独的客观性。这里我只限于认可情感感觉中的反省特性，也即我们就审美性质而言所认同的反省特性。当我们说"我在这个贫穷的村庄感到某种孤独"，而不用简单语句"这个村庄孤零零的"时，我们的确领会和品味了孤独，这或许是通过参照我们类似经验的记忆。

例 5 表述了构成一种感觉的非常复杂的判断。我注意到屋里没有人，但尽管如此，我感觉到有个人在那里。这样的判断基于在场"迹象"。这些迹象往往是微弱和模糊的：身体运动可能产生的很低的响声、呼吸或沙沙声、空气的微弱流动、温度的细微差别以及淡淡的香水味，等等。我们从这些迹象做出即刻和综合的、以感觉为形式的判断。至少在好莱坞电影中，这样的直觉从未错过；而出错的恰恰是依据视觉证据做出的合理判断。我们只能感觉到有人在场，因为直觉是混乱的：我们不能为判断拿出任何精确的证据。但事实上，判断是内心深处的，它将一种非常敏感的感性与一个丰富的潜意识经验记忆库联系起来。这种非感性感觉并非不常见。我们可以引证诸如"我感觉他是一个好教师"以及路德意义上的"我感到上帝的存在"这样的语句。此外，这种微细的感觉作用也可以发生在例2的情况中。

例6表述了作为一种情感反应的感觉，在例7中，反应延展到行动。许多人会将情感当作标准形式的感觉，这或许因为这种感觉的力量，它逐渐变成了一种外表行为。按照这种概念，感觉在本质上是主观的，在某种意义上仍然有待规定。

感觉的含混性

以上关于感觉的分析留下一点没有讨论：作为感觉的情感（例7和例9）的本真性。我用情感一词特指导致外表反应——比如憎恨——的情感感觉。尽管是一种感觉，但情感似乎不具有与审美感觉（伊夫·克莱因的蓝的"某种特殊的东西"）相同的本性。为了澄清这一点，我们现在不妨概括一下上文关于感觉的分析的结果。关于感觉，我们有如下认识：

a. 感觉区别于知觉（特殊的蓝和单纯的蓝）。
b. 感觉与审美之间存在着一种紧密关系。
c. 感觉由于其内心性而偏向于低级感觉、嗅觉、味觉及触觉。
d. 这一事实应该根据感觉特有的认识方式来解释。
e. 感觉中的认识方式的特殊性在于它发现对象的本性是不可言喻的。
f. 由于不可言喻的东西刺激我们设法去表述它的特性，所以我们停留于对象鉴赏和品味它。
g. 因此，尽管感觉是对被感知对象的即刻反应，但它持续着。

h.由于在这个鉴赏瞬间对象的知觉性质是参照记忆中的过去经验测量的,所以感觉是反省的和内心的(不是感性的)。

这一概述已经显示出一种偏向审美而非情感的倾向。理由可以在 e 到 h 中找见,它们厘定了对于对象的不可言喻性与其印象的鉴赏之间的关联的感觉。我们不妨将康德关于审美判断过程的分析作为一条主线。众所周知,他所谓的"审美判断"是这样一种情况,即"A 是好的"这个命题中的谓词被愉快的心灵状态取代,后者是"想象力和知性的自由游戏"的结果(康德,1987,§9: 61-64)。按照康德的图式,我们的感性感受一个对象的感觉材料,想象力从感觉材料形成其意象,知性将感觉材料与一个恰当的概念联系起来:它是一个诸如"A 是一棵树"这样的知觉过程。[5]换言之,知觉过程借助知性给予的谓词概念到达其终点。一旦获得了谓词,我们便抛弃了对象。恰恰相反,康德的"想象力和知性的自由游戏"意味着我们继续凝视这个令人愉快的对象。他的表述并未排除我们完成了一次感知。[6]比如说,我们知道这个对象是一株向日葵。但是,不同于单纯知觉的情况,我们的想象力继续发挥其功能,其中包括形成对于对象的意象。换言之,我们继续凝视对象。

我们凝视的持续是由吸引人的特性产生的:对象的美。康德将美的东西转换为愉快的心灵状态,或"想象力和知性的自由游戏"。这样,我们的意识可以从两个对立的取向来把握:以美的对象为取向或者以我们的心灵状态为取向。第一个取向是知觉的,而第二个取向是反省的。视觉经验偏向于第一个取向,而低级感觉经验,尤其是味觉经验则集中于第二个取向,后者包含了对呈现(意象)的所有细节和细微差别的品味。但是,道德情感最充分地表现了内心取向。我们对舞台的反派人物的憎恨持续了一定的时刻,在这段时间中,我们感觉到一种强烈的情感,我们把它与反派人物联系起来。感觉实际上是含混的,我们分不清道德情感和审美感觉。

感觉与情感

现在该是考虑道德情感的时候了,道德情感表现了最强烈的心灵躁动。事实上我们说的是"我感到憎恨"(例 6)。而这样一种情感中包含的是某种不同于我们着重研究的审美感觉的东西。引人注目的事实是,像憎恨这样的情感并不产生于对象的不可言喻性。我们不妨看看笛卡尔的经典分析。

诸如憎恨之类的情感属于笛卡尔所谓的灵魂的激情。笛卡尔从我们对相关对象的兴趣来构想基本激情的次序。首先是惊奇，它向我们宣布某种新的东西正在发生。然后，按照这个对象对我们来说是好还是坏，我们对它反应时所带有的激情可以分为两类：一方面是爱和高兴（对好的对象），另一方面是恨和悲伤（对坏的对象），二者都以欲念作为共同的动力（笛卡尔，1988：第二部分，尤见§§69-95）。由于这些激情（其中包括恨）是根据对象与我们的存在之间的好坏关系定义的，所以它们是道德的，带有我们的兴趣的色彩。[7]情感作为道德的并不妨碍它作为感觉。但是，我们至少可以说，由于其由兴趣驱动的特性，情感作为感觉是不纯的，情感激励我们超越感觉而达到行动。

因此，审美感觉和道德情感是以不同的方式产生的。审美感觉由对象的不可言喻性产生并保留，而道德情感是一种对于我们的存在相关的新境况的直觉导致，因此，这种情感并不需要去凝视对象。其次，作为感觉的情感并不需要任何要被感觉的特殊能力。所有人都毫无例外地知道爱与恨。从这个意义上讲，这些情感是普遍的。相反，基于特殊能力的审美感觉主导了一个精细而微妙的领域。由于这些原因（其根源和能力），我们的研究可以将情感排除在外。然而，我们必须承认，只要它可以被感知为一种客观性质，情感的就可以是审美的。就此而言，"to feel"的不及物用法，比如我们在例8和例9或法文的例12和例13看到的，是令人关注的。这些例子应该揭示了感性知觉在感觉中的本质作用。我们下面将重复相关的例子。

4. 我在这个贫穷的村庄感到某种孤独。

8. 丝绒感觉顺滑。

9. 这个贫穷的村庄让人感觉孤独。

12. 这条床单闻起来像薰衣草。

13. 这个红酒味道酸酸的。

下面的讨论将着重于例9与例4（我在这个贫穷的村庄感到某种孤独）之间的比较。其他3个例子表述的是动词"feel/sertir"与一种特殊的感觉如触觉（例8）、嗅觉（例12）以及味觉（例13）——后两例是法文——之间的关联。

我对这 3 个例子不做探讨，但它们蕴含着与例 4 和例 9 相同的问题：认识孤独是我的情感还是村庄的一种属性。这个问题关涉一个对象，比如一个村庄，是否可能具有一种"感觉"。换言之，问题是认识例 9 是否与例 4 同一，例 4 是否可以用下列两个语句来释义。

14. 这个贫穷的村庄使我感到孤独。
15. 我在这个贫穷的村庄感到自己孤独。

在这段释义中，作为感觉的孤独只不过是我的情感或心灵状态，而要理解村庄的孤独，我必须感觉孤独。情况是这样的吗？我可以感知村庄的孤独而自己并不孤独，果真如此吗？"feel"的不及物用法似乎是要表达事实与我之间的这种关系。典型情况是例 8，它描述了与我的情感无关的材料的感觉。这在一定程度上解释了在"悲伤旋律"的情况中情感如何作为审美感觉被感知。[8] 纳尔逊·古德曼将感觉与知觉这样联系起来：

> 在某种程度上，我们可能感觉一幅画看上去如何就像我们看到它感觉上如何。演员或舞者（或观众）有时注意并记住的并不是一个动作的模式，而是动作的感觉，只要二者可以完全区别开来的话。审美经验中的情感是辨别一件作品具有和表现的属性的手段。（古德曼，1976：248）

由于"情感"一词的使用，这段论述可能让人迷惑不解。在这段由 3 个句子组成的引语中，古德曼谈论了知觉与感觉的相互渗透和互补性互惠，重点强调感觉的作用。我上文的讨论与他的要点恰恰相反：着重于"看到一幅画感觉上如何"。古德曼所言对阐明感觉如何干预这个认识过程以及如何发挥作用尤其具有提示意义。以"在某种程度上"作为第一句开头，古德曼的意思是说知觉与感觉的这种互补特性是有局限的。这种局限显然在感觉一方：尽管任何有视觉的人都可以感知某物是红色的，但是并非人人都对旋律的悲伤有感觉。正如我们在上文所注意到的，感觉能力确实是官能的。第二句提到了我们所珍视的一种经验：它可以被称为身体的敏感知觉。在这句中，以"只要"做出的限定指的是知觉与感觉的紧密结合。

第三句是不无问题的。我认为许多脱离语境来解读这句引语的读者会感到不理解我的论证的逻辑线路。问题在于古德曼将感觉与情感视为同一这一事实。如果我们考虑到这一点，这句话的意思就会清楚了。古德曼概括了前面的例子的含义：通过"情感"，比如对于舞蹈中身体动作的感觉，我们可以把握作品的属性，比如一个动作的模式。尽管我不认同他对"情感"一词的使用[9]，但是我发现古德曼的断言表明他对感觉从知觉中产生一种更深的理解。有一种单纯的知觉（普遍的蓝）和一种产生感觉的知觉（国际克莱因蓝）。这个问题，用古德曼的术语讲，属于表现和隐喻论题。

作为反应性共鸣的感觉

首先，我将概述一下古德曼的表现理论。他的例子是一幅画的灰色（单纯知觉）和它的悲伤（一种情感的表现）。二者代表了我们称之为"例示"的参照类型：灰色和悲伤并非单纯地被绘画所指谓，而确实被绘画所拥有。但是它们拥有的方式是不同的。

> 我也许不会说这幅画表现了悲伤，可能会说这是一幅悲伤的画。那么，它是悲伤的是否如同于它是灰色的？显著的差别在于，由于严格地讲只有有感觉能力的存在或事件可以是悲伤的，所以一幅画只是比喻的悲伤。一幅画确实拥有一种灰颜色，确实属于灰色物一类；但是它只是隐喻地拥有悲伤或属于让人感觉悲伤的那类物。[10]（古德曼，1976：50-51）

拥有的这种隐喻特性使悲伤的情况成为一种表现，表现是"例示"的一个子类。既然表现是隐喻式例示，那么我们应该问的是，例示的作用何在。这里我们参照古德曼关于布样的著名例子。一块布样具有许多与它所例示的整匹布相同的属性。"但是布样并不例示布的所有属性；它是颜色、织法、质地和图案的样本，但不是尺寸、形状、绝对重量或价值的样本"（古德曼，1976：53）。所以，例示的先决条件是选择要例示的属性。古德曼指出，"这幅画并不指谓灰这个颜色，而是被'灰'这个谓词所指谓"（古德曼，1976：52）。对属性做出选择的恰恰是谓词（这里是"灰"）。那么，我们不妨要问，谓词来自哪里。为什么谓词"小"（尺寸）或"方"（形状）不适用于布样？下面是古德曼的回答：

> 通常，一块布样例示的只是制衣属性，而一幅画其实例示的只是图画属性，并且隐喻的例示的只是与图画属性有恒常关联的属性。[11]（古德曼，1976：86）

这个回答是清楚的，但远非令人满意。古德曼断定，这种关联属性的遮蔽[12]是根据现存的或盛行的对象概念（比如一套缝制西装或一幅画）完成的。布样的情况完全可以这样来解释。它还可以用来解释传统绘画的情况。就色域绘画而言，比如克莱因的《无题单色蓝》系列，这种解释在一定程度上适用：颜色是基本"图画属性"之一。但是这个系列最为引人注目的属性是，或至少在它是一种新风格的时候是，没有诸如线或形这样的"图画属性"。我们可以说，图画属性仍然起到作为选择关联属性的一个原则的作用，不过是以否定的形式。即便我们保留古德曼的表述，我们也应该为了涵盖感觉真正创造性的维度而写上否定属性的情况——达及否定属性是非常遥远的。我们期望来自感觉的最重要的功能是把握某种新鲜的、新颖的和不可言喻的东西，而这越出了古德曼的框架范围，他将关联属性的选择基于相关对象的普通概念，比如一套缝制西装或一幅画。我们甚至可以说，感觉的主要领域超出了任何期望。然而，关于这一点，我想彻底地跟随古德曼。我的回答可以在上文引用的古德曼之语中找见，稍微做了些如下改动，并且从严格的意义上来理解："我们可以感觉一幅画看上去如何，这样审美经验中的感觉可以是辨别一件作品具有和表现的属性的手段。"

我的释义如下。一个对象，比如一幅画甚或一个村庄，也就是说，任何可以审美地即以感觉的方式经验的对象、场景或情境，由于其知觉属性——比如颜色、线、形、质料以及年代，这些属性的组合、排列及密度等，都可以唤起我们的感觉。知觉属性的组合越是复杂，对它们的认识就越接近感觉。一种单纯的知觉属性只是其本身被感知，并不唤起任何感觉。一种平淡的蓝不可能是感觉的对象。要被感觉，蓝就必须具有某种特殊的东西。例2——我感觉伊夫·克莱因的蓝有某种特殊的东西——的基本位置就是这样确证的。感觉产生于这种知觉偏差，知觉偏差是参照一个人过去经验的全部——其中包括在潜意识记忆中未受注意的经验——来测量的。尽管一个知觉被投射于外部对象，但是我们在自身内去感觉。感觉是一种共鸣，这种共鸣是我们心中作为对知觉刺激的反应而自发产生的。克莱因的蓝中的"某种特殊的东西"就是这样一种共鸣。并不是就一个"某种东西"：它因人而异。这种特殊性取决于在对对象的知觉属性做出反应时会激发出多少和哪种记忆。感觉是作为知觉的一个泛音被给予的，它的能力在于这种激发的灵活、自在、有度和多样。

我想指出的是，这种发生过程对应于康德所谓的反省判断："如果只有特殊的东西被给予，判断力必须为之找到普遍的东西，那么，这种判断力只是反省的。"（康德，1987，"导论"，Ⅳ：18-19）这里我们容易将"普遍的东西"与美的东西等同起来，而美的东西是想象力与知性之间令人愉快的和谐的心灵状态。事实上，这样的过程对任何感情的激发都是开放的。如果被唤起的感觉是特殊的和独特的，强烈的和不可言喻的，我们就将其对象称为美的。

感觉的新鲜性、个体性和普遍性

由于记忆在其中起的主要作用，审美判断与其说是一种心的活动不如说是一个身体过程。讨论记忆就是谈论心的身体作用：我怀疑一种纯粹精神能否具有记忆。我们所有过去的经验都以记忆的形式潜伏着，随时准备对新鲜的知觉刺激做出反应。记忆是具体化的时间。依赖于过去的经验，也最有可能依赖于天生的倾向和品性，记忆乐意接受感性的种种变化：有强充电点，也有弱充电点。我对蓝的细微差别非常敏感，你对黑暗非常敏感；他对行为的公正反应特别，她对温柔反应特别，如此等等。感觉能力即是乐意和灵活地做出这类反应。

当一种反应来自一个深处的或非常个人的点，感觉是新鲜的。略做改动地重复一下我在上文提到的古德曼的命题："审美经验中的感觉是辨别一个作品具有和表现的属性的手段。"换言之，这种新鲜性具有一种启发功能，尤其在审美经验方面。我们知道，一位富有敏锐和精细感性的评论家的解释能够向我们展示一件作品的新形象。

感觉的这种特性促使我们将它定义为典型的个体认识形式。的确，广泛的看法认为，我的感觉不同于你，你不同于他，如此等等。值得注意的是，普遍性一般被归于人类之上或之下的存在：根据帕斯卡，作为纯粹精神被归于天使，作为纯粹身体被归于兽类。事实上，我们容易相信逻辑关系以及诸如食欲和性欲这类本能的普遍性。由精神和身体组成的人构成个体性领域。对于感觉而言尤其如此，感觉产生于精神/心和身体的组合。但是，由于我们没有在个人感觉之间进行精确比较的手段，所以这种个体性仍旧只是一个信念。正如我们在艺术体验中所发现的，主导人们反应的反而是平庸的东西，所以我们应该慎重，不要毫无批判地相信感觉的个体性。我们确实认可某些情感如爱和恨的普遍性，这类情感可能被视为食欲和欲望的表现。重要的是，甚至一种非常个体的感觉都应是可传达的。否则，即便从一位有天赋的艺术作品评论家那里我们也不可能学到什么。那么，我们应该解释一下感觉的这种可传达性是如何产生的。

一般而言，这种可传达性是一个有关我们如何理解其他人的问题，这是一个非常令人费解的谜；因为一个不幸的人可能会说，"你不理解我"。然而，按照定义，这是一个我们不能证实其回答的问题。举例来说，面对一位共同的朋友的去世，我们如何能够证明我的悲伤不同于你的或与你一样？我们唯一能问的事情是这是否是可传达的。就细节或细微差别而言，我的感觉很可能不同于你。无论如何，感觉中有某种东西——通常是不可言喻的——确实是我们可与他人分享的。正是感觉可传达性这一事实是相关的，对于审美经验而言，尤其如此。没有这种可能性，我们既不能在审美感觉上成熟起来，也不能像我们事实上所做的那样，学习感知同一作品的任何新方法。

我认为，理解感觉的可传达性的基础很是简单和容易。尽管每个人的记忆可能包含着不同的密集或重点领域，但大多数人共有着同样的"要点或主题"。我用"要点或主题"这个表达表示如下意思。举例来说，某人对蓝（蓝在这里是要点或主题）非常敏感，因此他或她在记忆中对蓝有丰富的贮存，比如地中海蓝、热带天空的蓝、北极冬季天空的蓝、皮耶罗·德拉·弗朗切斯卡的青金石，尾形光琳绘画中的深蓝，当然还有形形色色的国际克莱因蓝。但是，另外一个人虽然对蓝不是特别地敏感，但仍然知道蓝，在他或她的记忆中保存着几种蓝。后者可以通过跟随前者的描述开始感知一种特殊的蓝，然后达到自己去感觉它。

  感觉上的这种个人差异可以转换为文化水平的差异。作为一种经验事实，感觉能力或感性因文化而异。来自不同文化的人往往感觉也有所不同。言下之意是说，就感觉而言，文化差异往往比个人差异更大。感觉上的这种文化差异中的最重要的元素大概是语言：这不是血缘问题。无论如何，就如同上文提到的个人差异的情况，我相信我们能够而且确实能在一定程度上逾越文化差异的边疆，并且我们能够超越个人和文化差异传达我们的感觉。

Ken-ichi SASAKI: THE FACULTY OF FEELING
(DIOGENES, No. 233–234, 2012)

注：

[1]普遍的定义应该是"对完善的感性认识"，其中"完善"是对象性质。鲍姆加登自己在其更早的著作《形而上学》（1739）662节中（他在《美学》14节中参照了该节）采用了这一普遍的定义，这追随了莱布尼茨的概念和Ch.沃尔夫在《经验心理学》（1732）545节中给出的清晰定义［我的资料来自松尾大在其鲍姆加登的《美学》全译本中做的注释（东京，1987：490-491）］。这是一个标准的定义，摩西·门德尔松在其《关于艺术与科学的起源及二者之间关联的思考》（1757）一文中便采用了这一定义。康德在《判断力批判》15节中作为"著名的哲学家"的看法而加以批判的正是这个版本的定义。

[2]这个观念与亚里士多德和布瓦洛是一致的。

[3]我本人是在这个意义上使用"感性"一词；参见如佐佐木健一（2009）。我想补充的是，"感觉能力"这一概念来自日本近代美学词汇。我们习惯于将"美学"的词源含义释义为"感性学"：感性（kansei）一词是从两个汉语字创造出来的，类似于理性（risei）和悟性（gosei），而我在此文中试图将其译回英文的感觉能力（faculty of feeling）。此外，日文词以"感性工程学"——目的是生产感觉良好的商品——为语境在西方世界获得了一定流通。

[4]偶尔的时候，日文动词kanjiru（感じる）的用法类似于英文的"to feel"。我们只在例1到例10中使用kanjiru；例11我们用动词kagu（嗅ぐ，嗅），例12和13我们用惯用语～の匂い/味がする（闻一闻/尝一尝）。

[5]康德，《纯粹理性批判》，"先验分析"，尤见22—27节（第二版）。亦参见注1提到的《判断力批判》的段落。

[6]康德《判断力批判》第9节的标题是"对如下问题的研究：在鉴赏判断中是愉快的情感先行于对象的评判还是后者先行于前者"。对于这个问题，康德回答说："这种只是主观的（审美）判断……先行于愉快"（62）。

[7]笛卡尔并不忽略审美维度。的确，他将美和丑与善和恶区分开来，将其视为欣赏和憎恶，而不是爱和恨（85条）。但是它们也包含了欲望的瞬间。至于笛卡尔的美学概念，他的"智性的快乐"更值得关注，他用这个概念来解释我们从悲剧或哀歌获得的快乐（149条）。我曾发表过一篇关于笛卡尔美学的论文（佐佐木健一，1970）。

[8]悲伤与"恐惧和怜悯"（亚里士多德，《诗学》，1452b）之间存在着明显的差别。悲伤可以是一个对象的审美性质，而"恐惧和怜悯"绝不可能是客观的。我对舞台上的俄狄浦斯感到恐惧和怜悯，是我对这样一种恐怖情况做出的真实的道德反应或判断。使这些情感成为审美的只有这一事实而无其他原因，即作为一名观众，我是在沉思，并未参与真

实的情节。尽管值得关注,但这应该是另一篇论文的题目。

[9]古德曼在其他处引证的情感例子是:恐惧、仇恨、憎恶和悲伤(1976:146,85)。

[10]对于这段引语我保留一点。我对是否"只有有感觉能力的存在或事件可以是悲伤的"持有异议。作者加上"或事件"似乎是想着"他是悲伤的",而不是"我是悲伤的"。我认为"有感觉能力的存在"与"事件"是不同的。我必须是悲伤的才能够说出这个事件是悲伤的,而断言他是悲伤的是一种纯粹和单纯的知觉认识,我本人并不必须悲伤。从这个意义上讲,我看不出"他是悲伤的"与"这幅画是悲伤的"之间有什么绝对差别。

[11]"灰"在这里属于"图画属性",而"悲伤"属于"与图画属性有恒常关联的属性"。关于这一区别,参见古德曼(1976:42)。

[12]关于关联性概念,我们在斯佩伯和威尔逊(1986)的著作中可以看到关于这一论题的富有见地的思辨和分析。亦见格赖斯(1975)。

参考文献：

亚里士多德, Aristotle (1965) *Poetics*, translation by W. H. Fyfe, Loeb Classical Library, 7th edn., Cambridge, MA: Harvard UP。

鲍姆加登, A. G., Baumgarten, A. G. (2007) *Ästhetik*, hrsg. von Dagmar Mirbach, Hamburg: F. Meiner。

笛卡尔, R., Descartes, René (1988) "The Passions of the Soul", in *Selected Philosophical Writings*, transl. by J. Cottingham, R. Stoothoff, D. Murdoch, vol. 1, pp.325-404, Cambridge; NewYork: Cambridge UP。

古德曼, N., Goodman, Nelson (1976) *Languages of Art*, 2nd edn., Indianapolis: Hackett。

格赖斯, P., Grice, Paul (1975) "Logic and Conversation", 收入 P. 科尔和 J. L. 摩根 (主编), in P. Cole and J. L. Morgan (eds) *Syntax and Semantics*, vol. III: *Speech Acts*, pp. 41-58, New York: Academic Press。

康德, I., Kant, Immanuel (1987) *Critique of Judgment*, transl. by W. P. Pluhar, Indianapolis: Hackett。

莱布尼茨, Leibniz (1880) "Meditationes de Cognitione, Veritate et Ideis", in *Philosophischen Schriften*, Band IV, hrsg. von C. I. Gerhardt, Berlin: Weidmann。

帕斯卡, Pascal (1962) *Pensées*, transl. by M. Turnell, New York: Harper。

佐佐木健一, Sasaki, Ken-ichi (1970) "デカルトにおける美の快", 收入今道友信 (主编), in T. Imamichi (ed.) 《美学史研究叢書》, vol. 1. Tokyo: Institute of Aesthetics, Faculty of Letters, University of Tokyo。

佐佐木健一, Sasaki, Ken-ichi (2009) "The Structure of Japanese Sensibility: An Outline", 收入 M. 博基涅茨和 P. J. 普日贝什 (主编), in M. Bokiniec and P. J. Przybysz (eds), *Aesthetics and Philosophy of Art. Essays in Honour of Prof. Bohdan Dziemidok*, pp. 232-243, Gdańsk: Wydawnictvo Universytetu Gdańskiego。

斯佩伯, D. 和威尔逊, D., Sperber, Dan and Wilson, Deirdre (1986) *Relevance: Communication and Cognition*, Oxford/Cambridge, MA: Blackwell/Harvard UP。

古日语中的"心灵"：
关于其存在的原始理解

佐佐木健一　著
杜　鹃　译

提出问题

　　本文标题有误。毕竟，我是为了使大多数读者更易理解该论题而选择的这一标题。实际上，我将在此处试图阐明日语中"心"（kokoro，本文译作"心"，文中个别处按上下文仍使用原文。——中译者注）的原初含义，而这与"心灵"（mind）的英文概念毫不相干。但是，以近似方式呈现这一论题是基于这一事实，即大多数日本哲学家都认为"心"就相当于英文的"心灵"；比如，"心灵哲学"就被翻译为"关于'心'的哲学"。但这种用法在我看来有些不妥。我对用"心"翻译"心灵"持怀疑态度：我认为二者本质不同，因此决心探究日语"心"的原始含义。

　　当然，我并非要质疑所谓"心灵哲学"的正当性。毋宁说，我在此处关注的是"心"这一哲学术语的身份。为了理解这一问题，我们必须首先考察哲学术语在日语中是如何构成的，确切说来，考察日语词汇的这一结构。

　　大多数情况下，一段日语文本是混杂汉字与称作假名（kana）的特殊表音符号而写就的。尽管日语属于不同于汉语的语系，却从汉语中借鉴了书写方式。众所周知，汉字是表意文字。用其书写另一种不同的语言，就必然要将这些表意文字用作单纯的表音文字。将汉语的表意文字借用作表音文字是一项奇妙的创新：这依旧主宰着日语表述的基础。日本很长时期的官方文件都用称作"宽文"（kanbun）的中文书写。宽文虽然用中文书写，却直接用日语发音，以书面形式作为与中国及新罗的国际交流媒介。[1]与此同时，用日文书写日语的尝试早在 7 世纪晚期就开始了。这体现在运用汉字作为转录日语语音的方式上。最古老的日语经典是用汉字和所谓的"万叶假名"（Manyō-gana，"万叶"是日本最古老的诗集名）写就的。后者实际上就是作为单纯表音文字的汉字。现代日语保留了这一基础结构：唯一的差异在于，我们使用"假名"即日语表音文字而非"万叶假名"即用作表音文字的汉字。[2] 我们主要将假名用作虚词（助词、后缀，等等），而将汉字用作实词（名词、形容词、动词，等等）。

日语中的汉字以两种方式发音，毋宁说，每一汉字都有两种读音："音读"（on）与"训读"（kun）。前者是基于古汉语发音的读音，后者是汉字表示日语词义时的读音方式。如上所言，当古人开始用汉字转录日语语句时，除了将汉字用作表音文字，还根据意义上的相近将其作为实词。在这些情况中，汉字就被当作表意文字，但以日语发音，这就是"训读"。

至此，我们已经简单描述了日语书写系统，尽管对没有任何日语背景知识的读者来讲仍嫌复杂。其实，为了分析"心"的概念，只需记住日语以两种方式使用汉字这一事实即可。我已将其表现为两种不同的发音方式，但现在更准确地来说，我们应当将其看作两种使用方式。一方面，被我们称作"大和语言"（"大和"即 Yamato，是日本的古称）的原始日语词汇所采用的汉字使用"训读"的方式来读。汉字在这种情况中表达日语词义，但以日语发音。另一方面，以"音读"发音的语词原本来自汉语。为了填补日语词汇的空白，我们借用汉字作为新概念。在日语发音层面存在两种汉字读法。有些以"音读"发音，其他则以"训读"发音；前者是原始的汉字，后者则源于"大和语言"（即纯日语）。

这一书写结构深刻影响了日语和日本文化的性质。日语自从获得了自己的符号，将自身界定为一门愿意采用外来词的语言。这使得日本文化得以获取中国先进的思想和政治体系以及佛教概念。或者可以说，正是对吸收更高文化的渴望导向着语言的性质。即便如今，日语对外来词也是十分开放的，外来词用片假名标音而被轻松吸收进日语语句中。得益于这种语言灵活性，日本文化曾经并仍然从本质上对其他文化开放。

现在我们来到了"心"（kokoro）的问题的出发点。无论如何，这不仅是关乎日语的问题，也关乎日本哲学本性。基本事实是，哲学是19世纪下半叶与现代西方文明的其他要素一起从西方舶来的学科。将儒家或佛教称作中国或印度哲学是按照西方思想范畴思考亚洲思想。对此处来讲重要的是这一事实，接纳西方哲学这种异质文化要求创制许多术语。它们锻造自作为表意符号的汉字之组合，并经历半个世纪之久的试错才被标准化。因此，哲学语言有意与日常用语保有一段距离。例如，form日常被译作"形状"（かたち，即大和语言中的katati）或"形式"（keishiki，借用自中文），而该词的哲学用法（在亚里士多德意义上）却是"形相"（keisō），后者仅能被接受过哲学教育的人所理解[3]。这种对哲学用语的翻译方式意在将其与日常用语相对比并将存在于西方语境中的哲学概念移植过来。结果是，哲学术语存在于与日语的肥沃土壤相分离的抽象语境中，哲学自身给人对外界封闭的印象。[4]

现在让我们考虑"心"一词。我们经常采用汉字来对应，以至于恐怕许多日本人都认为这个词出自汉语，尽管事实上这是纯粹的日文。在某种程度上，这是个采用汉字来翻译这一日语词的问题，其效果就是使这个词带上了中国概念的色彩。当我们已经适应带有中国色彩的概念，我们需要专门研究重新捕捉其原初概念。这就是我希望在此完成的任务。如前所述，我的出发点是感知作为日语哲学术语的"心"的异质性。日语哲学词汇是以翻译西方语词为基础的人工语言，而"心"作为纯日语词却远非人工创制。人工创制的术语应当参考其西方哲学原初语境来加以理解，而"心"却植根于日语和"日本的感性"（作者在其另外的著作中提出的概念——中译者注）。这种本质上的差异使我对作为哲学术语的"心"感到不协调。换言之，"心"是一个活生生的语词，与普通的哲学术语不同。这个小词可能是通往不同思想方式的一个线索。这是激励我目前研究的动力。

"心灵"（mind）一词具有类似的问题。"心灵哲学"似乎与黑格尔式的"精神"哲学正相反对。"心灵"和"精神"（spirit或Geist）之间的差异已然十分微妙。我又想到法文"优美灵魂"（la belle âme，或席勒的"美丽灵魂"［die schöne Seele］）以及"优美精神"（les beaux esprits）。一般而言，"心灵"在法文中似乎被译为"灵魂"（âme）或"精神"（esprit），在德文中被译为"精神"（Seele），但它们间的相关性却很成问题："灵魂"（âme）是"生命"

（anima）而非"精神"（animus），但"心灵"（mind）的核心含义却是回忆、知性以及任意的决定。"心"在我看来与"灵魂"（âme）的含义更为接近。

在任何关于普遍概念的哲学研究中，关于文化和语言特殊性的滤器都要介入进来。举例言之，早期胡塞尔热衷于以红色作为本质直观的典型例证。然而，我质疑，对于20世纪初的德国人和在语言中只区分四种色彩的古代日本人而言，红色能否具有相同的"本质"。这一案例告诉我，尽管"心"这个词为日本古代文化所独有，但我们对这一概念的研究仍能获得普遍性：我们除此以外再无法思考普遍性。

辞典中的kokoro以及我们的研究方向

我在上文提到，在哲学中被用来翻译"心灵"（mind）的"心"（kokoro）与"灵魂"（âme）十分近似，这仅是我的个人印象。为了给我们下面的探究定个方向，我想参看辞典对kokoro一词给出的定义和描述。目前的日语辞典中最丰富和系统的《日本国语大辞典》对该词给出了三个汉字："心、情、意"。[5]这些汉字传统上一直被解读为kokoro，并暗示其并非"知、情、意"[6]——只有第一个汉字（表示知性或知识）与表示kokoro的汉字不同。这说明kokoro相对于"精神"（spirit）或笛卡尔主义的"灵魂"（âme）来讲是一个更为狭义的概念，因其缺少知性环节。《日本国语大辞典》在给出这三个汉字之后，将kokoro界定为："专司知性及情感功能及其运作的人类器官。与'身''物'相对，以比喻的方式表示事物在人脑中对应的部分。'精神'（Spirit）。'灵魂'（Soul）。"它给我的印象是，这一定义是由熟知西方概念且认为kokoro等同于"心灵"（mind）的作者编写的，以至其想要通过心灵的概念定义kokoro。也许，当其把kokoro看作一个哲学术语时，编者相信一个哲学术语应当依据它在西方语言中的原始含义来界定。这一定义包含两个问题。第一，如前所述，kokoro似乎缺乏知性环节。第二，kokoro并非执行特定功能的身体一部分意义上的"器官"。更主要的是，这一定义非常贫乏并且违背了这一辞典的基本观念：根据日语词汇在经典文本中如何使用来界定之。

《岩波古语辞典》将kokoro界定为古人认为作为器官的心脏所具有的功

能。这一观点更为合理，因为汉字将心脏指称为"心之官"，并且，即便今日大多数人仍用位于左胸表示 kokoro。但这是基于汉字"心"的一种理解，我们尚不清楚大和语言（原始日语）中的 kokoro 是否与作为器官的心脏相关。

因此，这些辞典中 kokoro 这一词条的编纂者通过或是西方语言或是汉语的滤器来看待该词，并未尝试通过其在大和语言中的概念去界定它。相反，我想将 kokoro 看作一个日本概念。为此，有必要回溯至古代并指出人们对这一语词的理解。我将依据《万叶集》来探明古人在何种情况下理解 kokoro 以及把它理解成什么。[7] 在古代末期，关于 kokoro 的反思和推断变得日益尖锐，在日本的佛教哲学和儒家语境中，关于这一观念的特殊历史开始成形。我们此处的任务就是对这一研究的初探。

对"心"（kokoro）的原始理解

在"心"的存在和功能为人所知、对其认知成为所谓寻常事之前，人们在什么情况下首次注意到它的存在？是谈到"我心"或"他心"吗？这很难推测。我们总是轻易倾向于认为我们一开始先感知到我们自己的"心"，然后将其投射给他人，认识到他人也同样有"心"。但是，我们同样可以想象他人与我们自己关于谁先唤起"心"的观念的愿望正相反对。无论何种情况，"心"的寻常状态都不大可能会被首先注意到：一定需要一个多少有些不寻常的境况人们才会认识到它的存在。因此，我们应当关注那些可能引发它的稀有经验。如此，方能际遇我们可以称之为见与受的辩证经验。

み熊野の浦の浜木綿百重なす
心は思へど直に逢はぬかも

熊野浦滨木绵，
叶百重；思百重，
不得见面容。（柿本人麻吕作于公元 7 世纪中叶或 8 世纪初，第 496 首。译文引自赵乐甡：《万叶集》，译林出版社，2009 年，下同——中译者注）

当熊野海边成簇生长的滨木绵开枝散叶、绽放花朵[8]，我在"心"中无数次思念着她，尽管无法相见。这首诗讲述了我们如今称为的"心之皱褶"：每一条皱褶都包含着他的爱恋。他之所以注意到这点是因为他无法与恋人相见；他被悬搁的焦虑情绪使他得以感知"心"之存在且备受煎熬。无论如何我们应当承认，空间表征（带有许多皱褶）证实了一定程度的冷静。我们得出这样的印象，即诗人已然存有作为空间意象的"心"的概念。我们能够称之为"心"之发现的经验必须是如下经验：

……天雲の外に見つつ言問はむ縁の無ければ情のみ烟せつつあるに……

望如天云外，欲语又无缘。情意都结苦，惟有泪潸然。（笠金村作于 8 世纪初，第 546 首——此处中译者有改动）

雨雲の外に見しより吾妹子に
心も身さへ寄りにしものを
初相见，隔如云泥；而今与阿妹，
心相依，身相许。（笠金村，第 547 首）

古代诗歌的一种基本的、可能也是原始的形式就是叙事长歌与（几首）作为反歌的抒情短歌相组合。以上就是这种组合的一个范例（我仅引用了长歌中的相关部分）。"心"这次是相对于语言而非所见被感知到的：诗人在缺失真正的接触下对"心"之存在变得敏感。在长歌中，kokoro 写作汉字"情"，这表示的是感觉而非作为实体的器官。诗人经受到的仅仅是某种东西在打旋的感觉。[9] 他加上 kokoro 作其主体以便提出"窒息"是一种比喻，以使这一主体看上去代表了一个实体。

强烈的情感需要一个主体来表达，而这一主体被看作代表着一个实体，这一生成过程在短歌中更引人注意，短歌使用了汉字"心"：看上去更具有实体性。人们似乎开始通过汉字去学习区分"心"的两种存在。词组"我的身心"（心も身さへ，my kokoro and even body）是习语"身心"（body and kokoro）的原始形式，并说明这种习语的存在。其语风是现实主义的。在现实中，一个人只有远观，而在被吸引的同时"心"已然滑向心上人。"心"是在人自身之中被注意到的运动状态，与物理运动一样强烈，甚至给人身体都要移动的感觉。在此处，"心"的动态传递给了身体。或许我们是否应当这样说，这种运动状态证明了"心"的实体存在？这的确有些模糊，而这种模糊性却似乎是对"心"的原始体验而言必不可少的。

今更に何をか思はむうちなびき
情は君に寄りにしものを

如今，尚有何心事；
一份柔情，满腔温存，
已尽许君。（安倍郎女，第505首——此处中译者有改动）

这是女诗人对示爱者的回复。我们在此找到了同样的用语——"滑向"（kokoro slides up to）——只不过在此处，kokoro 被写作汉字"情"，这也暗示我们区分的困难。笠金村使用"心滑向"（"the heart slides"），而安倍郎女则有"情滑向"（"the emotion slides"）。实体与情感状态之间的区分是模糊的，或者更准确地说，二者是不相关的。毕竟，"情感滑动"并非错误表述。一旦"心""滑向你"，在"我"之中就出现了一种分离。琢磨着应当如何思考的"我"（这一主体在日语中没有被表达出来）有别于"心"，且这个"我"处于控制"心"的地位。换句话说，"心"或许组成了"我"的一个自然部分。因此，其动态便能轻易撼动人的身体。但是，这样的"心滑向"越来越自主，逃离了"我"的控制。实际上，我们的女诗人在下一首诗中完全投身于热烈的情感中（No.506）："阿哥，莫忧心；火耶，水耶，凡事有我小妹身。"在"心"甚至撼动身体的这般运动之前，"我"的理智一面作为必须控制"心"的意识出现了。这是日本身—心问题的原始例证。但是，此处"心"位于身体一侧，与作为意识的"我"相对。

はろはろに思ほゆるかも然れども
異しき情を吾は思はなくに

路遥日月长，寄思远方；
我无异心，
不作非分想。
（匿名，第 3588 首）

诗人并未经受真正的分离。当他预感到分离越来越有可能，他相信自己能够控制"心"。但是我们在前述安倍郎女的例证中看到一种真正的分离，在那里真实的是"心"而不是理智的"我"。如果我们的诗人恰好拥有真正的"异心"，它还依然会是"异心"吗？作为运动状态的"心"总在变化之中，其变化是自主的、超越任何控制的意愿，且按照中日对"自然"观念"自然而然"的理解而属于自然。在这种意义上，日本精神认为事物及现象的真正存在是以一种"自然的方式"存在或生成。[10] 同样，时至今日我们还在说"发自我心"[11]，这令人惊讶地呼应了英文词"衷心地"（cordially）。在古代，我们有着同样的用语：

真野の浦淀の継橋情ゆも
思へか妹が夢にし見ゆる

真野浦湾，板桥连；
心中思念不断，
阿妹梦里见。
（吹黄刀自，第 490 首）

只要涉及爱情，自发产生的"心"（emotion, 情感）才是真实感觉（feeling）。但是，这种"发自我心"的感觉远非持久和明确。不生"异心"的誓言显露出对变化的焦虑。我现在从我的"心"感到或认为我感到了她，但这种作为自然一部分的感觉（"心"）实际上是在变动之中的。一旦改变，这种感觉就不再被断定为真。由此我们假设了一种关于真的证明。类似梦这样的自然现象提供了这般证明。即便现在我们也习惯于这样的语风以及"即便在梦中看见"的观念。

"心"（heart），"情"（emotion），"意"（interior movement）

这一节标题中的三个汉字即是按照训读读作古代的 kokoro 的字。我们目前为止开展的阐释基于以下假设，即人们根据表达 kokoro 这一概念的汉字各自的词义区分其两种基本含义：汉字"情"是一种情感状态，而汉字"心"则是实体器官。现在我们需要通过考察这些汉字在《万叶集》中的实际用法来证实这一假设是否正确。

除去上述的三个汉字，kokoro 也会以假名表示[12]，但仅在《万叶集》第 5 卷和第 14 卷中出现过。用假名书写 kokoro 的作者可被分成两类：不同地区的无名诗人（民间诗歌）以及诗歌集作者中最晚的一代诗人。对民间诗歌而言，使用假名显示出作者在汉字知识上的匮乏。但这也取决于记述者，即可能是最晚的一代诗人，他们对诗歌集的编纂负有这样或那样的责任。第 5 卷关于使用假名的 6 个例证出自山上忆良（660—733）。在诗歌集收入的一段中文散文（题为《沉痾自哀文》）中，他通过用"心"跟身体相对而显示出身心区分的意识。与此相反，在其日语诗篇中，他却总用假名书写 kokoro。我们无从得知他如何区分汉字"心"（心脏，heart；心灵，mind）与日语 kokoro，但看上去可以确定的是他的确对其有所区别。

无论如何，人们的确对表达 kokoro 的三个汉字做出了区分，但我们却无从得知是如何区分的。汉字"意"相当特殊且独立，我们稍后再谈；剩下的问题在于汉字"心"（心脏，heart；心灵，mind，等等）与汉字"情"（情感，emotion；感觉，feeling）的关系，这似乎呼应了实体器官与情感动态间的对立。即便对其用法的系统考察也难以揭示具体的区别，因为存在着太多作者在相同习语中使用这两个汉字的情况（比如，"发自我心"）。如果我们可以从中得出结论说人们并不精确地区分汉字"情"与"心"，我认为这种模糊性的原因并非在于忽视了这些汉字各自的含义，而是在于考虑到 kokoro 时难于区分实体和状态。

然而，还是有一些例证让我们得以觉察到区分的意识：在上文的笠金村的例证中，kokoro 以两种不同的方式写入同一组歌或甚至就在同一首歌中。第 3271 首是一位男子对一位妒忌已极而想象他与其他女子相爱的女诗人做出的回应："烧我情（kokoro）者，是自己；恋君情意，自我心（kokoro）起。"（此处中译者有改动）此处对两个汉字的不同用法符合我们的假设，而汉字"心"几乎等同于"我"的这一事实也符合它是一种实体的观念。

让我们来看汉字"意"。这一汉字在我们考察的三个字之中有些特殊。首先，它也被用作表音符号：我们现在将其读作"i"，古人将其读作"o"。其次，它被用在类似"随意""任意"等中文状语词组中。再次，它被用作指涉一首歌的意义或内容。[13] 另两个汉字（情、心）就不被这样使用。

此外也最重要的是，与我们的惯有理解相反，汉字"意"并不专指"意愿"（will）。这个一般观念主要基于我在文初提及的汉字词组："知、情、意"。这个词组被注释为"知性（intellect）、感觉（feeling）与意愿（will），人的三种心理要素"。[14] 因此，"意"的观念对应于"意愿"。我们的确有一些包含这一汉字的名词词组表示心灵的自愿行为，比如意愿、意欲（wish）、意图（intention）。但是，认为"意"表示"意愿"着实是种曲解。"意"的确意味着"取向"（orientation）（《大汉和辞典》），但它缺少理智判断的环节，而后者恰是西方哲学中意愿行为的本质。尤其当我们寻找其基本的语义元素——包括一首歌的意义时[15]，我们着实应当将其看作潜伏在 kokoro 中的运动状态。由于真实的 kokoro，尤其是谈到爱恋时是带有情感色彩的意识，因此包含取向或愿望的环节。

如此这般考察了表示 kokoro 的汉字的用法之后，我们现在可以回到 kokoro 是什么的问题上来，尤其是关于实体与情感状态的区分。

"群脏"之"心"（むらぎも，kokoro of Mura-gimo）

"心"（kokoro）是"我"感知到的自身的剧烈运动状态。单纯的知晓应是"我"而非"心"的功能，后者是自然产生于诸如无法相见、无法说话如窒息这样的极端情况中的感觉状态。它十分复杂（"熊野浦滨木绵，叶百重"）

并已然取得一定程度的自主性（"心相依，身相许"），因此，尽管想要忠于这种感觉状态，但却可以预感到变化是可能的（"我无异心"）。一方面，保持"自然"（在"自然而然"的意义上）就是感觉真实性的证明，然而另一方面，拒斥变化的自然倾向则是"心"作为人性的诚意。

第一种经验事实是关于运动状态的感觉。要想谈论这一状态，我们需要一个语法主体，而它必然会变得类似于实体。"心"是被看作一种实体，还是某种实体的一种状态？

在上述被引诗句中，应当被视为实体的是"我"而非"心"：因此，"心"是"我"的一种状态。当诗人说："我无异心"，"心"是被"我"感知到的一种感觉状态："我"作为精神实体通过反思意识感知到自身的状态即"心"。即便在这种概念中，这一实体也并非笛卡尔免于任何变化的"灵魂"（âme）。毋宁说，它就作为变化的主体产生于对变化的焦虑中。

另一种理解是，诸如"心窒"（kokoro chokes）的表述似乎将"心"看作一种实体：存在着"心"，它在当下状态被窒住呼吸。但是，我们应该质疑将诸如实体状态的本体论范畴或甚至诸如主谓结构的语法范畴应用在此是否恰当：在日语词组"心窒"（情烟せる）中，并置语词的句法结构不一定被解释为主谓结构，它也可以被解读为一种简单的动词词组。这一表述仅仅指示对"窒息"的意识，为了准确地说明这种意识，表达者加个"心"是要说明动词"窒息"（烟せる，museru）是以比喻的方式在此应用。这一情况关乎日语中根本性的大问题，即如何获知应用于日语句子中的"主体"概念是否得当。这是一个我们必须在决定主体和实体是否一致之前要提出的问题。正如古典日语中的句子是基于表达者的视角，我们可以认为总有一个缄默的"我"作为所有句子的主体（佐佐木健一，1980）。我们可以进一步分析。公认最具独创性的现代日本哲学家西田几多郎拒斥作为主体/实体的意识观念，而是将其把握为场所或场域（西田几多郎，1925）。我认为，这一观点是由日语结构决定的：显然语法主体事实上是一个副词短语，而通常认为的意识主体事实上可以被看作发生变化的场所/场域。当然，古人们不会认为存在着某种称作"心"的东西：它被理所当然地写作汉字"情"（feeling）。

然而，当作为"心"而出现的感觉状态所在的场所/场域被认为是恒常的，难道它不需要最起码基于一种物理器官吗？中国古人认为"心"（kokoro）是心脏的功能。人们认为"心"是实体的看法在其与"肝"的关联中得到了充分的表达。按照辞典，"肝"一般而言表示内脏，具体而言则指肝脏。在古代，由于存在死于战场或意外的人，人们一定拥有一些包括内脏存在的解剖学知识。此外，人们还有我们可以称作的"肝之体验"，尽管稍晚我们还有诸如"肝破"（胆をつぶす，吃惊，"break down kimo"，be astonished）、"肝冷"（肝を冷やす，恐惧，"cool down kimo"，be horrified）、"刺入肝中"（肝にしみる，印象深刻，"penetrate into kimo"，be deeply impressed）的表述。通过将这些体验与内脏相关联，古人们一定逐步地形成了肝的概念。《日本国语大辞典》认为最早使用该词的词组出现在最早的官修历史《日本书纪》第22卷推古天皇给小濑太子的建言中："汝肝尚幼……"按照《日本国语大辞典》的注解，这句话表示："你的思想方式尚不成熟"，此处的"肝"指的并非内脏而是心灵（mind），以及一般而言的"心、精神及心理韧性"（"kokoro, spirit and mental toughness"）。如今，我们忽略解剖学而按照日常用法将"肝"与"心"区分开来并分别将其指派给肝脏和心脏，或者说我们至少觉识到这种概念。在《日本书纪》的例子中，我们应该看到"肝"是与"心"相区分的。一般而言，"肝"关乎基于整体人格的意愿力。当"肝"被认为是"年轻的"，它是实体且要经历成长：我们将成熟长大的这一经验事实与物理事实相关联。相反，"心"是瞬时状态，且我们极少在其中承认实体性，而后者是由基本的同一性和延续性界定的。

在这方面，"群脏"（mura-gimo）一词值得关注。它的字面意思是许多聚结在一起的内脏（kimo），却是作为限定"心"的"枕词"（makurakotoba）来使用。在这一用法中，我们发现"心"与"肝"的根本差异。"枕词"是主要在诗歌中使用的形容词习惯用语，它的作用是比较性描述。[16]"群脏"被用作"心"的枕词，表示前者代表了后者一定程度的本质特点：这二者一定是既不同又相似的。让我们参看两首诗：

村肝の情くだけてかくばかり

わが恋ふらんを知らずかあるらむ

岂不知；
吾心恋，几至
心碎肠断。
（大伴家持，第 720 首）

恋ひしくに　痛きあが身そ　いちしろく　身に染み透り　村肝
の　心砕けて　死なむ命　急（にはか）になりぬ……

苦恋浸身心，
肝肠断，
命危急。
（车持氏，第 3811 首）

第二段引文出自古代访妻婚习俗背景中一位因丈夫远离自己而日渐消瘦的女诗人写的长歌。在这两首诗歌中，"群脏"限定了"揉碎之心"，因此表达出强烈的感情。这是以猛烈的情感与生理上的"器官体验"相联系为基础的：借由"群脏中的心被揉碎"，诗人试图表达这种痛苦是如何以身体的方式被感知。这在第二个例证中尤为真实。

在"群脏之心"中，"肝"与"心"被分别开。后者是一种感觉状态，仅仅与前者相关；而前者则是意愿力的所在。

结与恪守

综上所述，"群脏"与"心"的关系存在于身体感觉到的激烈情感中。分析来看，这一关系可以视作是双向的。一方面，"肝"作为身体的一部分（内脏）可以被认作激烈情感的主体：作为现象的"心"因其强大的存在而需要一种实体来安放，这一物质即是"肝"（器官）。反之亦然，"心"也可以被认作对身体施加影响的某种东西——在车持氏所作诗歌中可以看到，正是其"心"致命地折磨着她的身体。我们无法从语言表达方式上判断上述二者哪个适用于此：我们仅知道作为情感状态的"心"与实体性的"肝"的痛苦之间存在着关联或共存关系。这即是"群脏之心"含混表述出的意义。其模糊性来自于"心"的概念的模糊性，它完全是一种纯粹的被经验到的情感状态，但又因其力量而被表现为实体性的。如果我们将"心"解释为一种类似绳结一样的节点，就可以理解这一既是状态又是实体的双面性。

磐代の野中に立てる結び松
情も解けず古おもほゆ

磐代原野，结枝一棵松；
郁结不解，
发思古情。
（长忌寸意吉麻吕，第144首）

第一行诗提及了被政治阴谋集团谋害的大和王子的悲惨历史。他在生前最后一次旅途经过这棵松树时在树干上打了一个结，作为他希冀回返的记号。在树枝上打结是"一种古老的魔法形式，可能表达了祈求平安和幸福的愿望，寄灵魂于不解之结中"。[17]诗人途经这棵松树时想到了王子。诗人通过"郁结不解"的诗句表达了王子的哀伤仍旧弥留以及自己对王子命运的同情始终未改的情绪。[18]但是在一般情况下，"心结不解"（"non-raveled kokoro"）更多意味着如下的相互爱恋：

黒髪の白髪までと結びてし心ひとつを今解かめやも

黑发相约到白头；
一颗心同结，
何以解不守？
（匿名，第2602首）

我们似乎可以理解给线打结这一当下仍在使用的表述。但是我们对第144首诗的解释不应是将两颗心灵像线头一样打结在一起，而是一种"打结感"。不存在两颗心灵，且打了结的树枝也只有一枝。作为感觉的"心"以不及物的方式打结，正如结冰这样的自然现象[19]：日语中的"冰"和"结冰"都来源于"打结"。我可以从下面的诗歌中感受到这一点：

この小川霧ぞ結べる激ちたる走井の上に言挙げせねども

小河雾迷漫，
激流涌泉井畔，
虽未道一言。
　（匿名，第1113首）

按照古代的说法，悲伤的叹息使人联想到薄雾。[20]以这种关联观之，"心"就是结节、凝块或自然现象中的聚集体一样的一种形式。我们会发现，当自我之中的这样一个结节或凝块变得有意识，就被我们感知为"心"。

我们可以引用交通堵塞作为这种打结或凝结的熟悉的例子。一次交通堵塞也许始于一个交通事故，但即便在清除了直接发生事故的汽车之后，堵塞仍不会即刻消失。当前面的车减速或停下，那些跟在后面的车只有照做。因此，不需要任何"实体"，交通堵塞在这时还在继续。一个结节或凝结正是如此。"心"作为结节伴随着一种情绪被"堵塞"而因此胶着的感受。这是日本感性的基本要素[21]，我们在下面的诗歌中注意到其最原始的表达之一：

紅に深く染みにし情かも寧楽の京師に年の経ぬべき

心如深红染透；
只合在，奈良故都，
居住年年，依旧。
　（匿名，第1044首）

出于多种原因，古人频繁迁都。在公元 8 世纪 40 年代，首都有五年时间被迁离奈良。诗人悼念古都被遗弃的场景，思忖这一情绪是否出自其"心"，而其心中满是对昔日繁华景象的回忆。"红"（Kurenai）是表示红色的日语词，本指用作染料的红花。短语"深深浸染"来源于此就是证明：回忆与印象机制被比作染色。

"心"作为某种可以染色的东西天然显示出绵延性。的确，我们已经遇到对一种持续了相当长时间的情绪即"异心"的承认："心"并非意识流之类的东西。"心"作为一种运动状态必须知晓变化，但前提是"心"的持续。在其特有的悖论中，从其本性而来的持续性仍未挣脱变化。这一悖论产生的焦虑表达在"我无异心"的誓言中。下面的两条诗文表达了这样的绵延及变化：

稲日野も行き過ぎかてに思へれば心恋しき可古の島見ゆ

印南野，驶过正怀念；
久慕可古岛，
又在眼前。
（柿本朝麻吕，第 253 首）

梓弓引かばまにまに依らめども後の心を知りかてぬかも

檀弓挽，虽依允；
侬今更关注，
未知日后心。
（石川郎女，第 98 首）

第一段诗文的作者柿本朝麻吕当时乘船旅行。"久慕"（"dear to my kokoro"）指的是他对这一小岛保存在"心"中的感觉。第二段诗文出自一组女诗人和追求她的禅师间往返的诗歌。"日后心"（"after kokoro"）指的是此后可能改变的"心"的存在。

他人之"心"

目前为止，我们关注的是在我们自身之中去感知"心"，还存在着感知他人之"心"的问题。后一条诗文中的"日后心"即指伴侣之心。他人的意愿可能对我们构成严重的威胁，或其情绪可能非我所愿；我们由此得知他人亦有其"心"。对我们"自心"的觉知很可能与对"他心"的觉知彼此相关。我注意到，在可能成为情侣的人这里，与我所爱相反的"异心"或对其可能出现的预感，产生了对"我心"之结的自我意识。认知他人的哲学问题是：虽然自我明显是通过反思的自我意识而为人所知，比如笛卡尔的"我思"，我们却无法直接认识到他人的心灵。那么，我们如何了解它？我认为这一问题建筑于对自我的过分强调上，我们应对其合理性保持怀疑。让我们看一看其他将"他心"作为主体的诗歌。我即刻想到的是额田王（公元7世纪）所作的名句，其中"心"表示怜悯或好感：

三輪山をしかも隱すか雲だにも
情あらなむ隱さふべしや

三轮山，岂可如此被遮掩；
云但能体谅，
怎再频遮掩。（额田王，第18首）

首都已然被决定从奈良迁往近江。额田王即将起身离开奈良，希望能看见毗邻故都的三轮山，希冀山腰间的云朵有"情"（kokoro）。此处的"情"（kokoro）相当于怜悯而非激情或情感，并似乎界定了"心"在自发性方面的界限。换言之，我们在《万叶集》中没有发现"心"表示决定性意愿的用法。[22]我们在下一条诗文中找到了相似的用法：

潜する海人は告るとも海神の
心し得ずは見ゆといはなくに

潜水渔人虽咒祝；

不得海神心，

也难见珍珠。（匿名，第1303首）

学者认为，古代的潜水渔民习惯在潜水前念诵祈祷。在这条诗文中提到的咒祝（noru）指的既是这一习俗也是对爱情的宣告：无论男子如何强烈地宣示他的爱情，得不到海神的眷顾（kokoro），也无从见到爱人。值得注意的是，想要获得的眷顾并不出自女子自身而是出自寓意女子父母的海神。在与海神的眷顾相比之下，此处的"心"变得自然化，与对三轮山云朵的处理有相似之处。似乎"心"是风一样的自然现象，风也是命运的象征，至少是关于命运的映像的运动。我们将希冀云朵有情的额田王的诗句看作比喻手法，但我们也会思考这是否是"心"在古人眼中的正常存在方式。下一条清晰地表达了基于自然与"心"自由沟通的世界观，尽管并未使用"心"一词：

梯立の倉椅山に立てる白雲

見まく欲りわがするなへに立てる白雲

梯立仓椅山上，

白云依依；

我正欲看她，偏又

白云升起。（匿名，第1282首——此处中译者有改动）

白云升起因为我希望看到我的爱人："自古以来，云朵和烟雾即同于呼吸，被看作等同于灵魂。"[23]"心"与自然相对应这样的表述未免显得太分析性了，实际上，它们的运动一定是几乎合而为一的。看着白云升起，我们的诗人感到自己的"心"在那里出现。在"心"与自然一起生长中，不存在自我与他者的区分。我此刻看到升起的白云，是将其作为我的感觉现象，但在不同的情境下，它又可能是我对爱人的感觉（出处同上，第3515首）。

对于"心"的此种运动，我们已经讨论了"心相依"（心寄る、kokoro

slides up to）这个表述，还有"心动"（心行く、kokoro goes）、"寄心"（心遣る、send kokoro）和"乘心"（心に乗る、ride on kokoro）。从字面理解它们会更恰当。

あしひきの山き隔りて遠けども
心し行けば夢に見えけり

山川阻隔，路途虽遥远；
只要两心通，
梦中得见。（山上忆良，第3981首）

東人の荷先の篋の荷の緒にも
妹は心に乗りにけるかも

东人牢系初贡箱；
阿妹多情意，
永系哥心上。（久米禅师，第100首）

关于第一段，我们根据常识可以认为，如果我的"心"前去看你，你就会梦到我。我们的诗人反过来说是他自己梦见了爱人。就是说他的"心"前去看望爱人又折返回来。第二段与前文所引诗句属于久米禅师创作的同一组（第98首）。诗人写道，他牢牢地将爱人系在自己"心"上（就像皇家贡箱上的系绳）。此刻，是诗人而非其爱人感受到爱情并展开追求。他感到其"心"如结，并认为之所以如此是因为爱人的感觉被系在他的"心"上。这说明在我关于他人的感觉和他人关于我的感觉之间并不存在清晰的区分。

为了思考"他心"的问题，我们达成了这样的想法，即"心"在天地间周行而非分属我或他人。关于这一无分别状态，我们应当考虑将"圣心"（mi-kokoro, kokoro to be respected）作为典型的"他心"。在整部《万叶集》中，关于这一点仅有四个例证，都在长歌中且都涉及天皇或皇亲。下文就是柿本人麻吕所作长歌的开头：

> やすみしし　わご大君の　聞し食す　天の下に　国はしも　多に
> あれども　山川の　清き河内と御心を　吉野の国の　花散らふ秋津の
> 野辺に　宮柱　太敷きませば……

大王君临地，
天下属国多。
山川独清秀，
属意在沿河；
圣心在吉野，
秋津花飞落；
野边建宫殿，
壮柱起巍峨……

（柿本人麻吕，第36首）

日本公认最伟大的诗人之一柿本人麻吕，是一位宫廷诗人，在一次随推古天皇出巡至吉野时（公元689年至690年）作成此诗。它全方位展现了官方特点，包括风格、用语及题材。此处颂唱的天皇"圣心"并非天皇个人的心灵：它并不表示天皇此时此地的特定感觉和意愿。我们的诗人通过"圣心"颂扬的是王国。[24]天皇作为"圣心"的主体是官方人格而非一个个体。另一首由大伴家持颂唱的诗歌（第4094首）讲的是听到黄金出产的消息，天皇"圣心"大喜。这里涉及的的确是彼时对那条特定消息的反应，但我们仍能从中辨识出某种字面含义上的国家理性（raison d'état）。

山上忆良描述的则是良咏镇临海山丘上两块奇石的传说（第813首）。来往路人对之无不下马跪拜。诗人沿用了当地长者流传下来的传统观点，将这一习俗与神功皇后征讨新罗国的传奇相连。它讲的是在出征之前，皇后为镇怀（calm down her kokoro）而将这两块石头放于衣袖之中。

足日女　神の命　韓国を　向け平らげて　御心を鎮め給ふとい取らして　斎ひ給ひし　真珠なす　二つの石を　世の人に　示し給ひて……

神功皇后，
新罗平定。
为镇圣心，
搬取祀奉。
二石似玉，
昭示苍生。

我认为，此处的"圣心"（mi-kokoro）所指的不仅是神功皇后之"心"，还有诸神之"心"，因为"镇定"（鎮める，calm down）含有"安抚圣灵"和"安定国家"之义。[25]

那么，我们假设对"他心"的感知来自与他人意愿的冲突就不无错误。在诗歌中，超出我们所愿的"他心"是爱侣之心，尤其是其"日后之心"（after-kokoro），而这并非对"心"的原始感受，而是一种已然被注意到的"心"之变异。在诸如"海神之心"等比喻理解中，"心"被自然化并被融入自然现象之中。他人的自主意愿被理解为一种自然过程并等同于寄托于三轮山之心（情，favour）。最典型的例子要数天皇"圣心"，它远非个人的意愿或感受，而是反映了"国家理性"，并最终融入了万物有灵的诸神意愿。当我们描述自然现象中的"心"之运动，我们建立了一种循环交流，在这之中，我之梦即爱人之梦且反之亦然。

结语：《万叶集》中的"心"（kokoro）之概念

现在让我总结一下关于古代"心"之概念的前述研究。

1. 我们有三个汉字作为符号应用在日语 kokoro 一词上："情""心""意"以及《万叶集》中的几个例子（将汉字用作日语表音符号）。尤其是在末代诗人中，我们感到他们有意倾向于使用表音符号。山上忆良在其汉语诗歌和散文中使用汉字"心",但也不断在其日语诗歌中采用表音符号注释。最可能的解释是,这反映出诗人意识到 kokoro 不同于汉语概念"情""心""意"中的任何一个。我们很难在这三个汉字中找到准确的分别。而诗人在用其充当表意文字时,一定对其各自含义了如指掌。"情"表示情感状态,"心"主要是作为心脏的实体器官。"情"作为使用最频繁的汉字可以在大多数情况之下这样解释。但是这种区分并不完全适用。"意"有三点比较特别:使用没那么频繁;也被用作表音文字;同样出现在简短及固定的汉语短语中。当它被用来表示 kokoro,我们在其余两个汉字中就找不到任何区分,而其也不能特别强调 kokoro 的意愿性一面,这与我们的假设相反。

2. "心"(kokoro)的原初存在是爱恋[26]:心灰意冷中的情感状态,诸如难见爱人或难以向爱人告白。作为爱恋或情投意合之"心"自然地倾向于他人,却不是诸如自由意愿那样的东西。"心"在被感知时已然包含其中,在这个意义上,它是被动的。

3. "心"在被注意到时已满怀情感,它在这个意义上处于变化之中。了解了这一点,根据情感的本质,"心"的主体想要拒绝这样的变化并誓言永恒。

4. "心"与内脏(群脏)相关。这一观点来源于我们可以称之为"器官体验"即伴随着强烈情感出现的身体感受。尽管"心"与身体的这一关系必然是相互的,且我们的确审视了一首认为猛烈的激情足以致命的诗歌,然而人们一般认为"肝"才是实体原因而"心"是现象结果。"群脏"一定包括心脏,但人们并不特别区分各个器官,并因此不在汉字"心"的严格意义上看待它。

5. "心"被用作言说的主体,但这并不意味着它可以被看作一个实体。现在日语中被看作语法主体的同样可以被看作指示某事发生地点的副词词组,而非一个行为的主体。这正是"心"面临的情况,它也可以被视作感受发生的场所。足够强大到被言说并在言语中成为一个主体而无须实际上作为实体,这样的现象可以被看作一个结或流中的凝滞。

6. 无论如何,存在着认为"心"在自然之中、与自然一道周行的例证。作为经验,有限的例证存在于"心依某人"(kokoro sliding up to someone)的运动状态:"心"作为感觉发生的场所无法出离自己的身体。但是,作为解读,一位诗人说他梦见爱人因其"心"已来到爱人身边。该理解与这种世界观相关——在其中饱含感受的一声叹息化为烟尘并如云朵般在天地间周行，结果就是"心"变得内在于自然：这可能很难被严格当作拟人论。

7."圣心"（Mi-kokoro）仅用于天皇及皇亲。它并不代表其个人感受，毋宁说属于其作为统治者的官方人格，并与"神心"重合。这与基督教中的神意莫不相似。事实上，"你的旨意必在地上成就，如同在天上一样"（《新约·马太福音》，6:10）这句话被译为日语时就使用了"圣心"一词。似乎这一习惯是人们认为"心"包含意愿因素的原因之一。但实际上，《万叶集》中的"圣心"并非指向特定对象的意愿，而是"镇定"（calming down）的目标：它必然来自作为感觉状态的"心"的概念。这一感觉状态是快乐的起源，但也令人生畏，而我们则在镇定的习俗中发现偏好生命平和的精神。

8."心"在首要意义上是情感以及感觉状态的这一事实可能通过汉字"意"的含义与传统日语诗学中的一首诗歌里的"心"之概念相关，即与基于诗人感受的诗歌的意义或内容相关。

以上就是我对"心"（kokoro）之概念的解读。现在可以清晰地看出，"心"主要区别于英语中的"心灵"，后者以"我思"（cogito）的主体性为基础。相似的研究应当仔细考察心灵到底是什么。对于日本哲学而言，重要的是注意到我们并没有其他任何能与希腊"灵魂"（nous）相对应的语词，并且我相信这一缺失在很长时间内决定了日本思想和文化的特性。在以上的研究中，我们已经注意到关于这种感觉状态的统觉行为，而这应当被归为"我"（I），但这种统觉并未被视作这般也并未成为反思的主体。这一缺失更为非同寻常，因为我们在古代最后阶段（10世纪）的诗人们显示出一种对其所感或所思的反思的自我意识，甚至是对彼时所感所思的自我意识；即便在《万叶集》中我们也会际遇某些这样的意识，诸如对变化的焦虑。

Ken-ichi SASAKI: "MIND" IN ANCIENT JAPANESE:
THE PRIMITIVE PERCEPTION OF ITS EXISTENCE
（*DIOGENES*, No.227, 2010）

注：

[1] 多亏共用汉字，使得中国人、韩国人与日本人能够通过书写来交流。

[2] 有两种假名，都来源于汉字。一种基于形象变换，一种基于抽象（仅使用一个汉字的一部分）。

[3] 从字面上讲，它表示"形式的存在"或"形式存在的方面"。

[4] 用日语以及按照日语表述从事哲学的尝试并未被完全忽视。最近对于其重要性的认识更甚以往。我在此仅提及于2009年6月逝世的惠阪部及其早期的重要著作（阪部，1976）。

[5] 因为论题的本性，我们只能引用汉字。但是，我将尽力使不了解汉字知识的读者理解我的论证。

[6] 我们习惯将这三个汉字当作一组来使用，我们认为它们包含了人类的所有能力：知性、情感以及意愿。我们稍后将讨论这一词组。

[7]《万叶集》是日本最早的诗歌（"和歌"，waka，相对于汉诗而言）集，在20卷中包含超过4500首各种形式的诗歌。其中最古老的成于7世纪初，曾于8世纪中叶修成，在8世纪末又添加了更多卷。

[8] 据辞典和图鉴，滨木绵生有多重叶片和花朵，而且在海岸簇生。

[9] 这实际上并不关乎作者本人的经验。笠金村是一位宫廷诗人，并被认为是在天皇面前写下的这首诗。即便如此，诗人按照自己的体验吟唱爱的感受（他除此再无他法！），我们从他反思性的观察中发现了一种雅致的精神。

[10] 日语之前以及原始上用表示"靠自己"或"不用人为"的一个副词来表示"自然"。关于这种存在形式在日本思想中的重要性，参见铃木（2000）。

[11] 我们有"衷心地"（kokoro-yumo，对应于现代的kokoro-kara，表示"发自内心"或"热诚地"）这样的表述，见于第609及794首。

[12] 我数出了以假名书写"心"的5种形式：許己呂、己許呂、許々呂、己々呂和去々里。

[13] 在其与大伴家持的通信中（使用汉字），我们发现后者使用了这样的表述，暗示出"意"的双重意义：同时是"心"（情绪）与语言。

[14] 引自《日本国语大辞典》。我们不清楚谁创造了这一词组。《日本国语大辞典》中引用的最古老的例子是独步国木田（1871—1908）对其的运用。

[15] 一些日本哲学家希望将法语单词sens的含义解读为其两种基本含义相叠加，即"方向或朝向"与"意义"，尽管这两个含义来自不同的单词。我怀疑这种解读不是"意"

的语义构造所示。

［16］我们在不同的文化中都可以找见相似的习惯表述。例如，我们在希腊史诗中找见诸如"燕足阿基里斯""猫头鹰眼雅典娜"，等等。我们与之的重要差异在于我们没有关于人物包括神祇的枕词。

［17］引自《日本国语大辞典》。有间皇子吟诵的诗歌是《万叶集》第141首。其于公元658年"谋反"，我们所引诗文为长忌寸意吉麻吕作于公元690年。

［18］在这条诗文的日语版本中，问题中的"心"归属于谁并不明确。因此我们的解读既将其用在被谋害的皇子身上也用在诗人身上。

［19］冰在日语中被称为氷（koori），后者在语源学上表示"结"。

［20］引自第799首（山上忆良）。

［21］我出版过一本关于日本的感性的书（铃木，K.，2010）并出版过其纲要。

［22］《岩波古语辞典》从《万叶集》引用了两句用"心"（kokoro）表示"意愿"（will）的诗句。但是，第3507首吟唱的只是对爱情的誓约因此不具备意愿这么主动的东西。第1366首涉及怜悯，而这同样不能被称为有意愿的或有意图的。

［23］关于第3515首的注释由中西进（1978）所做。

［24］我们在第478首的"圣心"中发现了一点小小的个人差异，其来自献于年轻皇子的挽歌的基本色调。

［25］引自《岩波古语辞典》。关于神在安邦中的作用，参见第319首。

［26］诗人们最经常使用的是汉字"情"，可能并非偶然。在诗集的前1000首诗歌中，用"情"的例子多达53处，而"心"则为45处。

参考文献：

《日本国语大辞典》(Grand Dictionary of Japanese), GDJ (1973–1976), Tōkyō: 小学馆。

《岩波古语辞典》(Iwanami Dictionary of Ancient Japanese), IDAJ(1974), Tōkyō: 岩波书店。

中西进, Nakanishi, S. (1978)《万叶集》, 原文付全译注, Tōkyō: 讲谈社。

西田几多郎, Nishida, K. (1925)《场所》, Tōkyō: 岩波书店。

惠阪部, Akabe, M. (1976)《仮面の解釈学》, Tōkyō: 东京大学出版会。

佐佐木健一, Sasaki. K. (1980) "Expression subjective et performative en japonais: Tokieda and Benveniste", *Journal of the Faculty of Letters, University of Tokyo*, 4: 53–70, available at: http://repository.dl.itc.u-tokyo.ac.jp/dspace/bitstream/2261/7177/1/jt004007.pdf。

佐佐木健一, Sasaki, K. (2000) "Poetics of Intransitivity", 收入 H. Paetzold（主编）, in: Paetzold H. (ed.) *Aesthetics and Philosophy of Culture: International Yearbook of Aesthetics*, 3, Kassel: International Association for Aesthetics, available at: http://www2.eur.nl/fw/hyper/IAA/Yearbook/iaa3/Poetics.htm。

佐佐木健一, Sasaki, K. (2007) "Culture of Tactility", 收入高建平（主编）, in: Jianping G. (ed.) *Aesthetics and Dialogues Among Cultures: International Yearbook of Aesthetics*, 11, Beijing: International Association for Aesthetics, 143–153, available at: http://www2.eur.nl/fw/hyper/IAA/Yearbook/iaa11/09Sasaki.htm。

佐佐木健一, Sasaki, K. (2009) "The Structure of Japanese Sensibility: An Out-line", 收入 M. Bokiniec 和 P. J. Przybysz（主编）, in: Bokiniec, M. and Przybysz, P. J. (eds) *Aesthetics and Philosophy of Art: Essays in Honour of Prof. Bohdan Dziemidok*, Gdansk: Wydawnictvo Universytetu Gdanskiego, 232–243。

佐佐木健一, Sasaki, K. (2010)《日本的感性——触覚とずらしの構造》, Tōkyō: 中央公论新社。

交多少朋友合适？
谈亚里士多德对"大量交友"的评论

迪米特里·穆尔　著
马胜利　译

引　言

　　结交多少个朋友合适？提出这样的问题似乎是钻牛角尖，也不属于哲学家的兴趣。然而，古代的哲学家并未忽视这个问题的重要性，他们都直接或间接地关注过"友谊"。实际上，提出交多少朋友合适的问题，就是提出友谊的限度问题，更确切地说，是提出了与他人特殊关系的延展问题。我们看到，这种关系并不要求排他性，但将其无限扩展则难免使其变质。传统意义上的爱情关系较难适应多元性，而友谊关系则需要多元性，但也不能大量增加对象，除非你接受了社交网络对"好友"一词的滥用。这意味着有一种确定友谊关系扩展限度的标准。在《尼各马可伦理学》中，亚里士多德用了一章的篇幅（第九卷，第十章），以这种方法论述了"大量交友"及其是否构成幸福要素的问题。亚里士多德在论述中强调了友谊与共同生活的关系。他指出，能够维持"共同生活"的朋友数量才是合适的。

　　尽管古代的友谊观念激发出大量著作，但人们并未关注"大量交友"问题，他们既不认为这涉及亚里士多德伦理的重要哲学问题，也不认为这是揭示古代伦理中友谊对良好生活起着不同作用的重要历史问题。在博恩布拉斯特（1905）、弗雷斯（1974）、菲尔斯特（1996）的重要综述中有些零散的分析。要使其发挥效用，还需要详细阅读《尼各马可伦理学》第九卷第十章，并更系统地分析古代伦理如何看待"大量交友"问题。在本文中，笔者主要对《尼各马可伦理学》论述"大量交友"的章节提出评论，并在结论中对该问题的后续提出几点看法。

亚里士多德之前的"大量交友"问题

《尼各马可伦理学》的第八卷和第九卷涉及友谊。在该书第八卷第二章中，亚里士多德在论述对这一问题的各种看法之前，首先阐明了这项研究的意义。他指出"友情不仅是必要的，还是高尚的，因为我们赞颂爱朋友的人，拥有大量朋友也被看作高尚之举"（《尼各马可伦理学》，Ⅷ，1，1155a28-32）。[1]亚里士多德一开始就对"大量交友"做出评注，以表明这个问题的重要性和详细分析它的必要性。但该评注同样也表明，这个问题应当解决，因为人们普遍认为朋友越多越好。在第九卷第十章中，亚里士多德先是定义了真正的友谊和其他形式的"友情"，然后便对上述看法做出评价。

"大量交友"在何种意义上可被视为"高尚之举"？正如迪尔迈尔（1983：558）所指出的，整部《尼各马可伦理学》中唯有此处使用了名词。后来，亚里士多德在第九卷第十章中都使用了形容词（πολύφιλος）。而该名词在《修辞学》和《政治学》中曾反复出现过。在确定了审议体裁后，亚里士多德便开始考察用于鼓励或劝阻的论说主题，即幸福，并思考该主题被认可的定义及其组成部分。除了良好的出身和财富外，幸福还包括"拥有大量好友和与好人结成友谊"（《修辞学》，Ⅰ，5，1360b20：πολυφιλίαν，χρηστοφιλίαν）。亚里士多德对"大量交友"和"有用的交友"（khrēstophilia）有所区分。[2]这表明他在这里对"大量交友"赋予了非常广泛的含义，其中也包括并不高尚的朋友。该章的一段把朋友定义为自认为对别人好的人，而"有道德的"朋友则是前者的特例（1361b35-38）。《修辞学》的其他评语表明了应当赋予"大量交友"的含义：这应明确地理解为一种政治影响的主要成分，它等同于财富或法官职务，是获取和巩固政治影响的手段。[3]在《修辞学》中，亚里士多德把"大量交友"视为幸福的组成部分，因为这是大多数人认可的好处，是工具性的好处，与财富和好出身类似，能使人发挥影响力或防范他人的影响。笔者认为，我们可从这种意义上理解亚里士多德的《尼各马可伦理学》在开始研究友谊时对"大量交友"所做的首个评语。

如果看看亚里士多德之前的作者偶尔使用过的"大量交友者"（poluphilos）

一词，我们便不会对他把"大量交友"列为好事感到吃惊了。例如，平达的第五部《颂歌》为庆贺阿塞西拉斯在战车竞赛中获胜而写道：财富与美德结合起来，这使他赢得了大量朋友。[4]近一个世纪之后，在完全不同的背景下，吕西亚斯在一篇演说中也把财富、荣誉和大量朋友结合在一起。[5]在亚里士多德之前，尽管这个词被使用得不多，但"大量交友"似乎被人们视为好事。相反，"朋友稀少"甚至"没有朋友"则被视为坏事，亚里士多德的《修辞学》也把这两种情况说成"命运不济"（1386a9-11）。

尽管我们能够发现此前对交友适当数量的初步伦理思考和对大量交友的批判因素，[6]但最先提出"大量交友"问题的人还是亚里士多德。他在更广泛的框架中对幸福的因素进行了伦理分析，其中友谊及其与美德的关系起着核心作用。

亚里士多德对友谊的定义和分类： 《尼各马可伦理学》第九卷第十章的地位

与前人相比，亚里士多德在分析"友谊"方面开创了两个基础理论思考。第一是压缩了研究范围，把友谊确定为专门的"伦理"问题；第二是对友谊做出统一的定义（与他人建立的自觉、交互和主动的亲切关系），同时可根据喜爱对象的类型，分为不同的形式。于是，尽管亚里士多德及其同代人都认为希腊文的"友谊"是指一整套异质性人际关系（包括我们所称的友情关系，以及家庭关系和政治关系，乃至商业关系），但也可以将其划分为三种类型：基于实用的友谊、追求快乐的友谊、基于道德的完美友谊。[7]这便是亚里士多德在《尼各马可伦理学》第八卷中提出的友情观的核心，它为该书奠定了统一性和结构。

然而，该书第九卷的统一性则显得有所欠缺，因为亚里士多德在其中谈到一些有关友谊的争论问题或疑难问题，[8]其中包括交多少个朋友合适。第八卷的开头对此问题已有涉及。第九卷所采取的略带吟游诗的方法会令评论者感到困惑，而亚里士多德对友谊本质的深刻分析就在这一卷中。为解释这一难点，戈蒂耶和若利夫（1970：725）提出，"这只是个并不特殊的意外"，其根本原因在于某些章节旨在论战，亚里士多德主要是向柏拉图提出辩解。[9]

我们不否认第九卷带有吟游诗的色彩，也不质疑某些章节的论战口气，但应当探究的问题在于：我们是否能够在第九卷最后几章的结构中找出表明其关键的逻辑形式和严密思路。[10]

我们发现，从《尼各马可伦理学》第九卷的第四章到第十章，有一个问题在不断深化，其主线是作者在第九卷第四章开始提到的有德者的心理状态。亚里士多德在这一章指出，在结构方面，有德者与朋友的关系同他与自身的关系是"相似的"。然而，说有德者是"自身的朋友"（philautos）是什么意思呢？《尼各马可伦理学》第九卷第八章在谈到该问题时把对自身的友情分为两种（1168a27-1169b2）：一种是应当谴责的，即通常所说的贬义词"自私"；另一种则指有德者对自身的喜爱。这是否意味着亚里士多德认为与他人的友谊源于或派生于对自身的友爱，即后者是前者的条件？这不大可能，因为亚里士多德特意指出，爱自己是有德者的"责任"（Ⅸ，8，1169a11-12）。他强调，对有德者来说，爱戴自身是一种实际斩获，而不是自动产生友谊的感性认识。实际上，有德者对于自身的友爱是针对其灵魂的主导和智性部分的。通常意义上的自私者与君子之间存在着鸿沟，受感情支配者与按理性行事者的差别也是如此（Ⅸ，8，1169a4-5）。然而，如果君子应当最讲自爱，[11]那么除他之外的"别人"还有地位吗？倘若如此，君子怎能喜爱似乎不能为其带来任何新东西的另一个"自我"呢？

第九卷第九章正是要解答上述两个问题，以维护有德者的自我满足和其幸福所需的友谊。我们无须深入分析这卷的复杂和争议性内容，[12]而只需指出，亚里士多德在书中捍卫了朋友间共同生活的主导地位，并将其与共同的感知和思想活动协调在一起。[13]亚里士多德无疑把这个共同体视为有德者之间友谊的要素，[14]他从而超越了有德者的自力更生与需要交友的悖论。他表明，即便是有德和很幸福的人也需要朋友，因为对朋友的眷恋能使其幸福更加完美。

然而，对朋友的这种需求是一种怪现象，因为它不显示为任何缺憾，否则有德者便不能自力更生。朋友间的共同感知和思想可无限扩展，直至其实现完美的程度。因此，如果幸福的人需要朋友却感觉不到这种需求，如果他的幸福需要朋友但他却不想要朋友，那为何不只为增加共同感知和思想的机会而尽量多交朋友呢？正是为了回答这个问题，亚里士多德才在第九卷第十章中提出了"大量交友"的问题。

总之，一旦弄清了君子是依据智慧来喜爱有益事物的，我们便能明白他为何应当是自身的朋友，以及他为何爱朋友如同爱自己。然而，爱朋友如同爱自己还需要有某种共同生活。该书第九卷第十章便详细分析了共同生活的深刻理论结构。接下来应当探讨的是这种共同生活会如何扩展，并研究该理论结构是否适用于大量朋友。这便是《尼各马可伦理学》第九卷第十章选定的任务。

友谊与共同生活

在《欧代米亚伦理学》简要论述"大量交友"的段落中（《欧代米亚伦理学》，Ⅶ，12，1245b20–26），亚里士多德提出了两个问题，即能否"获得"众多高尚朋友和能否确实满足与大量朋友建立完美友谊的条件。《尼各马可伦理学》第九卷第十章是专门论述第二个问题的：

> 我们是否应当结交尽量多的朋友？或者像在待客问题上合理的说法那样，"既不要一个人有许多客人，也不要只有自己没有客人"（赫西俄德：《劳作与时日》，v. 715）。同样，在交友方面，是否应当既不做孤家寡人也不结交过多朋友？

> 对于实用的朋友，这一原则似乎完全合适，因为回报大量朋友的帮忙实属不易，一生都难以做到。朋友的数量若超过满足我们自身生活的需要便是多余的，甚至成为正常生活的障碍。所以这是我们完全不需要的。基于快乐的朋友有少量也就够了，他们就像食物的调味品。

> 至于有美德的朋友，是否应当越多越好，还是也有一定限度，就像城邦有其适当规模一样？因为十个人并不能组成城邦，而十万人可组成不止一个城邦。当然，数量不是固定的，但无论哪种情况都有个确定的范围。所以，朋友的数量也需要确定，这无疑关系到我们最多能与多少朋友共同生活，因为共同生活才是友谊最突出的特征。然而，我们不可能与大量的人共同生活和相互分享，这是显而易见的。另外，整天生活

在一起的这些人还必须相互成为朋友，可让众多人做到这一点实属不易。另外，让很多人像家庭成员那样分享欢乐和痛苦同样很难做到，因为人们往往会与某个人分享快乐，与另一个人分担痛苦。

所以，最好是不要寻求尽量多的朋友，而只结交能够共同生活的朋友，因为对大量的人保持强烈友情似乎很难做到。正因为如此，人们只能同一个人恋爱：爱情实际上想成为只对一个人的过分的友情。同样，强烈的友情也只能面向少数人。

事实似乎也是如此，数量众多的人并不能像亲密同事那样相互成为好友。诗人们歌颂的友谊大都是两个人之间的。那些朋友众多和与所有人都亲近的人不被看作任何人的朋友，除非这涉及同胞关系，这些人也被称为"乐于助人者"。作为同胞，他当然可能同许多人成为朋友，他不一定要乐于助人，但应当是真正有美德的人。然而，以美德和人品本身不可能与众多人成为朋友，但我们若发现有少数此类好友也应感到高兴。（《尼各马可伦理学》，IX，10，1170b20-1171a19）[15]

《欧代米亚伦理学》对"大量交友"问题只是从最高形式友谊的角度考虑的。与之相反，《尼各马可伦理学》在本章中则详细回答了是否应当以三种交友方式尽量多交友的问题。这是彻底解决问题的途径，其意义并不在于把不同性质的答案联系起来，而是要表明无论哪种性质的友谊，"大量交友"都是不可取的，并且在解决涉及各种"友情"的问题时应考虑到其中的差别。

亚里士多德很快谈到前两种友谊。他指出，基于实用的友谊不容有太多朋友，因为"知恩图报"很难做到。[16]然而，友谊总是相互的，即便是地位不平等的人，如父亲和儿子，他们之间的友谊也有相互性：儿子对父亲的挚爱与父亲对儿子的关照是成正比的（参见《尼各马可伦理学》，VIII，8-10，1158b1-1159b25）。结交太多实用的朋友会产生相反的效果，因为我们的正常需求有限，有少数此类朋友便可满足。而大量扩张这种友谊会使回报义务倍增，从而成为幸福的"障碍"。关于追求快乐的友谊，亚里士多德并未说其大量增加是一种负担：他要是这样说反而是不正常的。他是说这是毫无意义的，因为有几个追求快乐的朋友就足够了，就像"食物调味品"，只需少量便可增添菜肴的美味。

接着，亚里士多德又返回问题的根本，因为"大量交友"问题的关键涉及有德者之间的友谊。作为分析的核心，他指出，大量结交有德之友直接违背这类友谊不可或缺的因素，即共同生活。在介绍亚里士多德反对"大量交友"的理由之前，我们先谈谈他对"共同生活"的理解。

从整部《尼各马可伦理学》看，我们发现，除三处外，所有表示共同生活的动词，如"一起生活""共同度日"或"共同生活"都出现在论述友谊的第八卷和第九卷。亚里士多德用这些动词来表示有德者与自身或挚友共度亲密时光，或是追求快乐的好友们，尤其是年轻人共享快乐。[17]亚里士多德认为，共同生活就是共度时光，是"一些人与另一些人共同度日"，也就是与好友一起生活，分享论说和思想，追求共同目标。这些活动不仅限于沉思，它们还与实际活动相关。[18]《尼各马可伦理学》第九卷第九章中谈到认知和思想共同体在共同生活中得以现实化，而这并不是哲学家们独有的现象。

关于这种共同生活，亚里士多德在该章中指出，它体现出"友谊最典型的特征"。他在这里暗示了什么？我们应如何理解他这种看法？

在《尼各马可伦理学》第九卷第四章中，亚里士多德提出友谊有四种特征或属性：第一是为朋友行善事；第二是祝愿他安康；第三是与他相伴一生并意气相投；第四是与之同欢乐共患难。第三和第四种特征与共同生活相符，属于本章所涉及的问题。如果从扩展性比较这四种特征，我们显然看到第三和第四种特征最有局限性，因为为众多朋友行善或祝他们安康要比主动接受他们的看法和主张，以及与他们同甘共苦更容易做到。根据这种看法，与共同生活直接相关的友谊属性显然不适合"大量交友"。然而，《尼各马可伦理学》第九卷第四章却并未解释共同生活为什么是"友谊最典型的特征"，也没有提及亚里士多德之前在何处提到过这种看法。

要搞清楚这一点，我们必须参考涉及活动对友谊之重要性的《尼各马可伦理学》第八卷第六章。亚里士多德在其中解释道，称一个人为朋友可有两种依据，即"依据素质"和"依据活动"（1157b6）。相距遥远的朋友靠素质结为好友：他们与朋友保持友情，但并不能实践这种友谊。近在咫尺的朋友，即"生活在一起"和分享共同生活乐趣的人属于依据活动的朋友，因为他们为朋友的幸福所做的一切都是在实践友谊。[19]人们可以成为远距离的朋友，因为"距离并不能溶化友谊。但如果长期不谋面，便会导致友谊被遗忘"（《尼各马可伦理学》，Ⅷ，6，1157b10-12）。由此，我们看到靠能力和靠行动这两种交友方式并不在一个层面上。任何友谊素质都追求在实践友谊中实现自身。任何友谊都不能脱离共同生活，即活动，否则便不能成为真正的友谊。亚里士多德总结说，"朋友关系最为固有的特征是共同生活"（1157b19）。[20]在这一章中，亚里士多德在宣称共同生活是"友谊最典型的特征"的同时，还提出了分析"交友"方式的一项重要成果：共同生活也是实现基于美德的友谊的前提条件，因为这也是一种用行动体现的友谊。但是，"大量交友"恰恰妨碍这一根本条件的实现，正如亚里士多德在后面一章中所详细阐明的。

交友数量应当有限度，这首先被通过类比加以说明。亚里士多德把交适当数量朋友的问题与城邦公民适当人数的问题加以对照。他在《政治学》的段落中对后者有详细的论述（Ⅶ，4，1325b32-1326b25）。亚里士多德拒绝规定公民的数量限度（正如他在《尼各马可伦理学》有关章节中也拒绝提出交友数量的限度）。[21]但他强调说，这个数量应当符合双重要求：城邦的自力更生（少于最低数量会使该城邦依赖另一个城邦）；基于尊重法律的社会秩序和团结（数量超过限度法律将不能落实到所有人）。要使法律切实得到尊重，"公民们必须相互认识并'了解'各自的品质，因为在做不到这些的地方，司法和诉讼必定不能正常运作"（《政治学》，Ⅶ，4，1326b16-17，佩尔格兰译）。一个城邦的公民数量应限于能保证共同的政治生活，使公民之间都相互熟悉。正如任何有机体和器具一样，城邦的规模也应当有个限度。亚里士多德补充道："实际上，城邦的规模是有标准的，就像动物、植物和器具的规模也有标准一样。因为无论何物，太小或过大都会丧失自身能力，完全改变本性，或落得机能不全。"（1326a35-40，佩尔格兰译）亚里士多德也把他所设想的这种基本原则严格用于朋友的共同体：[22]他所说的标准就是交朋友的大致数量。之所以是大致数量，是由于根据不同情况会有所差别。若超过标准，朋友共同体便难以实现其功能和进行交流看法和思想的活动。所以，适当数量的朋友应当是处于两种非正常状况间的中位数：美德者难以置信的孤独使美德不能完全体现；对大量朋友广施美德使美德难以实现。

接下来，亚里士多德指出，与大量朋友保持高尚友谊在现实中是不可能的，并提出三点理由：第一个理由是：与朋友共同生活就是"分享自身"，而朋友过多便很难做到这一点。第二个理由是：大量朋友共同生活要求每个人也是其他人的朋友。但显而易见，朋友的大量增加也会使不相容的风险大增，从而使共同生活的和谐受到威胁。第三个理由引用了上文提到的一种友谊属性，并指出：随着朋友的增加，每种特定友谊所要求的特定义务会形成冲突，从而导致不再可能与朋友同甘共苦。我们可以看到"大量交友"给高尚友谊带来的风险：超量的朋友会使人们对朋友产生亲疏之别（这会使有的人受到伤害，从而破坏了特定的友谊），或导致人们无所事事（这与一般的友谊背道而驰）。

总之，"大量交友"淡化了友好关系的浓度，因为我们不可能与很多人成为"挚友"。[23] 为证明这一点，亚里士多德引用了另一种类比，即爱情与友情。这种类比在《尼各马可伦理学》第八卷第七章中使用过，为的是比较不同形式的友谊。亚里士多德指出，"我们不能与很多人保持完美的友谊，就像不能同时爱上很多人一样。因为爱情如同一种过度行为，这种事情自然只能以一个人为对象"（1158a10-13）。他在本章中说明了这是怎样一种过度行为：爱情是"友谊的过度行为"，即一种极端的"友谊"。[24] 因为爱情无疑是同时"针对一个人的"，而友谊也显然是"针对少数人的"。但无论如何，友谊并不是爱情的贫化或弱化。这两种关系都具有完整或完善的形式，一种不可超越的天然形式。友谊的完美形式，即基于美德的友谊自然使其与"大量交友"互不相容。

在分析的结尾，亚里士多德列举了被广泛认可的肯定上述不相容性的事实和立场。他谈到了诗学传统，并引述了赫西俄德，提到了阿喀琉斯与帕特洛克罗斯、奥瑞斯忒与皮拉得斯等被诗人歌颂的友谊楷模。亚里士多德甚至无须强调，这些"二人"友谊极大地影响了古希腊人（以及后人）的想象。[25] 在这里，亚里士多德提到了有关"同伴友情"的友谊，我们应将其理解为一种纯选择性的、独立于任何家庭关系的强烈友谊。[26] 诗人们都歌颂这种二人之间的强烈友谊，从而肯定了对"大量交友"的普遍批评。公众舆论也对"大量交友"持否定态度，并将其加以谴责。人们认为，与所有人交友的讨好者不是任何人的朋友。[27]

然而，本章的结尾却让人感到，亚里士多德对"大量交友"的批判可能不像外表那样普遍。亚里士多德提出，上述论据表明，"由于美德和人本身的原因"，结交大量朋友是不可行的。但他又指出，"就公民而言"则有所不同："真正的有德者"不用讨好也能与众多"公民"成为好友。美德只是能将就"大量交友"，因此不能把本章的结尾简单看作对《修辞学》有关"大量交友"看法的暗示。友谊，至少是某种友谊似乎也能将就"大量交友"。但是，亚里士多德不是详细说过有三种友谊都与"大量交友"不相容吗？

某些评论家，尤其是库珀（1990）认为，这段内容表明亚里士多德承认存在一种特殊的友谊，即公民友谊或同胞友谊。这种友谊体现在健全的城邦中，是这些城邦分享各方面好处所必需的，如每个公民在共同体中的物质福利和伦理发展（参见库珀，1990：235）。在这种公民友谊中，"交友"的实际个人层面显然很少，甚至不存在。[28]然而，亚里士多德所暗示的是这种友谊吗？我们似乎更应当和安纳斯一样（1990：246-247），认为亚里士多德在谈到"作为同胞的"朋友时，他只是针对公民的特殊团体形成的关系，无论这种团体是政治、商业的，还是文化的。总之，在《尼各马可伦理学》第八卷第十四章（《尼各马可伦理学》，VIII, 14, 1161b13–14）中，他是以这种方式描述"政治"友谊的，并指出"它更像是团体成员之间的友谊"。在这些团体中，同胞们互相联系，相互对话，共同行动，其动机不一定或不只是功利性的。他们分享共同生活，在其中可以增加朋友，因为这种生活无须高尚友谊的亲密和强烈。因为在高尚友谊中，人们爱朋友是为了自身，也是无条件的。

结论：亚里士多德之后的"大量交友"

在亚里士多德去世四个世纪后，普鲁塔克用一整篇论著分析了大量交友问题，对"交友"做出了更广泛的调研。我们手中还有几篇有关的论文。[29]《论朋友众多》的论文直接来源于亚里士多德的分析，以至于可以设想普鲁塔克是参照《尼各马可伦理学》来撰写其作品的。[30]然而，《尼各马可伦理学》第九卷第十章与普鲁塔克的论文在内容和影响方面都有明显不同。我们看到，亚里士多德对友谊的形式做了大量详细分析，对共同生活提出了丰富的领悟，以解决现实的哲学问题。普鲁塔克则利用了亚里士多德的某些分类（如对三种友谊的区分），尤其是运用大量描绘和对比，以鼓励真正友谊和哲学教育手法来批判"大量交友"。[31]在后来的哲学文献（或受哲学传统影响的文献）中，[32]"大量交友"问题会偶尔浮现出来，并总是受到批判，[33]但它们对该问题的关注却远不如亚里士多德和普鲁塔克。

人们会问，既然"大量交友"从亚里士多德起已遭到一致批评，普鲁塔克为何还要专门为此写一本小册子呢？这里不排除一种可能，即他发文批评"大量交友"是要借此问题（还有其他许多问题）来批驳斯多葛学派。确实，该学派对"大量交友"问题持完全独特的立场：

> 他们（斯多葛学派）说，友谊只存在于贤人之间，因为他们志同道合；当我们待朋友如同待己时，这种友谊便形成生活事物共同体；朋友是令人渴望的，拥有众多朋友是件好事；相反，坏人没有友谊，任何坏人都不会有朋友；蠢人都缺乏理智，因为他们不懂常识，他们做事都基于荒唐而不讲道理。（第欧根尼·拉尔修，《知名哲学家的生活与学说》，Ⅶ，124，收入古莱－卡泽，1999）

这段文字无疑在暗示应当广交"有德"朋友，但斯多葛学派的友谊观念完全不涉及赞扬政治意义上的"大量交友"。[34]斯多葛学派为何会支持这种在古代哲学伦理中十分离奇的看法，即"大量交友"是难得的好事？第欧根尼·拉尔修在此总结了斯多葛学派友谊观念的主要特点，但他却让读者去寻找把这些特点结合到一起的原则。

上面所引的段落首先提出了一种悖论：只有贤人能成为朋友，因为唯有他们有道德。无理智者不能成为朋友，尽管他们以为自己是朋友，因为他们只追求表面的善举。而友谊则是真实的善举，它固然有外在性和工具性，但仍是一种善举。[35]这还不是贤人与无理智者在友谊方面的唯一差别，因为无理智者还缺乏贤人之间具有的相似性。实际上，这种相似性是贤人们在普遍秩序和总体和谐中的共同标记，每个贤人都深知自己只是其中的一部分。所以只有贤人是真正和相似的有德者，只有贤人能真正成为朋友。

上述悖论导致了第二种同样反常的论说：贤人之间都是朋友，即便他们并不相识。如果产生友谊的唯一条件是美德，而美德被视为适应世界秩序的理性指导，那么关于人类理性从属于普遍理性的共同意识便足以促成贤人共同体的建立。于是，在斯多葛学派的友谊中，真实的人际关系被降至次要地位，并让位于所有贤人和全天下的大型共同体。斯多葛学派认为只有所谓世界公民的贤人才拥有友谊，这是要从友谊中剔除亚里士多德所看重的亲密性和共同生活吗？或许，斯多葛学派的友谊观念所依据的生活领悟与亚里士多德的截然不同？无论哪种情况，限制友谊的扩张都不是令其存在的前提，这不能成为对其定义本身的固有局限，即不像亚里士多德所认为的那样。如果说斯多葛学派的友谊在扩展上也有限制，这只是由于贤人和美德的稀缺，而绝不是由于缺乏友谊本身。斯多葛学派终于使友谊突破了似乎难以挣脱的限制，但也使之为此付出了代价。因为斯多葛学派的世界主义将贤人之间的友谊变成了没有亲密性的友谊，一种宇宙级的关系。人们会怀疑这是否还是一种能共同体验的关系。[36]

DIMITRI EL MURR: QUEL EST LE BON NOMBRE DES AMIS?
REMARQUES SUR LA CRITIQUE
ARISTOTÉLICIENNE DE LA POLUPHILIA
(*DIOGÈNE*, No. 265–266, 2019)

注：

[1] 除另行说明外，所有译文都出自本文作者之手。

[2] 迪尔迈尔（1983：558）提出，这是亚里士多德的两个新词，菲尔斯特（1996：184）也持这种看法。

[3] 参见《修辞学》，I，12，1372a12-14；II，5，1383a2-3；9，1387a19-21；另参见论述放逐制度的《政治学》，III，13，1284a21 和 b27。亚里士多德在此指出，民主城邦为何在寻求平等中合理地使用排斥手段对待在财富和应酬方面太突出的人。还可参见该书第四卷，6，1293a32。

[4] 参见平达的《颂歌》，V，1-5："当财富与美德结合时，其力量便强大无比。承蒙命运的赐予，他拥有了吸引朋友的伴侣"（普埃奇，1922）。

[5] 参见吕西亚斯的《演说》，VIII，7，3-8，收入热尔耐和比佐（1924：124-125）。

[6] 参见赫西俄德，《劳作与时日》，v.715（亚里士多德在《尼各马可伦理学》第九卷第十章中引用了该著作），以及赫拉克利特和德谟克利特的著作：Héraclite DK 22B9 et Démocrite DK 68B49。关于赫西俄德，可参见弗雷斯（1974：46-50），关于德谟克利特，可参见穆尔（2020：574-576）。

[7] 更详细的信息可参见穆尔（2018：51-53 和 2020：566-567）。

[8] 正如第九卷的若干章节在开头所表明的。参见：1164b22（ἀπορίαν δ'ἔχει），1165a36（ἔχει δ'ἀπορίαν），1168a28（ἀπορεῖται），1169b3（ἀμφισβητεῖται）。

[9] 戈蒂耶和若利夫（1970：725）在描绘《尼各马可伦理学》第九卷4-6章时写道，"我们看到的是'一些争论问题'，确切地说是反对柏拉图主义的一场论战"。亚里士多德根据自己的友谊观，对"学术院盛行的观点"予以评价。

[10] 关于与这里维护的观点很不同的另一种尝试，可参阅托马斯·阿奎那对《尼各马可伦理学》第九卷的评论。他认为，第九卷的前七章旨在定义友谊的"性质"，接下来的五章谈的是上述性质在第八、九章所说的爱人者和第十、十一和十二章中所说的被爱者眼中的难题。关于拉丁文本，可参见雷蒙迪和斯皮亚齐（1964），关于英文翻译，参见利青格（1993）。还可参见帕卡卢克对《尼各马可伦理学》第九卷第四至第九章结构的另一种解释（帕卡卢克，1998：162-165）。

[11] 即便在牺牲自我时也是如此，因为亚里士多德甚至说过，正人君子为其城邦或朋友献出生命时依然是自身的朋友，因为他根据自己的智力选择了"对自己来说"最好的做法。参见《尼各马可伦理学》，IX，8，1169a16-34。

[12] 参见穆尔（2018：131-134）以及勒菲弗尔（2003）的详细评论。

[13] 参见《尼各马可伦理学》，IX，9，1170b4-5："因为他们从共同感受自身美好的事物中获得快乐。"

[14] 阿尔贝蒂（1990）就此谈到，有德的好友们融入共同生活并"在精神上相互渗透"。勒菲弗尔（2003：171）对此指出，共同"意识"（而非共同"感觉"）的概念还不足以阐明亚里士多德在本章中解释的内容，即"朋友间共同生活的性质在于：不是像动物那样在一起度日，而是像人类一样相互分享论说和思想"。

[15] 笔者翻译了拜沃特出版的文本（1890）。

[16] 亚里士多德在谈到交流的相互性和指出它能保证公民团结时都使用了这个词（《尼各马可伦理学》，V，8，1133a4）。

[17] 关于共同生活，与这种强烈或私密的词义相反，在《尼各马可伦理学》第四卷第十二章和第十三章（IV，12，1126b11 et13，1127a18）还有更宽泛的词义。在这两处，该词用于描述献殷勤的恶习。亚里士多德在该章的最后又谈到了这一点。在这种背景下，共同生活相当于日常往来和商业交易，并明确地指最公开的社会生活。在《尼各马可伦理学》第十卷第八章中（X，8，1178b3-5）也出现过这种意思。亚里士多德以此来表明，作为一个生活在社会中的人，其理论上的生活与行使美德是对立的。

[18] 参见勒菲弗尔（2003：171-172）。

[19] 应当指出，共同生活意味着共享快乐，因为任何人都不愿与抑郁者生活在一起。所以，根据亚里士多德的看法，老年人和忧愁的人不适于基于快乐或美德的友谊，而适于基于功利的友谊，因为这不牵涉任何共同生活。参见《尼各马可伦理学》，VIII，3，1156a27，56b4-5；6，1157b14-16。

[20] 有意义的是，亚里士多德在本书第九卷的结论一章再次谈到了共同生活，参见《尼各马可伦理学》，IX，12。

[21] 拜占庭评论家米歇尔·代菲兹在谈到《尼各马可伦理学》时谨慎地提出："这种朋友（能够一起共同生活的）可以有三个左右，因为超过这个数字便难以维持"（《尼各马可伦理学》，IX，522，14-15，收入海尔布特，1892）。吕西安·德萨摩萨特在《陶克萨尔斯》中提出了同样的答案（比前者早十个世纪）。参见本注释32。

[22] 我们还看到，亚里士多德在《诗学》中考察了悲剧的长度问题，并同样依据动物的体型加以推理。参见《诗学》，7，1450b35-1451a6。

[23] 在批判"共和国"理想城邦的"共产主义"捍卫者时，亚里士多德责备苏格拉底和柏拉图以友谊来凝聚城邦捍卫者的矛盾说法。因为他们宣扬的措施打碎了人们对亲友自然的爱意，从而在无节制地扩展友谊中将其稀释。参见《政治学》，II，4，1262b3-24

与穆尔（2017）。

[24] 在对《尼各马可伦理学》第八卷的评论中，阿斯帕西乌斯指出，这里（1158a10-12）所说的"过度行为"是"以有益为标准的"（《尼各马可伦理学》，VI-II，173，9，收入海尔布特，1892）。关于阿斯帕西乌斯对《尼各马可伦理学》的一般评论，可见巴恩斯的著作（1999）。

[25] 参见蒙田，《随笔集》（I, 28），以及笔者的评论：穆尔（2018：58-62）。

[26] 戈蒂耶和若利夫的注解（1970：687-688）将此翻译成"童年友谊"。

[27] 关于"讨好者"，参见《尼各马可伦理学》：IV，12，1126b11-28。

[28] 为把公民友谊变为真正的友谊，并将其与完美的友谊联系起来，库珀甚至压低了个人层面在亚里士多德友谊观念中的重要性。例如他指出，要知道，他人对你祝福不一定意味着亲密或个人认可：参见库珀，1990：235，n.18。对于详细的评论，参见安纳斯（1990）。

[29] 参见普鲁塔克，《论朋友众多》（收入克拉埃尔，1989）。普鲁塔克对友谊的调研应包括：《如何从友人当中分辨阿谀之徒》（De adulatore et amico）、《手足之情》（De fraterno amore）、《如何从政敌那里获得好处》（De capienda ex inimicis utilitate）。还有些论著我们尚未获得，更详细的情况参见克拉埃尔（1989：216）。

[30] 例如，有人把《论朋友众多》（93E）与《尼各马可伦理学》（1171a5，94A et 1156b27，94B et 1155b15-1156a5，95C-E 和 1171a3）进行了对照。

[31] 关于普鲁塔克的"民间哲学"，参见范德斯托克（2011）。

[32] 在关于友谊的对话《陶克萨尔斯》中，吕西安·德萨摩萨特把大量交友者比作爱情不专一的女人，并指出超过三个朋友，友谊的力量便难以保持（37, 19-23）。两个世纪后，忒弥修斯在《论友情》（270a8-b2 Hardouin）中提出，"大量交友"不可能满足每个朋友相互对立的需求，他这是借用了亚里士多德在《尼各马可伦理学》中的论据（《尼各马可伦理学》，IX，10，1171a5-7）。

[33] 批判的倾向属于哲学传统，因为在修辞学传统中提到的几处"大量交友者"明显具有正面含义。可参见迪翁·德普吕什的《论王权》（Or., III, 107, 1-7），该书建议国王"大量交友"，其理由是"大量交友者"能扩展知识和影响，并能通过朋友的耳目实现无所不在。还可参见利巴尼乌斯的《论贫困》（Or., VIII, 6, 1-4），该诡辩家在书中将表面财富与实际财富加以对照，"大量交友"则属于后者。还可参见他的《论奴隶制》（Or., XXV, 59, 1-7）。

[34] 关于类似的评价，可参见上个注释提到的段落。

[35] 关于"交友"在斯多葛学派善举理论中的地位，参见第欧根尼·拉尔修，VII，

95-98 和洛朗（2008：54-62）。

[36] 关于为斯多葛学派观念的强力辩护，参见洛朗（2008）。不过笔者认为该辩护的说服力有限。

参考文献：

阿尔贝蒂，A., Alberti, A. (1990) «Phili e identità personale in Aristotele», 收入 A. 阿尔贝蒂，in A. Alberti (a cura di), *Studi sull'etica di Aristotele*, pp. 269–301, Napoli: Bibliopolis。

安纳斯，J., Annas, J. (1990) "Comments on J. Cooper", 收入 G. 帕齐格（主编），in G. Patzig (ed.), *Aristoteles' Politik*, pp. 242–248, Göttingen: Vandenhoeck & Ruprecht。

巴恩斯，J., Barnes, J. (1999) "An Introduction to Aspasius", 收入 A. 阿尔贝蒂和 R. W. 沙普尔斯（主编），in A. Alberti and R. W. Sharples (eds.), *Aspasius: The Earliest Extant Commentary on Aristotle's* Ethics, pp. 1–50, Berlin–New York: Walter de Gruyter。

博恩布拉斯特，G., Bonhenblust, G. (1905) *Beiträge zum Topos* Περὶ φιλίας, Berlin: Gustav Schade。

拜沃特，I., Bywater, I. (1890) Aristotelis, *Ethica Nicomachea*, recognovit brevique adnotatione critica instruxit, Oxford: Clarendon Press。

希隆，P., Chiron, P. (2007) Aristote, *Rhétorique*, présentation et traduction par Pierre Chiron, Paris: GF-Flammarion。

库珀，J. M., Cooper, J. M. (1990) "Political Animals and Civic Friendship", 收入 G. 帕齐格（主编），in G. Patzig (dir.), *Aristoteles' Politik*, Göttingen: Vandenhoeck & Ruprecht, pp. 220–241。

迪尔迈尔，F., Dirlmeier, F. (1983) Aristoteles, *Nikomachische Ethik*, übersetzt und kommentiert, Berlin: Akademie Verlag。

穆尔，D., El Murr, D. (2014) "*Philia* in Plato", 收入 S. 斯特恩－吉莱和 G. 居特勒（主编），in S. Stern-Gillet & G. Gurtler (S. J.) (dir.), *Ancient and Medieval Concepts of Friendship*, pp. 3–34, Albany: SUNY Press。

穆尔，D., El Murr, D. (2017) «Hiérarchie et communauté: amitié et unité de la cité idéale dans la *République*», *Philosophie antique*, 17: 73–100。

穆尔，D., El Murr, D. (2018) *L'Amitié*, choix de textes avec introduction, commentaires et glossaire, Paris: GF-Flammarion。

穆尔，D., ElMurr, D. (2020) "Friendship in Early Greek Ethics", 收入 D. 沃尔夫斯多尔夫（主编），in D. Wolfsdorf (dir.), *Early Greek Ethics*, pp.566–592, Oxford: Oxford University Press。

弗雷斯，J.–C., Fraisse, J.–C. (1974) *Philia. La notion d'amitié dans la philosophie antique*, Paris: Vrin。

菲尔斯特, A., Fürst, A. (1996) *Streit unter Freuden. Ideal und Realität in der Freundschaftslehre der Antike*, Stuttgart–Leipzig: Teubner。

戈蒂耶, R. A. 和若利夫, J.-Y., Gauthier, R. A. (O. P.) & Jolif, J.-Y. (O. P.) (1970), Aristote, *L'Éthique à Nicomaque*, introduction, trad. et commentaires, 4 vols, Paris–Louvain: Peeters。

热尔耐, L. 和比佐, M., Gernet, L. et Bizos, M. (1924) Lysias, *Discours*, tome I (I–XV), texte établi et traduit par L. Gernet et M. Bizos, Paris: Les Belles Lettres。

古雷-卡再, M.-O., Goulet-Cazé, M.-O. (1999) Diogène Laërce, *Vies et doctrines des philosophes illustres*, trad. dir. par M.-O. Goulet-Cazé, Paris: Le Livre de Poche。

海尔布特, G. (主编), Heylbut, G. (ed.) (1892) *Commentaria in Aristotelem Graeca*, vol. 20: *Eustratii et Michaelis et anonyma In Ethica Nicomachea commentaria*, Berlin: Reimer。

克拉埃尔, R., Klaerr, R. (1989) Plutarque, *Œuvres Morales*, t. I, 2ème partie, *De la pluralité d'amis*, texte établi et traduit par R. Klaerr, pp. 218–228, Paris: Les Belles Lettres。

洛朗, V., Laurand, V. (2008) «Les liens de la vertu: la doctrine stoïcienne de l'amitié», *Vita Latina*, 178: 53–72。

勒菲弗尔, D., Lefebvre, D. (2003) «Bonheur et amitié. Que font les hommes heureux?», 收入 P. 德斯特雷 (主编), in P. Destrée (ed.), *Aristote. Bonheur et vertu*, pp. 147–174, Paris: Presses Universitaires de France。

利青格, C. J., Litzinger, C. J. (O. P.) (1993) Thomas Aquinas, *Commentary on Aristotle's Nicomachean Ethics*, trans. by C. J. Litzinger, Notre Dame, In.: Dumb ox Books。

帕卡卢克, M., Pakaluk, M. (1998) *Aristotle. Nicomachean Ethics*, Books VIII and IX, trans. with a commentary, Oxford: Clarendon Press。

帕齐格, G., Patzig, G. (1990) *Aristoteles' Politik*, herausgegeben von G. Patzig, Göttingen: Vandenhoeck & Ruprecht。

佩尔格兰, P., Pellegrin, P. (1993) Aristote, *Les politiques*, traduction, introduction bibliographie, notes et index par Pierre Pellegrin, Paris: GF–Flammarion。

普埃奇, A., Puech, A. (1922) Pindare, *Pythiques*, texte traduit par Aimé Puech, Paris: Les Belles Lettres。

雷梦迪, Fr. 和斯皮亚齐, M., Raymundi, Fr. et Spiazzi, M. (O. P.) (cura e studio) (1964) *Sancti Thomae Aquinatis, In Decem Libros Ethicorum Aristotelis ad Nicomachum expositio*, editio tertia, Turin–Rome: Marietti。

范德斯托克, L., Van der Stockt, L. (2011) "Semper duo, numquam tres? Plutarch's *Popularphilosophie* on Friendship and Vritue in *On having many friends*", 收入 G. 罗斯坎和 L.

范德斯托克（主编）, in G. Roskam et L. Van der Stockt(eds), *Virtues for the people. Aspects of Plutarchan Ethics*, pp. 19-39, Leuven: Leuven University Press。

黑人女性主义的我：
答"我以为我是谁"之问题

克里斯蒂·多森　著
萧俊明　译

> 我只能为我自己说话。但我所写的和我如何写是为了拯救我的生命而为。一点儿也不夸张。
>
> 芭芭拉·克里斯琴（1988：77）

一、引言

我的名字是克里斯蒂·多森，描述我的一种方式是把我看作一个美国黑人女性主义者、专职哲学家。[1]我不会就我的存在喋喋不休。我经常遇到对我的存在的公然和暗含的否认。无论是否认黑人女性主义者和/或黑人女性主义（克里斯琴，1994），还是否认黑人女性专职哲学家或黑人女性知识分子本身（麦克法登，2002），都是一回事——取消存在抵押品赎回权。在某些时候，我好像拖欠了我的存在抵押贷款，而且我作为美国黑人女性主义者、专职哲学家而存在的权利被草率地撤销了。由于厌倦于支付身份租金或受尽基于承认的掠夺性抵押贷款的欺凌，我只是以如下声明来购买我的空间：我是一个美国黑人女性主义者、专职哲学家；我不会就我的存在喋喋不休。

不过，我要对我在美国作为一个黑人女性主义者、专职哲学家的概念定位做出说明，以此对"我以为我是谁"这一问题做一显然不够全面的简略回答。然而，当我这样做的时候，我不敢妄称我是在为一整个人群，即非常小众的美国黑人女性主义者、专职哲学家人群说话。而且，我不会提供一个"黑人女性主义哲学"本身的模型。相反，我只是要陈述，作为一个美国黑人女性主义者、专职哲学家对我来说意味着什么，以及这样一种阐述如何能够揭示非洲哲学形成和开展的方式之一。因此，尽管这里所提供的最终是一个关于非洲哲学和黑人女性主义实践的故事，但它也是一个来自位于某地、负有某种政治承诺的某人的故事。也就是说，这是一个关于非洲哲学中的某种特殊参与的故事。在讲述这个故事时，我将首先描述我母亲对于专业哲学的拒斥，然后我将着重讲一讲我从某些黑人女性主义的理论审视中获得的教益，这些教益有助于我理解我母亲的立场。最后，我将确认某些反理论的黑人女性主义者和某些在美国的非洲专职哲学家共有的一种价值，在我看来，这种价值最终建议一以贯之地开展黑人女性主义/哲学实践。

  本文将分两节来展开。首先，以我母亲关于哲学职业的疑惑为指导，我用批判的眼光来看待哲学理论化的动力，指出在某些黑人女性主义著述中发现的"高度"理论化的两种可能的局限性。其次，我阐述一种基于这些黑人女性主义的理论化审视的价值转变，即从"哲学家怎样让人读得懂"转向"哲学家的意义所在"。这种转变凸显了对于概念透明的重视。概念透明是随着通过交流确定一个人的行为、实践和/或立场所蕴含的概念承诺而产生的。追求概念透明是哲学参与的主要实践。而且，由于许多黑人女性主义者要求一个人所说、所为和所写应该考虑其在特权和权力网络中的社会定位，所以获得概念透明对许多黑人女性主义者来说也是主要实践。要求这种透明对于探究什么使某些反理论黑人女性主义者成为整个非洲哲学非常宝贵的一部分，只是触及表面。

二、那么，你为什么想去干这个？

  为未来而生存和斗争不是一个理论问题。

奥德丽·洛德（2009e：78）

  我清楚地记得当我告诉我母亲我要从事一种专业哲学职业时她的反应。她把头歪向一边，抬了抬右眉毛，说了声"嗯？"让我澄清一下，她说出的

"嗯"不是可转换为"什么问句"的某种变体的"嗯"。相反,这个"嗯"表示的是一种深度怀疑的"为什么问句",带有一种完全的不相信。她看了我一眼,"嗯"了一声,问我说:"那么,你究竟为什么要从事一种哲学职业?"她明显怀疑我的教育和职业选择,不过,似乎并未因此而特别蛮横。事实上,她对我的研究生工作的态度或许可以最恰当不过地称为骄傲的冷漠。尽管我母亲一直公开地为我骄傲,但似乎只是提及追求哲学专业的高学历就不知为什么使我变得不可理解。

在我们接下来的交谈中,我母亲显然想象不出现实生活与哲学之间的正当关系。具体地讲,她似乎怀疑作为抽象理论化的哲学与社群行动主义之间的关联。我对如何通过当前的专业哲学考试了解得越多,她对我的怀疑态度就越发明显。我母亲过去而且现在仍然非常怀疑对于生活的理论化,这不是因为它是一种无用的活动,而是因为它可能对产生行为无用。毫无疑问,一个活动可能有用并不是因为可以产生进一步的行为,而是因为其他原因。然而,我母亲相信,只是作为一个黑人妇女生活在美国就是对行动主义的召唤,在她看来,并不产生某种有导向的行为的活动,直白地讲,是浪费时间。虽说浪费时间是人的存在的一部分,但是,将一生的大部分时间都贡献于一种等同于浪费时间的活动,不过是单纯的懒惰。在我看来,我从业哲学的决定的更糟的意蕴来自这样一种臆断,即我的职业选择意味着我母亲养育的不是一个与黑人民族的文化和生活有着种种关系的黑人女性,而是一个西方哲学家。我要么可能是一个黑人女性主义者,一个行动主义者,要么可能是一个专职哲学家,但是看不出我二者都可能是。令人困扰的是,她不能协调两种"存在方式"。她的臆断暴露了行动主义与哲学之间的一种严格的两分。在她看来,哲学无异于对于生活的单纯的理论化,这与作为一个深度关切其社群的黑人女性是不匹配的。

我的哲学研究生课程开课不久,我母亲最初的疑惑得到了验证。在美国,对于学界专职哲学家的期望包括在一个精挑细选的可接受论题的范围内选攻某个有特权(通常是白人)的男性哲学家骨干,认识到这一点我这才明白,我母亲对哲学可能具有的印象影响着她最初的怀疑态度。许多在美国工作的专职哲学家确实认为,狭窄的选题范围构成了所有的重要选题。当然,这种狭窄范围的意蕴是，如果一个选题当前按照某个标准的哲学研究概念是不被接受的，那么这个选题就不是一个重要的选题。对于哲学行当的狭隘理解有时会使从事一种专业学术哲学职业的选择看上去多此一举。我认为我偶然发现了我母亲对哲学职业不大积极的态度的原因，于是进一步探究她对专业哲学的怀疑态度。她的反应是简单的。她没有如我期望的那样欣然同意，而只是摇摇头，并表达了一种对哲学中的种种实践的正当接受。用我母亲的话讲，"无论他们（哲学家）认为正在做的是什么"，她都没意见，但是这并不意味着她对决定从事这类活动的人的怀疑会少一些。而这对我触动很大。我母亲对哲学的疑惑并不具体关涉哲学实践。更确切地说，她是怀疑专职哲学家本身。在我母亲看来，从事专业哲学研究的愿望似乎同时意味着可能拥有一种怀疑性格。

我即刻想知道是否有其他的黑人女性主义者对哲学和哲学家抱有同她一样的疑惑。正是在研究我母亲的怀疑中我偶然发现了种种黑人女性主义的反理论。反理论是一种立场，这种立场质疑"当（大写的）理论以为自己至高无上，凌驾于其他理论或其他认识文化和边缘性的方式时所进行的排斥——比如通过科学的、同质化的或总体化的抽象"（里姆斯特德，1995：200）。我开始阅读也对宽泛的"理论化"深度怀疑的黑人女性主义者的著述。我关注了芭芭拉·克里斯琴和她对"追逐理论"（1988：68-69）以及哲学理论化本身之动力（2007：227）的著名怀疑；关注了琼·乔丹，她对抽象表示了深度怀疑（1998：367）；关注了贝费利·盖伊-谢夫托尔，她批评了"白人"女性主义者对于"西方"认识论的依赖（2003；29）；甚至还关注了奥德丽·洛德，她对任其泛滥的概念思维的无目的性和理论化的局限性做了雄辩的论述（1984）。我开始认识到，某些折射出我母亲情绪的黑人女性主义者所概述的抽象理论化有两个局限性。她们关注（1）被特权化的理论和理论化所认可的制度化无知和（2）理论化行为可能需要并产生的能动惰性。在接下来的两个小节中，我将详细论述"高度"理论和理论化的这两个议论中的缺陷，从而开始将我母亲对专业哲学的态度与其处境联系起来考虑。在论述的过程中，我将为阐述一种我断定黑人女性主义反理论者与非洲哲学家共有的一种价值提供依据。[2]

1. 制度化无知

反对理论及其助长无知的方式的黑人女性主义者不在少数。迄今为止，这类指责中最有名的见于芭芭拉·克里斯琴关于文学理论的著述（1988；2007）。克里斯琴提出了一种被当作"反理论"立场的理论（里姆斯特德，1995：6，16-17），她直截了当地指出，文学理论中的理论化动向是"以自我为中心"的（1988：67），一味地为了其自身而将语言"神秘化"（1988：71），意图将一个复杂的世界过度简单化（1988：75；2007：227）。克里斯琴在其"追逐理论"一文中的关注是复杂的。然而，要理解她的指责，即理论化和理论的特权化造成了无知的产生，就需要将克里斯琴的论述理解为不只是单纯地拒斥理论。我要表明，克里斯琴呼吁对知识生产持一种更为整体论的态度。在我看来，她的关注是双管齐下。首先，克里斯琴确认了她认为是理论化行为所蕴含的认知实践的局限性。其次，她强调，如果这些认知实践享有比所有其他认知实践更具特权的地位，那么这些局限性就会变得无法识别，因而助长了无知的制度化。某些类知识就会由于流行的知识生产标准而变得简直是不可知的；而那些宣称掌握这种知识的人简直就是被封口了。克里斯琴写道（1988：69）：

> 追逐理论——通过它的语言术语，它对援引其先知的强调，它走向"圣经"解经学的趋势，它甚至拒绝提及远非当代的有创意作家的具体著作，它对语言机械分析、图表、代数方程式的痴迷，它对文化的大而化之的概括——让我们许多人沉默无言。

克里斯琴所认定的追逐理论关涉一种理论和理论化的特权化，这种特权化让某些声音沉默，使某些类知识屈服。

克里斯琴列举了理论化许多相关的缺陷。然而，她确认的最为突出的局限性关涉一种助力理论生产的基本取向。正如克里斯琴所解释的，促进理论创作的取向是这样一种"趋势，即想通过按照一个原则组织世界使之不那么复杂，想通过一个实际上是理想的理念将世界固化"（1988：75）。试图通过某些组织焦点来理解一个复杂的世界，无疑是理论化的一种方式。在克里斯琴看来，这种取向造就了一种可能会成为一个"宏大体系"的"一统论"，这种宏大体系论让人们沦为非人，并否认了"他们的多样性和复杂性"（出处同上）。这种过度简单化的取向是抽象理论化所固有的认知实践所导致的。一种认知实践关涉追求某一领域的知识所包含的假定、方法和行为。抽象理论化要求不同程度地忽略作为一种认知实践的语境细节。具有悖论意味的是，一味地坚持抽象理论化可能源自这样一种信念，即为了使我们的世界明晰，我们必须模糊这些世界的细节，因而将"多重性"简单化（出处同上）。这是克里斯琴宣称她所不能接受的立场。她写道，"我和我的许多姐妹并不认为世界是简单的。这或许是我们为什么不急于创建抽象理论的原因"（克里斯琴，1988：76）。克里斯琴不会走得太远以至说她本人不搞理论化。她只是判断某种特定的理论化由于不能捕捉"经验的多重性"而让人乏味（1988：76-77）。克里斯琴一度将这种抽象理论化称为"哲学化"（1988：72）。

概述哲学化即过度简单化的可能局限性，只是克里斯琴整个规划的一部分。其分析的第二部分，按照我的解读，关涉这种理论化的大规模特权化。克里斯琴写道，"我与那些想搞哲学化的人没有过争吵……但是我对这种特定取向被如此特权化这一事实忿忿不平"（1988：73）。对我们中间某些人来说，诸如哲学和哲学化之类的东西被特权化的论调听上去可能有些怪异。因为我们中间的许多人奋力地维持哲学在我们各自机构中的存在，所以这种论调听上去必然怪异。而且克里斯琴确实是从文学研究中的一个特定情况说起的，这种情况并不一定反映对专业哲学的接受。然而，克里斯琴的全面评论中仍有一个重要的教益，我想从她的评论中梳理出来，无论她关于哲学化的特权化的论说是否正确。[3]

如果抽象理论化所包含的认知实践通过过度简单化产生不准确性，并且这些实践像某些知识生产的黄金标准那样也被特权化，那么挑战这些不准确性的手段就被有效地切掉了，无知便产生了。无知在这里不只是不知道，它是一种能动的不知（图阿纳，2004：196），或一种倒置的认识论（米尔斯，1999：18）；在这种认识论中，获得知识的作用反倒是去模糊其他根据一个人的假设和认知实践的知识断定。既生产知识也生产不准确性的认知实践，随着它们自身的特权化可以创作出一幅生产无知的图画。特权化的认知实践固有的危险包括取消知识生产的备选场地。按照特权化实践生产的知识凌驾于通过其他方法生产的知识。而且，如果这些特权化的实践将不准确性制度化，那么连同知识一起悖谬地生产的是我所谓的制度化无知。制度化无知指的是被某些认知实践所模糊的不准确性，由于这些认知实践的特权化，这种不准确性是很难解决的。这就是说，认知实践过热的特权化不给通过其他不具特权的认知实践产生的知识断定留有余地。我断定，克里斯琴指向的是认知实践的这种特权化将无知制度化的方式。而且，通过这种制度化让知识屈服。

恰恰是抽象理论化的特权化以及理论化可能必需的认知实践，促成了克里斯琴在"追逐理论"一文中所做的反思。她在这方面的忧虑是不无道理的。芭芭拉·史密斯（1993）与德博拉·蔡伊（1993a；1993b）就史密斯的名篇"迈向黑人女性主义批评"（史密斯，2001）进行的著名交流，展示了一个关于理论化如何能够在将无知制度化的过程中变得无懈可击的有趣案例。蔡伊——或许其令人印象深刻的成就是对理论化准则的应用——试图指出史密斯关于黑人女性主义批评的阐述的不足。为此她找出了史密斯论述中通常等同于未能"理论化"的东西（格里芬，2007：492）。史密斯立即做了回应，拒斥了蔡伊的批评中的理论和理论化的特权化，并指出蔡伊如何由于过于依赖理论而"不能理解"她的文章（1993：653）。从本质上讲，蔡伊指责史密斯及其他依赖史密斯著作的黑人女性主义者没有适当地将她们的著述和"传统"理论化（1993b：648-649）。问题变成了：如果某人根本不迎合理论和理论化的特权化则如何回应这种指责？史密斯做出的回应在本质上近似于人身攻击的逻辑谬误，由此可见回应蔡伊有多难。史密斯没有与蔡伊的文本内容较劲，而是审视了蔡伊的认知实践，发现了其不足之处。她写道，"即便你显然认真地审读了这两篇文章，你对于我意图做什么的假设，以及你对我实际所写的理解，也是完全错误的。你提出的诸多论点都基于不准确的假设"（史密斯，1993：653）。史密斯指责蔡伊没有做历史功课，而这是了解她发表第一篇文章所处条件——为一家旨在达及广泛受众的杂志撰稿——所必需的；指责蔡伊没有从时间上考虑（文章是在1977年理论特权化之前写的）；最后，还指责蔡伊不是一个公正的评论家，没有考虑到在评价史密斯的著述时这些语境因素至关重要（1993：654-656）。这种不公正——史密斯毫不掩饰地称为"心胸狭窄"——并不一定针对蔡伊这个人，而是针对蔡伊的理论评价产生的制度化无知。或许蔡伊对史密斯对蔡伊的认知实践的解读的回复最能说明问题。尽管她就政治组织与学术工作之间的差别向史密斯做了几处重要的让步，但蔡伊的回复最后坚定地捍卫了进行"批评"的重要性（蔡伊，1993a：656）。这种回应，即史密斯不知为什么否认了蔡伊进行批评的权利，是针对特权化的理论化可能产生的远视而言的。蔡伊似乎未能发现史密斯从审视所说文本的内容转向了审视认知实践。史密斯的回复的要害之处并不是批评的权利，而是哪些认知实践最适合于根据其性质具体地审视史密斯的著作。蔡伊／史密斯交流所展示的是一个"高度"理论化的主张者与一个"草根"知识分子（史密斯，1993：654-655）——二人依赖不同的认知实践——之间的冲突。史密斯与蔡伊针对各自的认知实践对在世界中的意义而相互挑战。

我以为，这种交流例示了克里斯琴"追逐理论"一文中的一个总体论点。克里斯琴着重论述了某些认知实践的特权化所产生的无知的制度化，她呼吁一种关于知识生产的整体论论述，这种论述不仅关注人们通过某些认知实践能够认识的东西，而且关注不能认识的东西。正如克里斯琴所表明的，抽象理论化的特权化可能蕴含着大而化之的过度概括的特权化，后者简化了人类生活的语境复杂性。无论我们是否接受这种立场，都不会改变克里斯琴的洞见的重要性。如果认知实践被大大地特权化了，那么挑战这些实践所产生的知识的根据就会彻底地消失，这些实践的局限性也会被模糊。因此，在知识被生产的同时无知也被制度化了。[4] 这一关注几乎是我母亲未能看到哲学与现实生活之间的关联的精准映照。哲学化／理论化对现实生活中存在的复杂的语境因素和差异有多大的反映？如果这些认知实践对语境因素没有反映，那么为什么要从事一种哲学职业？这中间存在着我母亲的怀疑的关键点。她真的不在乎哲学家在做哲学时想的是什么，但她确实关注，既然考虑到现实的或感知的实践缺陷他们为什么要被迫做哲学。

2. 能动惰性

如同克里斯琴的关注，理论和理论化的第二个缺陷也将对认知实践的关注作为其出发点。不过，这一次对认知实践的关注强调的不是无知的产生，而是理论化可能产生的"能动惰性"。能动惰性在这里是指某一认知行为者的不作为。归根结底，第二个局限性关涉一种推定的情况，即当理论生产是人们认知参与的根基时理论便不能激发行动。展开这种指责的首先是奥德丽·洛德。洛德与作为一个评论家说话的克里斯琴不同，她是作为一个诗人说话。出于自身的考虑，她将以经验和感受为驱动的诗与以抽象思维和批评为动力的理论事业比如哲学并置起来。她主张，诗的价值之一是能够使纯理论评论与实际生存关联。事实上，在她看来，诗和诗人在哲学事业之前就存在了。这不是一个历史断定。就我对她的理解，诗和诗学使哲学理论化成为相关的，其中相关的意味着拥有一种给行动定向的远见力（洛德，1984；洛德，2009c）。就本文的目的而言，只提及这样一个事实就足够了：洛德认为诗能够将哲学理论化的动力与现实生活——我母亲的主要关切之一——融合起来。

尽管洛德机敏地捍卫了诗的必需性，但是这里特别值得关注的是她在哲学理论化中看到使之成为诗的"女佣"的局限性（1984：56）。在洛德看来，哲学理论化的局限性关涉暗含地接受认为生存的意义就是解决问题的观点。我将对洛德的论述进行探讨，洛德认为，将生存视为一系列有待解决的问题的世界观起到了为理论化定向的作用，是有局限性的。洛德（1984：37）在"诗不是奢侈品"一文中写道：

> 当我们把我们以欧洲方式生存看作不过是有待解决的问题时，我们只依赖我们的观念来使我们自由，因为这些观念是我们白人父亲对我们所说的珍贵的东西。但是，随着我们越来越接触我们自己的古代的、原创的、将生存视为一种要去体验和互动的处境的非欧洲观点，我们越发懂得珍惜自己的感受，尊敬那些隐藏在深处的我们的力量之源，真实的知识因而持久的行动来自它。

这里，洛德看到了问题／解决世界观与依赖观念之间的明显关联。将生存看作只关涉"有待解决的问题"，会导致人们以某种方式既相信又依赖观念。它会使我们理所当然地试图阐明关于生存的问题／解决概念可能蕴含的东西。至少有三个价值蕴含。第一个蕴含关涉发现或概述问题的价值。第二个关涉分析这些问题以确定可能的解决办法。第三个关涉对解决问题的办法的评估。按照这种世界观及三个蕴含，我们是否必须作用于解决办法并不明确。唯独观念被推定为具有革命的力量。改变世界所需要的一切不过是构想一个解决办法。洛德写道，"有时我们用新观念的梦想麻醉自己。头脑将拯救我们。唯独大脑将让我们自由"（1984：38）。"大脑"究竟应该怎样让我们自由，似乎并不清楚。这种生存取向、以问题和/或解决办法为形式的观念创造，如何凭借自己要求我们作为，也不清楚。发现、确定和评估问题和/或解决办法究竟如何要求我们作为？

　　我们开始看到一幅描绘上文提及的能动惰性的图画。"理论化的问题/解决观点如何激发行为？"这一问题浮现在洛德关于观念与理论的评论的背景中。虽然对某些人来说这个问题容易回答，但它只代表洛德关于生存的问题/解决观点的评论的一半。另一半是她关于分析思维的局限性的评论。洛德注意到了这一现实，即分析思维易于出错。她解释道："（逐步思维）对我而言是一个非常神秘的过程。我开始怀疑的就是它，因为我已经看到在其名下犯下的如此之多的错误，我也就不尊重它了。"（"访谈"，洛德，1984：87）这种思维的易错性导致洛德怀疑它的产物。我断定，这种评论是她在作为一个问题/解决过程的生存观中发现的局限性的延伸。更确切地说，由于人的思维可能而且必然出错，所以发现问题和解决办法的过程是无限后退的。上述"发现、确定和评估问题和/或解决办法如何要求我们作为"这个问题，如果被当作一个有待解决的问题，将会产生其本身就是有待解决的问题的解决办法。我们可能专心于发现问题和提出解决办法，却从未按照某一单一观念作为。事实上，问题/解决模式其本身可以是一种无限延迟有形行为以替代理论化行为本身的手段。甚至问题/解决世界观所固有的如何解决无限后退的问题本身，也是另一种延迟行为的方法。问题/解决世界观的一个局限性恰恰是这一现实，即一旦这种方法被采纳，它可能永远不能为了要求即刻行动而中止自己的发展。简言之，它可能是一种无效的认知参与，而一个有效的认知参与会产生可实施的行为。以一个可能产生解放视野的过程开始的东西，变成一系列越来越深奥的哲学问题，这些哲学问题从一旦被解决那么它们面前的所有问题也都可以迎刃而解这个意义上是所谓"根本的"。这种认知参与有效地造就了能动惰性,即理论家的不作为。洛德的评论之关键是这种可能性,即寻求在某种意义上是"那个"我们一直等待的对这些问题的解决办法,是一种有限的理解世界中认知参与的方式。有限的在这里并不意味着不必要的。它只意味着狭义理解的。具体地讲,它激发理论家自身的有形行为的能力是有限的。

在洛德看来,与问题/解决取向一致的世界观是有限的,因而需要诗将它与一种"将生存视为一种要去体验和互动的处境"的世界观融合起来(1984:37)。将生存视为一个"要解决的问题"与将生存视为一种"要去体验的处境"的融合可以在诗中发生,在这种融合中,诗是"对经验的启示性提炼"(出处同上)。按照洛德的论述,诗"不是奢侈品。它是我们存在的重要必需品。它形成光线的质量,我们在光线中表明我们对生存和变化的希望和梦想,先变成语言,然后变成观念,再后变成更有形的行为"(出处同上)。没有源自我们的经验的诗作为根基,观念则不能导致"有形的行为"。在洛德看来,认为"唯独"哲学理论化产生与经验没有直接关联的观念的指责是沉重的,因为这些观念不能指导具体的行为。她认为诗不是奢侈品的断定基于某种对诗的产生动力——即经验与感受——的理解,以及对诗为生存和指导我们的行为产生的深远用途的理解。洛德字里行间的意蕴是,理论化的动力不是经验和感受,而是某种世界观和对观念的特殊崇敬。依洛德之见,诗是生存所必需的,而"为未来而生存不是一个理论问题"(2009e:78)。而且,我再一次表明,所质疑的不是哲学理论化实践,而是使哲学理论化特权化的动力。洛德并不拒斥哲学理论化或观念生产。不如说,单凭这种理论化不能构成我们唯一不产生能动惰性的认知参与形式。

洛德的断定——按照一种将生存视为一系列要解决的问题的世界观来理解理论化的动力,一旦它被特权化为我们唯一的认知参与形式,便会使它成为一种有限的演练(金兹伯格,1991)——会让一个黑人女性主义者在选择一种高度理论化的职业时踌躇不定。当这一断定再加上克里斯琴的断定——她视为哲学理论化的东西的特权化也使无知制度化——时,从事一种专职哲学家职业的愿望对一个黑人女性主义者而言似乎是愚蠢透顶的。不过,在下一节中,我将解释我母亲的怀疑以及这些黑人女性主义的评论如何帮助我——作为一个黑人女性主义者——认同概念透明的价值，因而相信哲学化的重要性。

三、哲学家的意义所在

> 我担心的是，一旦理论不扎根于实践，它就会变成规定性的、排斥性的、精英主义的。
>
> 芭芭拉·克里斯琴（1988：74）

小的时候，每当我的行为由于对他人产生负面影响而招致某种回应时，我母亲便给予许多暗示。比如说，当母亲问"那么，这有什么意义呢"时，我知道我必须全神贯注。这个问题暗示着我的某个行为和/或表述在审查中。我知道，当"这有什么意义"这个问题被直说时，我母亲心中有两个想法。第一，她想让我开始思索我在做出某一特定行为或某些行为时的意图是什么。第二，她用这个问题来开始一个对话，其目的是确定我在做出某一或某些行为时实际上做了什么。我总是有机会来为自己辩解。当我和我母亲就我实际所做的争论不休时，我便有机会陈述我意图要做的事情。有时我会有明确的意图，有时我的所作所为有欠考虑，还有时我会主动地为我的行为寻找尽可能是最好的解释以确定我的意图。我搞明白了，对我的行为的最好解释不在于说明我的意图，而在于确定我的行为的主体间"意义"。也就是说，我必须同我母亲合作"解读"我的行为。通过与我母亲就我的行为的"意义"进行的这些交谈，我学会了重视对我周围世界的"解读"，进而确定事情具有的意义，并且认识到，这个意义永远不会唯独由我决定，而与某一语境、某一瞬间、某些条件等关联紧密，但事情"具有的意义"永远不会远离我，因为我始终是那个语境、瞬间以及那些条件等的一部分。

这里概述的芭芭拉·克里斯琴和奥德丽·洛德的立场"解读"了"理论化和理论"具有的意义。卡罗尔·布赖斯·戴维斯（1994：43）参照吉尼瓦·史密瑟曼（1986）、亨利·路易斯·盖茨（1988）和查尔斯·尼罗（1991）的著作，将"解读"定义为解释实践，即解释"他人的行为和实践……通常旨在拆解主流或虚夸话语"。洛德和克里斯琴的目的是拆解理论和理论化所包含的认知实践和参与，所以二人都有效地提出了理论家和哲学家的共同问题："那么，这有什么意义？"在提出这个问题时，二人都为拆解理论的权威而解读理论化行为和实践。克里斯琴和洛德不仅都关注将理论化特权化的实践，而且呼吁就这种特权化具有的意义进行对话。这种分析方式将一个人的意图——假如存在的话——与一个人的行为具有的主体间确定的意义和效果分离开来。在"解读"理论和理论化的特权化时，洛德和克里斯琴提请我们注意理论化所固有的认知实践，因而将一个人意图要做的事情与对一个人实际所做的事情的解释分离开来。芭芭拉·史密斯也以类似的方式"解读"德博拉·蔡伊对史密斯自己的著作的分析。在我母亲对我的哲学职业选择的怀疑最终引发的讨论中，她"解读"我对哲学职业的追求，我"解读"她对这种追求的明显怀疑。我在这里示意的是一种共同理解——无论存在什么分歧，指的是为了理解行为所具有的意图之外的意义而主体间地解释实践和行为的重要性。也就是说，洛德、克里斯琴、史密斯、蔡伊、我母亲和我都重视概念透明，即便我们对理论和理论化的用途和重要性都持有不同的观点。

我用概念透明来表示一个过程的结果，通过这个过程，特定的行为、实践和/或假设所蕴含的认知传承被主体间地解读。"解读"另一个人的实践和行为的活动通常是以概念透明为目的。认知传承在这里是一个人的行为、实践和/或假定中所显示的指示性承诺。说认知传承是由"指示性承诺"组成的，就是示意这一现实，即概念透明所跟踪的不是某一行为者的承诺和/或意图，而是一个人的行为所表示的承诺和/或意图。"认知传承"本身是一种社会现象。正如伦纳德·哈里斯在其"传统的恐怖"一文中所解释的，一种认知传承是由"被继承和特权化的、依然没有言明的结构、形式、假设和法典"组成（1997：97）。这些传承物是在一个人与全部传统的关系处境中建造的。例如，时常会有某个人的处境是作为某些传统的局外人同时又作为其他传统的局内人。这些与传统或传统内的关系有助于以复杂的方式形成我们的认知取向。认知传承是在复杂的社会景观中由社会表明的立场，这些立场标示着根据多种多样的语境因素解释一个人的行为、实践和立场的方式。基于哈里斯的隐喻式论述，我将认知传承划定为一个人的行为、实践和立场所表示的受社会影响和由社会公断的承诺。

在这一点上停下来澄清一个可能的混淆是重要的。按照我的理解，认知传承不是一个内心意图甚或一个认知结构。相反，以我的理解，一种认知传承是一系列从社会来说是"可读的"可能的态度。因此，认知传承不具有"真值"本身，因为真值是指有关某人的内心认知构成的某些事情真相。更确切地说，认知传承的作用是为社会解释提供证据。当我母亲问我"我的行为有什么意义"时，她是在要求我澄清我的认知传承，也就是说，我必须根据我的行为的语境讲一讲对我的行为的社会解释（即，我的行为会怎样被理解，有什么实际效果）。正是在与她就我实际所实施的行为——真实的东西是主体间地确定的——进行的争论中，我的认知传承通过我的行为所表示的承诺得以认识。

那么，认知传承是在复杂的认知、社会、政治和经济语境中被"解读"的，这些语境影响"我们表示的意义"。而且，由于它们是被主体间地确定的，所以它们永远不是静态的。"一个人表示的意义"将在很大程度上取决于一个人的对话者的认知传承。也就是说，一个人的行为如何被另一个人理解在很大程度上受行为者和观察者双方的认知传承影响。无人具有上帝的视角。我们所有人都是以我们有时插手有时不插手确定的方式被"解读"的。然而，注重"解读"等同于注重概念透明。概念透明同样是对一个人的行为、立场和/或实践所表示的认知传承的社会解释。获得概念透明关涉构建关于一个人的行为、实践和/或立场的说明，这种说明并不标示事情的真相，而标示"一个人表示的意义"，或一个人的行为接受解释的方式。

芭芭拉·克里斯琴在其"追逐理论"一文中"解读"理论和理论化时指向了这样的状况："理论力图表示的意义"正在被"它们所表示的意义"——即通过将狭小的一部分认知实践特权化而产生无知——超越。奥德丽·洛德在其著作中通过拆解一种可能影响理论化动力的世界观并指出只依赖于能动惰性这种取向的可能的负面后果，来"解读"理论化。当然，这些黑人女性主义者极为重视"解读"及其产生的概念透明，并非只有这些黑人女性主义者"解读"理论和哲学化。科尔内尔·韦斯特试图在他的"黑人性"和他的哲学研究之间寻求一种调和，为此他提出了两个问题，即"在美利坚帝国做一个非裔哲学家意味着什么？"（1995：356）和"哲学如何与非裔美国人的经验联系起来？"（1977—1978：117）他"解读"哲学。威廉斯·琼斯力主"黑人哲学"的正当性，为此他诉求所有哲学活动的实践和产物（1977—1978）。也就是说，为了证明他本人作为一个黑人哲学家及其产物——黑人哲学的正当性，他着眼于哲学的性质。他"解读"哲学。"解读"，按照我对该词的用法，是非洲哲学中的一种例行事务。[5]

专职哲学家"解读"。它是一种基本活动，而且它无疑也是黑人女性主义学术研究中的一种例行事务。当拉齐亚·阿齐兹责令白人女性主义学习说明差异而不是示意差异时（阿齐兹，1992），她是在呼吁概念透明。当奥德丽·洛德断言，要真正理解我们自己的差异的意义，需要持续不断地进行"审查"时（1984；2009a：204；2009b：183；2009c：185；2009d：209），她是在呼吁概念透明。当安·杜希尔呼吁更多的内省——她定义为"既内又外地看一个人自己的假想"——时，她是在呼吁概念透明。在所有这些例子中，这些黑人女性都在呼吁概念透明，即便她们所从事的实践是在为关涉其自己的认知传承的概念透明提供素材。我在哲学实践中看到了很多我的黑人女性主义实践——幼年时学到的，通过生存、学习和"解读"提炼的。我还看到很多哲学化穿梭于许多黑人女性主义者的作品。这些密切关系并不是通过哲学的特权化产生的，而是通过"解读"黑人女性主义实践与美国专业哲学之间共有的一种认知传承即对概念透明的承诺产生的。如此，我看不出我的黑人女性主义/哲学实践有任何问题，即便我愿意承认洛德和克里斯琴所强调的理论和理论化特权化的危险（即无知的产生和能动惰性）。如果将"解读"当作非洲哲学和哲学本身的一个核心方面，那么，黑人女性主义者，比如洛德和克里斯琴，正在从事哲学实践的一个重要部分。这里，哲学未被特权化。反过来讲也是正确的，这些"解读"世界的哲学家在从事黑人女性主义实践的一个重要部分。我所指向的这个交汇处并非指一种无可置疑的同一性，而是指一种立场，从这种立场中可以看到导致我们追求黑人女性主义实践和/或哲学实践中的概念透明的认知传承上的差异。这个被争夺的交汇处是一种黑人女性主义/哲学实践的起点。这是针对我马上接着谈非洲哲学的方式而言。

四、后记

> 大写/小写的我由于想说/不说的意志使然，迫不得已动用了所有人称代词来贴近非我（Not-I）的这种逃避和静态本质。无论我接受与否，大写的我、小写的我你、小写的她/他（s/he）、大写的我们、小写的我们、小写的他们，以及女人/男人（wo/man）的本性始终不断地交叠。它们都显示出了一种必然的含混性，因为划分我与非我、我们与他们，或他与她之间的界限并非（不可能）总是如我们所愿的那样清晰。
>
> 郑明河（1986：27）

我不是第一个对我的哲学参与进行"解读"的黑人专职哲学家（基于美国或其他地方）。所以，不要误以为我在宣称我代表某种新派哲学家。我在本文中也未打算通过确认某种想象的黑人女性主义者资格来"给自己涂上厚厚的真实性"（郑明河，1986：22）。我也不试图向你展示你我之间可能的差异。同样不试图以黑人女性主义的名义将另一"策划的真实性"制度化（郑明河，1986：23）。我非常乐于相信不存在两个相似的黑人女性主义者。所以，我不敢为她们代言。我知道，比如，认同追求概念透明的价值丝毫不会减少我母亲、芭芭拉·克里斯琴、奥德丽·洛德、芭芭拉·史密斯以及我本人在理论化之价值上的真正分歧。克里斯琴和洛德可能仍然会指责我过于经常地开展使无知制度化并产生能动惰性的实践；在这里，为探讨这些关注，我只不过是将它们展示为很可能是反理论的但绝不是反知识的立场，其他的什么也没做。

我以为我应该承认这一点。某种程度上，我认为克里斯琴和洛德的评论是极为准确的。将抽象理论特权化是一个坏主意。将任何认知实践在等级上特权化的一个副产品很可能是制度化的无知。将抽象理论特权化之所以是一个坏主意，并不只是因为它将无知制度化，而是因为它加以制度化的无知极可能影响某一社会最易受伤害的成员。[6] 还有，有许多美国专职哲学家也将洛德描述的问题视为哲学参与的一种标示，这些哲学参与通常以产生无穷无尽的批评和对立理论为形式（普利斯特，2006），但并不一定是"有形行为"。我发觉很难漠视洛德和克里斯琴对理论和理论化的往往是有洞见的"解读"，即便我相信它们加强而不是减弱了审慎的哲学实践和黑人女性主义参与的重要性。所以，我将像开头那样来结束，但有所不同。"我以为我是谁？"我的名字是克里斯蒂·多森，描述我的一种方式是把我看作一个美国黑人女性主义者、专职哲学家。

Kristie DOTSON: BLACK FEMINIST ME: ANSWERING THE QUESTION "WHO DO I THINK I AM"

(*DIOGENES*, No. 235–236, 2012)

注：

　　[1]"专职哲学家"这一术语在这里只是指以哲学为职业生涯的人，即作为教师、研究人员和/或某类哲学研究者。那么，成为一个专职哲学家所需要的是拥有一个取决于一个人的哲学专门知识的职业。

　　[2]在列举这两种批评时，重要的是指出，在黑人女性主义思想中流传着许多种关于理论的批评。我在这里仅举出其中两种。

　　[3]我使用"理论化"和"哲学化"这两个术语时是可互换的。因为克里斯琴使用时是可互换的。她对这两个术语的使用指的是理论家和哲学家共有的认知实践，所以我感觉不需要在两个紧密相连的群体之间做出明确的区分。

　　[4]依据克里斯琴强调的理由说所有黑人女性主义者都反对理论，是不对的。贝尔·胡克斯在《顶嘴：思考女性主义，思考黑色》（1989：39-40）一书中在一定程度上拒斥芭芭拉·克里斯琴的立场。但是，值得注意的是，胡克斯确实赞成克里斯琴对理论特权化趋势的拒斥。德博拉·麦克道尔也是一个黑人女性主义者，她曾经判断黑人女性主义学术研究由于"不够精致"的理论而成为"实践的而非理论的"（1980：154）。虽然麦克道尔在其1980年的文章中采取的强烈立场已有所收敛（参见1995），但是在早期她确实哀叹黑人女性主义著述中对于实践关注的强调胜过对理论关注的注重。

　　[5]查尔斯·米尔斯在他的《种族契约》一书中"解读"自由传统。罗伯特·古丁-威廉斯在他的《在杜波依斯的阴影下》一书中"解读"了W. E. B. 杜波依斯的政治思想以及当前非洲裔美国人的政治理论。罗纳德·森德斯特罗姆在他的《美国的褐变与逃避社会正义》一书中"解读"了日益复杂化的美国社会景观中的颜色动力。无论是什么取向，非洲哲学家在"解读"他们的世界。

　　[6]对一个人认知实践的处理语境因素能力的担忧，在黑人女性主义者的著述中并不少见。如果跟踪某些黑人妇女的现实，便会发现许多关涉"高度"理论和理论化的不准确性的例子，这恰恰是因为产生"理论"的认知实践被认为对某些黑人妇女生活中的显著语境因素的反映不够积极。米歇尔·华莱士认为，某些黑人女性主义者"对理论的恐惧"在一定程度上与她们作为"他者的他者"的社会定位———种"抵制理论表述"的立场——有关（1990：228）。金伯莱·克伦肖煞费苦心地揭示，宽泛的政治议程，在对解放战略的普遍化的理论选择的影响下，为何往往不能全程跟踪许多有色妇女面对的压迫和去权（1989；1991）。伊夫林·布鲁克斯·希金博特姆谈论了关于种族的"元语言"如何凸显和模糊美国黑人社群之间和之内的差异（1992）。瓦内马·卢比亚诺示意了黑人民族主义意识形态如何运作来创造一个使作为主体的黑人女性成为离经叛道者的霸权主体（2002）。

卡罗尔·布赖斯·戴维斯在《黑人女性，写作和身份》一书中解释说，如果她期望理论在阐述黑人女性的生活方面有所帮助，那么她只能借助理论走"不远的一段路"（1994：46–48）。

参考文献：

阿齐兹, R., Aziz, R. (1992) "Feminsim and the Challenge of Racism: Deviance or Difference?", 收入 H. 克劳利和 S. 希默尔韦特（主编）, in H. Crowley and S. Himmelweit (eds), *Knowing Women: Feminism and Knowledge*, pp. 291-305, Cambridge: Polity Press。

蔡伊, D. G., Chay, D. G. (1993a) "Deborah Chay's Reply", *New Literary History*, 24(3): 656。

蔡伊, D. G., Chay, D. G. (1993b) "Rereading Barbara Smith: Black Feminist Criticism and the Category of Experience", *New Literary History*, 24(3): 635-652。

克里斯琴, B., Christian, B. (1988) "The Race for Theory", *Feminist Studies*, 14(1): 67-79。

克里斯琴, B., Christian, B. (1994) "Diminishing Returns: Can Black Feminism(s)Survive the Academy?", 收入 D. T. 戈尔德贝格（主编）, in D. T. Goldberg(ed.), *Multiculturalism: A Critical Reader*, Cambridge: Blackwell Publishing。

克里斯琴, B., Christian, B. (2007) "But Who Do You Really Belong to- Black Studies or Women's Studies?", 收入 N. J. 诺门特（主编）, in N. J. Norment (ed.), *The African American Studies Reader*, pp. 225-228, Durham: Carolina Academic Press。

克伦肖, K., Crenshaw, K. (1989) "Demarginalizing the Intersection of Raceand Sex: A Black Feminist Critique of Antidiscrimination Doctrine, Feminist Theory and Anti-racist Politics", *University of Chicago Legal Forum*: 139-167。

克伦肖, K., Crenshaw, K. (1991) "Mapping the Margins: Intersectionality, Identity Politics, and Violence Against Women of Color", *Stanford Law Review*, 43: 1241-1299。

戴维斯, C. B., Davies, C. B. (1994) *Black Women, Writing and Identity: Migrations of the Subject*, New York: Routledge。

杜希尔, A., DuCille, A. (2009) "Phallus (ies) of Interpretation: Toward Engendering the Black Critical 'I' ", 收入 S. M. 詹姆斯、F. S. 福斯特和 B. 盖伊－谢夫托尔（主编）, in S. M. James, F. S. Foster, and B. Guy-Sheftall (eds), *Still Brave: The Evolution of Black Women's Studies*, pp. 172-191, New York: The Feminist Press。

盖茨, H. L., Gates, H. L. (1988) *The Signifying Monkey: A Theory of African American Literary Criticism*, New York: Oxford UP。

金兹伯格, R., Ginzberg, R. (1991) "Philosophy is Not a Luxury", 收入 C. 卡德（主编）, in C. Card (ed.), *Feminist Ethics*, pp. 126-145, Lawrence: University Press of Kansas。

格里芬, F. J., Griffin, F. J. (2007) "That the Mothers May Soar and the Daughters May Know

Their Names: A Retrospective of Black Feminist Literary Criticism", *Signs: Journal of Women in Culture and Society*, 32(2): 483-507。

盖伊-谢夫托尔, B., Guy-Sheftall, B. (2003) "Speaking for Ourselves: Feminisms in the African Diaspora", 收入 C. B. 戴维斯 (主编), in C. B. Davies (ed.), *Decolonizing the Academy: African Diaspora Studies*, pp. 27-43, Trenton: Africa World Press。

哈里斯, L., Harris, L. (1997) "The Horror of Tradition or How to Burn Babylon and Build Benin While Reading Preface to a Twenty-Volume Suicide Note", 收入 J. P. 皮特曼 (主编), in J. P. Pittman(ed.), *African-American Perspectives and Philosophical Traditions*, pp. 94-118, New York: Routledge。

希金博特姆, E. B., Higginbotham, E. B. (1992) "African American History and the Metalanguage of Race", *Signs*, 17: 251-274。

胡克斯, B., Hooks, B. (1989) *Talking Back: Thinking Feminist, Thinking Black*, Boston: South End Press。

琼斯, W. R., Jones, W. R. (1977-1978) "The Legitimacy and Necessity of Black Philosophy: Some Preliminary Considerations", *The Philosophical Forum*, 9(2-3): 149-160。

乔丹, J., Jordan, J. (1998) "Nobody Mean More to Me than You and the Future Life of Willie Jordan", *Harvard Education Review*, 58(3): 363-374。

洛德, A., Lorde, A. (1984) *Sister Outsider: Essays and Speeches*, Trumansburg: Crossing Press。

洛德, A., Lorde, A. (2009a) "Difference and Survival: An Address a tHunter College", 收入 R. P. 伯德、J. B. 科尔和 B. 盖伊-谢夫托尔 (主编), in R. P. Byrd, J. B. Cole, and B. Guy-Sheftall (eds), *I Am Your Sister: Collected and Unpub-lished Writings of Audre Lorde*, pp. 201-204, New York: Oxford UP。

洛德, A., Lorde, A (2009b) "Poet as Teacher-Human as Poet-Teacher as Human", 收入 R. P. 伯德、J. B. 科尔和 B. 盖伊-谢夫托尔 (主编), in R. P. Byrd, J. B. Cole, and B. Guy-Sheftall (eds), *I am Your Sister: Collected and Unpublished Writings of Audre Lorde*, pp. 182-183, New York: Oxford UP。

洛德, A., Lorde, A. (2009c) "Poetry Makes Something Happen", 收入 R. P. 伯德、J. B. 科尔和 B. 盖伊-谢夫托尔 (主编), in R. P. Byrd, J. B. Cole, and B. Guy-Sheftall (eds), *I Am Your Sister: Collected and Unpublished Writings of Audre Lorde*, pp. 184-187, New York: Oxford UP。

洛德, A., Lorde, A (2009d) "When Will the Ignorance End? Keynote Speech at the National

Third World Gay and Lesbian Conference", 收入 R. P. 伯德、J. B. 科尔和 B. 盖伊－谢夫托尔（主编）, in R. P. Byrd, J. B. Cole, and B. Guy-Sheftall (eds), *I Am Your Sister: Collected and Unpublished Writings of Audre Lorde*, pp. 207–210, New York: Oxford UP。

洛德, A., Lorde, A. (2009e) "Turning the Beat Around: Lesbian Parenting", 收入 R. P. 伯德、J. B. 科尔和 B. 盖伊－谢夫托尔（主编）, in R. P. Bryd, J. B. Cole, and B. Guy-Sheftall (eds), *I Am Your Sister: Collected and Unpublished Writings of Audre Lorde*, pp. 73–80, New York: Oxford UP。

卢比亚诺, W., Lubiano, W. (2002) "Standing in for the State: Black Nationalism and 'Writing' the Black Subject", 收入 E. S. 格劳德（主编）, in E. S. Glaude (ed.), *Is It Nation Time? Contemporary Essayson Black Power and Black Nationalism*, pp. 156–164, Chicago: University of Chicago Press。

麦克道尔, D. E., McDowell, D. E. (1980) "New Directions for Black Feminist Criticism", *Black American Literary Forum*, 14(4): 153–159。

麦克道尔, D. E., McDowell, D. E. (1995) *"The Changing Same": Black Women's Literature, Criticism, and Theory*, Bloomington: Indiana UP。

麦克法登, P., McFadden, P. (2002) "Intellectual Politics and Radical Feminist Praxis", *Feminist Africa*, 1; http://www.feministafrica.org。

米尔斯, C., Mills, C. (1999) *The Racial Contract*, Ithaca: Cornell UP。

郑明河, Minh-Ha, T. T. (1986) "Difference: 'A Special Third World Women Issue'", *Discourse*, 8: 11–37。

尼罗, C., Nero, C. (1991) "Toward a Black Gay Aesthetic: Signifying in Contemporary Black Gay Literature", 收入 E. 亨普希尔（主编）, in E. Hemphill (ed.), *Brother to Brother: New Writings by Gay Black Men*, pp. 229–251, Boston: Alyson Publications Inc。

普利斯特, G., Priest, G. (2006) "What is Philosophy?", *Philosophy*, 81: 189–206。

里姆斯特德, R., Rimstead, R. (1995) "Between Theories and Anti-Theories: Moving Toward Marginal Women's Subjectivities", *Women's Studies Quarterly*, 23(1/2): 199–218。

史密斯, B., Smith, B. (1993) "Reply to Deborah Chay", *New Literary History*, 24(3): 653–656。

史密斯, B., Smith, B. (2001) "Toward a Black Feminist Criticism", 收入 J. 博博（主编）, in J. Bobo (ed.), *Black Feminist Cultural Criticism*, pp. 7–23, Malden: Blackwell。

史密瑟曼, G., Smitherman, G. (1986) *Talkin and Testifyin: The Language of Black American*, Detroit: Wayne State UP。

图 阿 纳, N., Tuana, N. (2004) "Coming to Understand: Orgasm and the Epistemology of Ignorance", *Hypatia*, 19(1): 194–232。

华莱士, M., Wallace, M. (1990) *Invisibility Blues: From Pop to Theory*, New York: Verso。

韦斯特, C., West, C. (1977–1978) "Philosophy and the Afro-American Experience", *The Philosophical Forum*, 9(2–3): 117–148。

韦斯特, C., West, C. (1995) "The Black Underclass and Black Philosophers", 收入 F. L. 霍德和 J. S. 李 (主编), in F. L. Hord and J. S. Lee (eds), *I Am Because We Are: Readings in Black Philosophy*, pp. 356–366, Amherst: University of Massachusetts Press。

从女性哲学到临床哲学

金井芳子 著
杜 鹃 译

引 言

考虑到日本思想就其地缘政治位置（亚洲一隅）而言具有边缘性和小众性的特征，本文从将女性、哲学和女性主义联系起来的角度进行论述，并考察与全球化世界相对立的意识形态立场。我的立场是将女性主义与哲学联系起来，但是作为哲学领域——以男性为中心并以男性为主导的学术领域——中的女性，而且，由于我与主流女性主义保有距离，我也会去从这一边缘立场出发探索进行哲学思考的意义，同时保持对这两个问题的批判立场。我专注于在哲学界仍然是一个非常小众的概念——"临床哲学"，借鉴20世纪70年代日本女性主义中出现的女性解放运动的意识提升实践——这一实践将女性主义与哲学应用于叙事共同体，并将其与临床哲学相联系。然后，我将介绍"女性（临床）哲学"的观点。

关于"女性哲学"和"作为哲学的女性主义"，请参阅后藤浩子的著作《女性哲学》（2000年）中的日本女性主义和哲学。笔者在许多方面与后藤有着相同的观点。然而，后藤着眼于将女性哲学的历史作为小众哲学来进行考察，诸如德鲁西拉·康奈尔、朱迪斯·巴特勒、吕西·依利加雷和吉尔·德勒兹等西方现代思想家，而本文通过提出"女性（临床）哲学"的主题，观察那些在现代社会中被边缘化并成为他者的人们的问题，并积极倾听其声音。

本文将讨论各种主题，包括日本的临床哲学趋势、东亚女哲学家国际会议以及秋叶原事件，这些事件象征性地反映了当今的日本社会，并且进一步反映了日本社会中女性的现实。本文将介绍在日本女性解放运动中走在前列的女性思想家。在联系这些主题时，本文将借鉴陷入全球化世界中的身体（尤其是女性）的经历，将其从创伤的海洋中解脱出来以"创造一种身体（生活）话语"。本文将使用叙事/创伤进路对待压迫和暴力，并将"女性哲学"和临床智慧联系起来，以"建立一个没有暴力的亲密领域"和"关心自我"为主题。正是通过对"女性的想象共同体"的考察我们才能够克服东亚女性历史上的"苦难碎片"，并将"慰安妇"的声音带入公共领域。

日本社会和临床哲学

从术语本身就可以明显看出，日本临床哲学的载体在医学和科学领域之中，表现为死亡学和临终护理主题。除了医学以外，人们对哲学中临床智慧的兴趣也开始增加，1995 年的阪神—淡路大地震造成 6500 人丧生，直接导致了人们探索"哲学解决问题"在各种问题中的可能性。哲学家离开了大学研究实验室，在现场与幸存者见面，在其身边倾听其故事，"临床哲学"开始将"倾听"行为定义为一种哲学行为。鹫田清一（1999）迅速接受了在医学人类学和临床社会学中流行的"叙事"概念，并引领提出有关护理关系本质的宝贵观点，这种关系是一种"权力逆转"。倾听他人的行为不仅可以帮助被倾听的人，而且可以改变倾听着的人。通过不仅从帮助他人的角度还从获得赋权的角度考虑护理工作，形成了逆向关系，从而提供护理的人从需要护理的人那里获得了更深层次的护理。这也与质疑一个人如何及被谁视为他者有关，正是对一个人的他性的这种认识将导致其探究"关系自我"和"现象学自我"，而不是当代主客二元论中的自我与自主或者自我与他者的理论。根据某些概念，哲学最初指的是对世界和人类存在以及"自我"和"主体"的沉思，但是在这里，知性工作正在通过到现场目睹人们的问题、与其在一起、倾听其声音来创制有关自我与他者或心灵与身体关系的哲学新概念。从具有临床智慧的"倾听他人"行为的角度来看，可以将其定位为苏格拉底对话的当代版本。但是，关于当代人在面对问题时的智慧，故事和叙事的概念起着宝贵而必不可少的作用，这使其与苏格拉底时代的对话有截然不同的意义。

最初对叙事的兴趣与各种成瘾性疾病的治疗有关，例如酒精依赖和饮食失调；它首先关注通过共享叙事创建的共同体力量帮助疗愈、复原和康复。

这就导致了建构主义关于人文科学和社会科学中"话语"和现实的观点，为"临床叙事理论"的发展提供了指导，为建构主义理论提供社会意识（野口勇，2003）。

笔者对临床哲学和叙事理论的关注使我从女性主义和性别研究的背景转向探讨"女性主义作为一种哲学"的可能性，而受害女性的经历和叙事/故事正是这种关注的焦点。下文将涉及一次国际会议辩论，在那次会议上，笔者意识到了叙事如何可以采用共同体的形式及其深远的意义，并从"作为哲学的女性主义"或"女性哲学"的角度思考叙事的意义。

叙事中的共同体本质：走向公众的声音

为期三天、主题为"女性为公共世界铺平道路"的国际会议提出了四个问题：为什么是东亚，为什么是女性，为什么是哲学以及为什么是公共世界？共有大约20位发言者和讨论者参加了会议，与会者来自美国、日本、中国和韩国。[1]

这次会议本身不是"叙事共同体"吗？这是笔者得出的印象，因为我感到对这个问题的审议无疑与会议的中心主题密切相关：女性为公共世界铺平道路。但是，在那里使用了太多的语言，似乎不适合讨论公共领域。让我介绍一下这些语言：女性视角；列维纳斯的他者论；共享身体；内部和外部界限的女性主义视角；标志我们持续在内在丧失自我的全球化；女性身体中多轴的交叉点；使生命得以可能的身体语言；从父权制和皇帝制中夺回身体；母亲的身体，受孕和祈祷；语言和生活叙事；创造身体（生活）语言，创造爱的语言；女性的语言；女性故事漂变的力量；培育下一代与社会母性的关系；女人味；从女性角度看社会批判的意义。会议讨论的主轴沿循这样一个主题，即在女性主义背景下使用这种语言后，这些言论立即被拒斥为本质论。

在这次会议上，一直无疑通过自我控制而受限于女性主义的语言到处传播，而女性主义则以性别的社会和文化建构主义为视角。这种气氛促使我吐露真言。因为我们的目的是引领通往讨论"公众"的新概念和形象的道路，所以这也是一次机会，可以再次认识到在共有的空间和意识下故事和叙事共同体的重要性。这些辩论肯定可以证明"公共领域是对话的空间"（阿伦特）。

当然，东亚儒家传统和女性主义这两个立场在意识形态上是对立的，因此即使在对话之前它们也会互相排斥也并不奇怪。很难找到一种方法来将儒家传统和女性主义的公共／私人辩论带到同一条道路上。没有神秘的力量这是不可能做到的。然而，当今紧迫问题带来的危机感终于建立了这个论坛，使双方在存在分歧的情况下仍可以面对面。这是因为两者都共有基于东亚文化和历史背景的意识形态进路，并基于这种地理特征引领通往反对全球化的新公共世界的道路。我们用这样的话来提醒我们："坦率地说，在民主原则下，任何人都无法夺走他人的声音"，"公共空间是公共和私人之间话语政治的场所，而不仅仅是讨论公共主题。至于什么是公共主题，这并不取决于先前的沟通"（斋藤，2000）。

这次经历使笔者窥见公众如何在联结声音和叙事的空间中形成共同体。它也使笔者再次确认了第二次女性主义浪潮中新女性解放运动为女性创造的空间的重要性，并且再次确认意识提升实践有助于在公共空间——其话语是以男性为中心——中发出另一种声音，即女性的声音，作为与下述女性书写实践的意义及方法论相关的叙事。

东亚女性之间的团结与过去的"痛苦分裂"

女性解放之后的第二次女性主义浪潮在理论上以及通过基于性别和父权制概念的运动，都得到了发展。性别的概念尤其推动了女性主义扩展、创造理论并作为分析概念变得更加完善。相反，在父权制的概念下，性控制的各个要素（文化的、社会的、心理的、生物的，等等）都被抛弃了，并且在某种程度上被认为是在黑匣子框架内。

性别概念确实极大地推动了女性主义的后结构主义性别理论，在2008年的会议上，加利福尼亚州立大学的安·加里提交了一篇关于交叉性意义的论文。作为居住在加利福尼亚州、来自使用法语的非洲国家的女性，加里谈到性别并不是唯一压迫女性的因素，还存在着诸如种族、民族性、语言、文化等多种压迫与性别相交叉。与会者对她介绍的模式非常感兴趣，该模式就当代社会，尤其是全球化世界中的身份和对女性的交叉压迫提出了宝贵的论据。然而，在将加里的多重交叉性概念作为建立认同理论的强烈建议的同时，就通过传统与女性主义之间的对话达到"女性为公共世界铺平道路"的会议主题而言，以及上文所述的叙事形式在女性解放运动中的作用而言，父权制的概念也许比性别观念对两者来说是更好、更有效的调解概念。

在讨论父权制时，儒家传统一直被认为是东亚的共同文化影响力，而在这种思想中直接寻求的是反对当今现代公共/私人二元论和全球化的公共世界语言及意象。从亚洲视角来看，关于儒家和女性主义的辩论毫无疑问将导致护理工作的视角。不可否认的是，这种趋势在会议讨论中得到了某种程度的证明。为了回应女性主义哲学家提出的语言和问题，从事儒家传统研究的学者引入了诸如儒家和道家思想的各种话语，以扭转并支持其论点。然而，我们现在所要研究的不是如何通过讨论父权制价值观和护理工作的未来将传统的复兴与公共世界联系起来。相反，重点是倾听当今人们对于他们以各种方式挣扎时的感受的叙事，并通过发展我们从此类叙事中判定的观念来创建新观念。

这就是为什么调解儒家和女性主义的观念受到质疑的原因。今日东亚地区和社会的父权制如何受到儒家传统的影响而成为压迫和歧视的根源和背景？这需要严肃并批判地看待东亚父权制的现实。至关重要的是，要了解父权制在现代化和全球化过程中是如何转变或经历变形的，换句话说，用作为概念工具的视角来考察父权制以解释我们身体内在化的压迫至关重要。此外，事实是，即使东亚社会中的女性拥有相同的父权制文化背景，要说存在女性团结也不是一件简单的事："慰安妇"历史问题造成了分裂。由于"慰安妇"的声音，"日本女性"之间存在分歧。因此，东亚女性苦难之间的分裂很难为公共世界铺平道路：历史的过去和这种分裂不可忽视（北川东子，2008）。

如果亚洲带头，公共性会是什么样？一定不同于被认为具有普遍性的西方模式下的公共性。亚洲价值观不能说是实质性的。如果我们将亚洲视为面对各种文化、历史背景和传统的"道路"，那么束缚我们的传统已经使我们处于某些条件下，因此我们必须考虑以其他方式重新诠释它们。

"作为道路的日本"——一个小众立场

当我们的探索从哲学中一个非常小众的方面即"女性空间",转向"孕育他者的第一人格的女性",反思质疑中的日本哲学问题时,要批判的第一个方面就是认为"人类即男性"的观念具有普遍性而使"女性"特殊化的二分法,或是西方普遍主义与日本特殊主义的组合,"世界即西方"的理念是普世的,从而使日本特殊。普遍主义和特殊主义并未彼此反对,而是相互促进,在不考虑这两个观念如何交织的情况下,很难理解日本社会对女性的压迫(狩野,1997)。在全球化世界中,这种相辅相成的关系将如何变化?为了了解现实,我们必须探索女性的记忆层次,这些女性生活在存在隐藏暴力的社会或可以发现暴力已成为创伤的亲密领域中,并且我们必须询问叙事共同体作为分享和倾听场所的重要性。我们还必须考虑建立一个公共空间的可能性,让其他人有平等机会分享自己的声音。批评当今的日本社会是一个隐藏暴力的社会或在亲密领域中可以发现暴力,首先需要做出一些解释(金井芳子,2009)。我想讨论一下 2008 年 6 月在日本社会发生的事件。

该事件是一名 25 岁青年 K 在东京最大的电子区和青年圣地秋叶原无端伤人事件。K 在一个星期天驾卡车闯入步行街,持匕首随机刺伤行人,致 17 人死伤。K 因金融危机失去临时工作,事发前通过手机短信泄愤却无人回复。他说自己不仅在现实世界,连在网上也被忽略。他的愤怒和绝望直指所有人,"任何人都可以"。该案之所以惹眼,还因为人们对被告存在正面和负面两种感情,也激起了大量对立。许多人对 K 特别感同身受,事件暴露了当今日本社会青年的处境、其心态中的潜在危险以及在青年身上感受到的当代社会中完全的孤独和疏离。

发生在 K 身上的事情是新自由主义政策在社会中产生的后果。在这个社会中,就业已经大大转变过渡到"灵活的劳动力市场"。这可能发生在任何成为"有工作的穷人"的年轻人身上。直接从学校招募来的全职正式员工被转入非正式工作,在不同的地方充当临时工,而后连这些工作也保不住。没有工作、收入,没有家,也无法寻求家人的帮助,青年们把公共福利制度看作他们最后的一线希望,但连这扇门也对他们牢牢关闭:他们被告知福利政策不适合青年人。经历了所有这一切引起的绝望给了 K 爆发的勇气。

日本福利制度将家庭视为福利服务的隐性资产，其作为公共 / 私人领域的民生安全网的功能正在迅速恶化。如果我们认为当代社会遭受最残酷待遇的人是"难民"，那么日本社会无疑是制造难民的社会。难民的产生可以涉及很多因素，并不仅限于将难民定义为由于内战和军事侵略无处可去的人。其中可能包括那些由于生计崩溃而被迫进入劳动力流动的人，以及那些由于"灵活的劳动力市场"而失去生计的人。这就是说，包括那些在全球化和新自由主义的带动下、在社会经济差距正在扩大的社会中，生计由安转危的人民大众的现实（大泽，2008）。K 正是这些被剥夺了安全保障的人之一。

因此，尽管秋叶原事件是个案，但它反映了整个现代社会。尽管个案保留了特定特点，但这些事件浓缩并代表了当时的社会（大泽，2008）。这就是为什么当人们表现如斯，我们必须研究这些事件所造成的阴影的含义，并试图阐明当今社会轮廓正在试图告诉我们什么。我们被迫从此类事件发出的声音中听取一些东西。这正是临床哲学必须引起注意的现实。

在将"作为哲学的女性主义"和"女性哲学"的关注并列时，我们不能忽视投向女性处境深深阴影中的危险标志，这些阴影不能与秋叶原事件分割。我担心，当我们通过解释秋叶原事件以试图确定其重要性和含义而高估它时，我们正在错过针对女性的危险标志。随着法律制度的发展，女性的自由和选择也在增加，但这种表面积极一面的负面是，当一个年轻女性的生活变得非常不堪时，家人的拒绝就会使她变成难民，许多这样的女性因内向暴力而受伤，将自己封闭起来。她们的许多问题表现为危险的心理迹象。对于那些称赞消费社会的自由，或似乎意识到自己的职业女性野心的女性而言，她们内心偶尔感到的独立会威胁她们的自我意识，导致她们想逃避工作或回避生育，这表现在饮食失调和割腕上。

作为方法论视角的女性哲学：叙事 / 创伤范例

我们如何解释年轻女性所展现的信号？考虑到人类安全的政治问题涉及在亲密领域中制造难民的问题，我们看到了诸如现代家庭扭曲这类问题的出现——应从离开家庭而成为难民的女性、战后日本受过教育的家庭（小泽俊介）

以及在护理关系中压迫的传递的角度来理解。母亲一辈对独立感的缺失引发了母女问题，继而引发生活斗争并威胁着女儿一辈。在日本压迫女性的背景下，现实是母权制、在护理关系中成为控制癖的家庭以及多层伤害是如何施受的事实——压迫与被压迫的事实。这些关系很难确定，这使它们在无形的暴力结构中世代相传。

母权制和对女性的压迫结构很难确定，因为母权主义在日本社会很强势。在战后日本，受过教育的家庭功能失调时，家庭暴力造成的父权制女性受害者难逃对儿童和老年人的虐待。此外，就日本的"成年子女"而言，我们看到的通常不是因酗酒或功能失调的家庭而导致的暴力结果，而是生活的困难和由于亲子关系而感到不称职，在亲子关系里他们被期望成为好孩子并满足工作狂父亲以及望子成龙的母亲对其的过度期望。恰恰是"成年子女"被期望成为"健全家庭中的好孩子"导致家庭功能失调成为日本性别角色的阴暗面。家庭环境中传递的压迫（delegated oppression）——丈夫对被压迫的妻子施以家庭暴力，然后被压迫的妻子成为虐待儿童或老人的施虐者——使暴力深深地隐藏起来，并形成了持续暴力的世代联系。

在亲密领域可以观察到的这种暴力的历史背景中，可以看到母权制曾支撑日本战前军国主义政权下的天皇制度。"母性"的深刻影响笼罩着日本文化的核心和日本人的思想。此外，我们不能忽视下述日本社会对第二次世界大战失败的反思的歪曲。许多从战场的残酷经历中归来的人没有时间治愈疤痕，他们为了成为战后日本社会的企业勇士，不得不僵硬地掩盖这些痛苦经历和苦难（野田，2004）。这些因失败而隐藏的暴力情绪在日本社会的暗流中已深深积累，被认为是男人酗酒或家庭暴力的原因之一。在这种情况下，建立一个没有暴力的亲密关系对日本社会来说是一个严重的问题。但是，由于暴力是在亲密领域中造成的损害，在一定程度上很难识别出是身体暴力造成的损害，因为它们是由生活在充满母性激情与疗愈的关系中而造成的伤疤。在日本社会文化的潮流中，敏锐地应对累积的暴力行为非常困难。

回到女性解放

那么，在什么情况下以及通过什么样的关系可以实现"关怀自我"和叙事进路呢？我想将这个问题与"自我领域"或"个人领域"的含义联系起来，这是在此处出现的另一个相关概念。也就是说，在考虑亲密领域中的暴力问题或在没有暴力的情况下创建亲密领域时，不应使用公共—亲密二分法的概念框架，笔者建议引入自我或个人领域的概念以重新考虑人类关系的三元组：公共领域、亲密领域和个人领域。陷入被控制的亲密领域困境而屈于暴力的女性要想自我恢复，摆在她们眼前的问题是，她们必须在个人领域忍受孤独的时间长短以及她们可以讲述自己的故事并被倾听的叙事关系存在的时间和地点。通过女性讲述自己的故事及其所产生关系的空间，被封存的记忆及其成为创伤的那一刻被再度忆起。在这一刻，"我"之崛起的这一空间以及关系的本质将受到质疑（金井，2009：n.xii）。

关于自我关怀，"创伤与记忆"和"创伤与性别"的主题在考虑叙事延伸到记忆的黑暗角落的临界点时非常重要。在考虑女性作为亲密领域的施虐者问题时，除了"叙事进路"外，还必须引入"创伤进路"的范式。我想借鉴精神病学家宫地直子孜孜不倦的工作，她从医学人类学的角度著有包括《圆形岛》《创伤的地缘政治》（宫地，2007年）和《创伤的医学人类学》（宫地，2005年）等著作。

从战争到虐待儿童，造成创伤的事件永远不会停止。这些事情的发生无法通过语词解释，却仍然用语言来说出。然而，语词无法解释的创伤与用来形容它们的语词之间的差异动摇了说者和听者。宫地以圆形岛为模型，观察了人们谈论创伤的方式最终是如何在公共空间中分享他们的故事以及如何受到对待。遭受创伤的人、其支持者、发言人、家人和丧亲者、专家、研究人员和观众的立场是什么？这些人与他人的关系是什么？宫地系统介绍了创伤涉及的每一个人和这种动态中的每个人的位置。由于在倾听行为中人们的地位错综复杂地交织在一起，因此认为分享女性的经验会自动导致女性的团结，实属过于乐观。

毫无疑问，"叙事"和"创伤"概念阐明了除了通过女性主义使用性别和父权制概念确定的压迫和控制之外，女性在生活中遭受问题的另一个深刻方面。通过在"女人"一词上方插入"わたし"（我）来帮助阅读，并使用平假名"からだ"（身体）而不是汉字，女性解放运动赋予了"女性的我的身体"的视角,这在呼吁建立叙事关系方面具有重要意义。

缺乏语言:什么是孕妇的第一人称?

当我们在此考察解释我们已被身体内在化的压迫的方法论视角时,迄今为止作为哲学和女性主义真理前提的主体和自我概念,以及自决概念都面临着"留白"问题。

20世纪70年代,日本女性解放运动的发起者之一森崎一惠[2]在题为"生育"的论文中,以自己的分娩经验来分享"我"这个词——直到那时,这个词已经不足以描述关于她的一切:

> 在那之前,我完整的自我始终是"我";即使我生病或不高兴,我仍然是"我"。我以为这是我的个性,但是当我怀孕时,我的身体开始自说自话,好像是我无法控制的东西在挥舞指挥家的指挥棒。(森崎,1994)

另一方面,森崎试图在情感上理解在殖民地出生和长大的自己从少女时代以来所遭受的痛苦:

> 我想用很多词来形容自己而不分裂任何东西,包括"我"一词,但在我一直使用的这些词中包含着社会上已经普遍接受的观念,而今我却不再适应。(森崎,1994)

> "我"一词的概念和知性术语包含的人类生物学元素与我怀孕的"自我"相去甚远。这是我第一次感受到女性的孤独。这不是持续100年或200年的寂寞,即使我不在人世,这种寂寞也可能会持续下去。这是语言内部的一种孤独感。(出处同上)

森崎在讨论自己的怀孕经历时,谈到了女性的孤独感——孕妇在第一人称中"缺失"。她解释说:"在养育生命的行为中,许多事情都被'留白'。"

这清楚地表明了作者对现代自我的认识,即缺乏对成为"生命之源"的见识。

森崎注意到缺乏描述孕妇的第一人称的语言,这加深了对"我"在孕育他者时的思考。森崎对于现代使生育行为内在化的"我"以及缺乏成为"生命之源"见地的洞察与笔者试图提出的有关亲密领域暴力或建立没有暴力的亲密关系的问题密切相关。有了如此强烈的意识,笔者在本文结束时再次表达回到女性解放的起源的重要性。

有必要意识到对"生命"概念缺乏的思考,"生命"概念与现代的自我与他人、第一人称、自我和主体的观念正相反对。"生命"一词可能会引起对引入母性主义和极权主义的不安,尽管过去曾避免使用它,但也许有必要对此进行更深入的思考。[3]

此外,我们不应该停止使用通过第二波女性主义获得的性别和父权制的概念来表达对女性的压迫,而应吸纳叙事和创伤的概念,并将其与诸如精神病学、精神分析和医学人类学的专门知识联系起来。

通过经历痛苦以及关怀自我——具有性别和男女(我)身体的自我主体,来认识"我自己"。对于在第一人称"我"中的男人/女人的反思,对自我强加的性别规范和身体规则提供了一种批判性研究。

女性所经历的创伤与女性书写

让我们回想一下在法国不同的女性主义者中,如卢斯·伊利嘉里、海伦·西苏和朱莉娅·克里斯蒂娃所实践的"女性书写"的含义。根据西苏和克莱曼(1975)的说法,女性几乎从不书写任何关于女性的东西,但只有女性自己才能写出女性无限和多变的复杂性以及各种性感受。她们挑战了女性的性差异和女性的特殊性,以及女性主义的禁忌话题——雌雄同体,并使用"母亲"一词来讨论女性的状况。她们声称所有女性都拥有某种母性,并且在某种意义上说,对于女性自己和他人而言,她们都是母亲。当然,西苏和克莱曼所说的"母亲"与现代制度化的母亲不同。相反,尽管两位作者一方面大力指控逻各斯中心主义和男性中心主义共谋"埋葬"和"擦除"现代母亲中的女性的罪行,但同时又为女性在不压抑享乐的情况下享受他者的差异而与其共同茁壮成长提供了一种新途径。这是她们进行书写实践的目的,与20世纪70

年代，日本女性解放运动中田中光津孜孜不倦的努力背后的意识相似，她们通过用平假名书写"我"来表达女性的解放，通过书写的独特形式表达解放（田中，1975；金井，2008）。[4]

这也与肖珊娜·弗尔曼（1993）的观点有关："女性作品通过母亲来追忆。"她建议我们可以"通过阅读的联结，即通过他者的故事（其他女性阅读的故事、其他女性的故事以及他人所述的女性故事）"来获取我们原本无法听见或记录的故事。

我们必须用我们的语言和概念以及从那里出发用我自己／女人（我）／母亲的受创伤的声音面对世界。也许通过叙事这将导致达及记忆黑暗角落的语词的交织，为女性铺平通往她们想象中的共同体的道路。现代自我缺乏对成为"生命之源"的见地，当其孕育"他者"和"生命之源"时才去考虑"我"，然后去主张"女性哲学"，并尝试将女性主义临床哲学与我们如何看待生命理论相联结：笔者认为哲学将会出现超越"现代"主体概念的新视域。考虑到我们在克服分割东亚女性的"苦难分裂"时对全球化的反对，通过"女性团结"引领走向"想象中的共同体"的道路，确保人们对微观层面暴力行为的敏感性，将成为更大的问题。

结　论

因此，女性哲学扩展到吸收身体和生命视角来辅助诸如临床智慧的叙事理论。这一哲学还通过借鉴叙事共同体和临床智慧来提倡"女性主义临床哲学"的各个方面。日本的女性主义和哲学不可避免地要从作为"女人／母亲"的自我——源于日本社会母性意识形态严格束缚——的双重含义质疑女性存在。与规范日本文化核心和日本思想的母性交锋，需要对亲密领域和战后日本家庭中的母权制实践进行彻底的批判，后者的基础是战前军人政权帝制的母权制本质。

考虑到母性帝制的过去文化或当母性同情与女性纯洁被利用作为发动战争和侵略的动力时，我们不能忽略的是，带有母性存在背景的暴力的善变结构将日本社会的过去和现在联系起来。这包括帝制、军人政权、以秋叶原事件为标志的犯罪以及在亲密领域中观察到的暴力。从暴力与母性存在相联系的角度来看，我们必须找到对抗全球化世界的价值轴心。我想根据性别观念和女性哲学提出，从作为性别政治范畴的女性主义转变为作为哲学的女性主义。这将会出现一种同质化秩序所不具备的方法，进而创建一种新的"女性"概念来发展"作为哲学的女性主义"。在这一过程中，作为将他者内在化的第一人称的女性（大写的"我"）的主题将成为日本女性主义在哲学界提出的重要主题。

Yoshiko KANAI: *FROM PHILOSOPHY OF THE FEMININE TO CLINICAL PHILOSOPHY*
(*DIOGENES*, No. 227, 2010)

注：

［1］在 2008 年 3 月于神户举行的国际会议上发表的六篇论文发表于京都公共哲学论坛（2008）；参见金井（2008a）。

［2］女性思想家和作家森崎一惠于 1927 年出生于中国东北，她对自身的殖民经历和基于其所处位置的思想边缘性直言不讳。她在九州福冈市前身是煤矿的小镇上长大，远离日本城市中心。从其大量文稿中集结的《森崎一惠文集》（藤原书店，2008 年出版）目前正在出版。

［3］女性的怀孕感和身体处于不断变化的自我（身体）边界中。对于女性而言，一个包含他者的身体视角显然与艾德丽安·里奇的观点重叠："我所孕育的 9 月大的胎儿既不能定义为我，也不能定义为非我。"（里奇，1976：64）

［4］日本学术界生命研究的支持者盛冈正宏考察田中光津作品中的陈述和想法来寻找生命理论的起源，并认为这表明日本女性主义应发展为一种亲生命的女性主义（盛冈，1996）。

参考文献：

西苏，H. 和克莱门特，C., Cixous, H. and Clément, C. (1975) *La jeune née*, Paris: UGE, 10–18。

弗尔曼，S., Felman, S. (1993) *What Does a Woman Want: Reading and Sexual Difference*, Baltimore: The Johns Hopkins UP。

后藤浩子，Goto, H. (2000)《〈フェミニン〉の哲学》，Tōkyō: 青土社。

金井芳子，Kanai, Y. (2008a) "ナラティブの熟成から、ボイスを紡ぎ、新たなコンセプトへ", in Kyoto Forum for Public Philosophy (2008)。

金井芳子，Kanai, Y. (2008b)《異なっていられる社会を女性学/ジェンダー研究の視座》，Tōkyō: 明石書店。

金井芳子，Kanai, Y. (2009) "家族・親密圏・根拠地——親密圏の脱・暴力化と『自己領域』"，収入川本 (主編), in T. Kawamoto (ed.)《岩波講座・哲学 12・性/愛の哲学》，Tōkyō: 岩波書店。

狩野，Kano, A. (1997) "日本のフェミニス・ム論争史"，収入荏原和金井芳子 (主編), in Y. Ebara and Y. Kanai (eds),《フェミニズム》。

京都公共哲学论坛，Kyoto Forum for Public Philosophy (2008)《公共哲学・特巻 公共哲学の歩み》，Tōkyō: 東京大学出版会。

北川东子，Kitagawa, S. (2008) "イマシ・ナリーな連帯を求めて", in Kyoto Forum for Public Philosophy (2008)。

宫地直子，Miyaji, N. (2005)《トラウマとシ・エンタ・一臨床からの声》，Tōkyō: 金剛出版。

宫地直子，Miyaji, N. (2007)《環状島＝トラウマの地政学》，Tōkyō: 金剛出版。

森崎一惠，Morioka, K. (1996) "現代女性運動の生命論田中美津の場合"，収入哲夫 (主編), in Y. Tetsuo (ed.)《日本文化と宗教》，Tōkyō: 国際日本文化研究センター。

森崎一惠，Morioka, K. (1994)《いのちを産む》，Tōkyō: 弘文堂。

森崎一惠，Morioka, K. (2008)《コレクション》，Tōkyō: 藤原書店。

野田，Noda, M. (2004)《共感する力》，Tōkyō: みすす・書房。

野口雄，Noguchi, Y. (2003)《ナラティブの臨床社会学》，Tōkyō: 勁草書房。

大泽，Osawa, M. (2008)《アキハハ・ラ発〈00年代〉への問い》，Tōkyō: 岩波書店。

里奇，A., Rich, A. (1976) *Of Woman Born: Motherhood as Experience and Institution*, New York: Norton。

斎藤 , Saito, J. (2000)《公共性》, Tōkyō: 岩波書店。

田中 , Tanaka, M. (1975)《いのちの女たちへとり乱しウーマンリブ論》, Tōkyō: 田畑書店。

鷲日清一 , Washida, K. (1999)《「聴く」ことの力臨床哲学試論》, Tōkyō: TBS-Britannica。

虚假新闻与真实性的未来

迈克尔·林奇　著
萧俊明　译

2016年12月，一名名叫埃德加·韦尔奇的男子手持一支突击步枪闯入华盛顿特区的一家比萨饼店。韦尔奇到那里是要"自行调查"一个怪异的阴谋论。按照这个阴谋论，希拉里·克林顿及其他民主党政客在比萨店地下室经营一个儿童性交易团伙。令他意外的是，原来这是假的。不仅地下室里没有性交易团伙，甚至根本就没有地下室。正如韦尔奇后来对《纽约时报》所说的，"互联网关于此事的报道不是百分之百的"。

致使韦尔奇那天出现在华盛顿特区的黑暗幻想是典型的"虚假新闻"——我是指为了娱乐、获利和政治利益而散布的有意误导的新闻故事，而且韦尔奇的行为被广泛列为虚假新闻可以造成伤害的例证。然而，像"比萨门"这样的阴谋故事只不过是一种我们不妨称之为信息污染的更为广泛的现象的一种形式——无疑是尤为恶毒的一种，但不是唯一的一种。其他种类的信息污染包括在社交媒体网站上发布的明显虚假的政治广告、在推特上大放厥词——以及利用白宫新闻发布会硬把假的说成真的，却不管可以出示什么样的证据。

几乎没有人注意到，由于互联网的辉煌，我们正生活在一个对信息污染者而言的黄金时代。互联网同时成了最有帮助的事实来源和人类从未有过的最潜在的虚假来源：既是知识的源泉，也是胡扯的喷头。不过，信息污染显然不是一个新现象。它始终是，并且仍将继续是宣传者的主要武器。因为利用和滥用信息正是那些妄图操纵人们心智的人的一贯所为。而这种行为的目的几乎是始终不变的——激起普通公民的情绪，灌输一种教条的和不宽容的态度。因为正是通过灌输这种态度才能使民众相互之间做出最不人道的事情。

然而，"信息污染"这个术语可能会让人产生误解。这个隐喻假定，正在被污染的更广布的信息文化像自然界一样，本是已定的，若不是污染者的干预，信息文化本是纯净的。但是，制造和传达信息的正是我们人类，正是我们建构了广布的信息文化并生活于其中。互联网并不只是某种发生在我们身上的事情。它是我们创造的世界，并且至少在某种程度上我们必须为之负责。正如每一个优秀宣传者都知道的，如果不求助某种已经隐藏于人们内心深处的东西，是无法抓住人们心智的。就虚假消息而言就是如此。我们已经创造了一个数字世界，这个世界折射出我们的一个倾向，即我们往往并不像我们表白的那样在乎真实性，即使在它鼓励我们对我们的部落信念要更加傲慢的时候。

* * *

大多数人往往认为，虚假新闻之所以是错的，是因为它们是谎言。但是，单纯从撒谎的角度来解释问题，实际上是对互联网哈哈镜中持久存在的更大欺骗的淡化和曲解。撒谎与欺骗完全是两回事。撒谎是有意说你相信是假的东西，意图欺骗你的受众。我可以不撒谎就欺骗你（比如，在关键时刻沉默就具有欺骗作用）。我也可以对你撒谎而不欺骗你。这可能是因为你起了疑心，不相信我，但也可能是因为我所说的恰巧是真的。无论是哪一种情况，你都是被撒谎而不是被欺骗。这可表明，当某人实际上被致使相信假的东西时欺骗便发生了。正如哲学家所说，"欺骗"是一个"成功条件"。但是，这只走了一半路。即使没有相信假的东西欺骗也可以发生。

反思一下古老的骗局：贝壳戏法。骗子摆上三个贝壳，其中一个底下有一枚硬币。他将贝壳移来移去，并要你挑选有硬币的贝壳。如果做对了，似乎很容易，但并不是那么回事。骗子用灵巧的手法来转移你的注意力，使你无法正确地跟踪贝壳，无从得知硬币的位置。但是，一个人没有相信假的东西也可以无知。他只是被迷惑了，这是这类把戏的典型情况。你不知道如何思考，所以只能猜测。你被骗不仅是因为相信假的东西——而且是因为不相信真的东西。

利用社交媒体在线上散布政治虚假信息在一定程度上不过是一种大型的

贝壳戏法。宣传者往往并不在乎是否人人或甚至大多数人真的相信他们兜售的具体东西（尽管结果是很多人都相信）。他们不必非要让你真的误以为硬币放在某个贝壳下面。他们只需把你搞迷惑了，让你弄不清真假。那些可恶的营利性阴谋网站，特别擅长在社交媒体上散布的正是这种欺骗。毫无疑问，民众当中有一部分人确实相信这类帖子，但是更多的人则是悄悄地走开，更加怀疑其真实性。他们不知道该信什么。

通常是这样，当某人说些假得离谱的事情（"登月是造假"）时，大多数人会不屑一顾，他们的推理是，"如果这是真的，那么我现在应该已经听说了"。他们这样说的意思是，"从可信的独立来源听说了"。过滤器（主要是编辑们）的作用不仅是剔除假消息，而且要确保绝对真实的消息浮出水面。互联网之所以使这种推理悬置起来，只是因为我们中许多人安享于我们自己的信息泡沫中。很少有人拒斥基于这样一个事实——即他们在此之前从未听说过这些消息——的种种离奇的断定，因为可能是他们已经从趋向于证实其偏信的网站听说了这些消息，或近似的消息。这使他们更易于接受虚假消息，或者至少不拒斥它们。这使他们更容易陷入迷惑。

而更为阴险的是，这实际上促使我们思想更加闭锁和教条——并且是出于奇怪的"合理"理由。思想开放在一定程度上就是认真看待可替代你的观点的相关选项。你检视这些选项；如果情况属实，你就修改你的观点。如果不属实，你就坚持你的观点。但是互联网使太多的可替代选项成为相关的，而且它把离奇常态化。由于几乎任何你想考虑的观点都是真实的——就像民主党领导人正在华盛顿特区将儿童与比萨饼一起卖，所以你可以在线上为其找到"证据"。然而，这不仅意味着某些当地人被骗了，而且意味着我们中其余的人此时需要断定哪些离奇的故事我们应该关注，哪些不予考虑。而且由于离奇的故事太多，我们往往不假思索地将那些并非出自我们已经信任的信息来源的故事剔除。我们其实并没有核实选项，因为（至少我们对自己说）外面的谈论简直太离奇了。而且确实如此，但是最终结果是，我们只是花费越来越多的时间来阅读那些可以确切地告诉我们想听的东西的来源提供的消息。

在一个充满讽刺的时代，这一定是最悲伤的讽刺之一：让我们比以往任何时候都知晓更多的技术也可以把我们变成思想闭锁的教条主义者。而信息污染尽管是构成这一事实的因素，但不是唯一的原因。互联网还可以用另一种更为基本的方法使我们思想闭锁。

* * *

如今，我们所知道的东西大多是我们"搜索谷歌所知"。几乎在任何话题上，互联网都是我们要求助的信息来源。我们首先要查看的是互联网，而我们最后要查看的也通常是互联网。但是，就其作用而言，互联网还汇入了我们过高估计我们对世界如何运作的认识的倾向。如果关于我们无所不知文化的故事的一部分是我们带有自信——以及我们把对舆论的相信看得比舆论本身的真实性更重要——的文化痴迷，那么这个迷思的另一部分是信息技术不只是改变我们如何知晓的方式，它使我们更加相信我们知晓它。

每个人都曾有过当你不知晓某事却以为你知晓它的经历。我们以为我们从高中物理和历史记住的要比我们实际上记住的多。但是，正如认知科学家史蒂夫·斯洛曼和菲尔·费恩巴赫最近所详细论述的，这类过高估计远远地超出你可能想象的范围：假设你问自己能否真正说明抽水马桶或拉锁是如何工作的，那么你可能发现自己被意外地难住了。你以为你知道事物是如何工作的时候其实往往是根本就不知道。为什么是这样？费恩巴赫和斯洛曼令人信服地论证道，这种说明的一部分是我们把他人的所知与我们的所知融为一体的倾向。如果信息就在那里，我们倾向于认为我们自己知道它。事情是这样的——你知道的专业知识越是就在那里，你就越发相信你自己具有这种知识。现在又加上你的手机使你可以访问的信息世界，这样我们手机在手时感觉百分之百地更有知识也就不足为怪了。例如，一些实验表明，在互联网上搜索说明加大了这样一种可能，即，甚至在不相关的话题上，我们以为我们所知的也要比我们实际上知道的多——甚至控制诸如内容和时间这类因素。简而言之，获取互联网提供的信息之容易致使我们"忘记了我们对它的依赖，扭曲了我们对自己能力的看法"（费希尔等，2015：675）。而这使我们更加相信而不是更不相信我们的意见。当然，我们以为我们是对的——在谷歌上搜一下嘛！

这种过分自信一定程度上是由人类并不是孤立的认知机器这一事实造成的。我们生活在一个将认知和知识劳动分配给专家们的知识经济之中。这是好事——没有哪个个人能无所不知，或近乎无所不知。然而，将所有的医生、科学家、机械师以及水暖工集中在一起，我们便可以集体地知晓很多。不过，这个事实经常意味着我们混淆了我们头脑之内的与头脑之外的东西之间的界限。正如费恩巴赫和斯洛曼所指出的，这表明我们经常由于"可从外部获取的信息与'头脑中'的知识融合在一起"而过高估计我们个人所知的程度（费希尔等，2015：682）。一些哲学家甚至认为，这种混淆实际上是事出有因的，因为认知本身往往是在空间中分布的一个延展过程。当我因为你的专业证词——比如说，我的汽车的交流发电机坏了——而知晓某事时，那么我所知晓的东西一部分在你的头脑中，一部分在我的头脑中。如果这是对的，那么生活在知识经济中确实增长了我的知识，因为认知本身不只是一种个体现象。

然而，关于谷歌所知——其实是关于我们在过去10年的全部线上生活——的最为重要的事实，并不是它可以让我们获取的信息量，而是我们获取的只是我们想要的信息这一事实。在21世纪初，我们抱怨我们正淹没在数据的海洋中，但是时过境迁。"物联网"实际是一个"我们的互联网"，我们的手指忙个不停地积极策划我们的在线生活，访问我们想看的网站，使用我们想要的应用程序（APP），以及精心制作我们的脸书体验以便让它反映出我们想要的形象。换言之，我们的线上生活被深度地个性化。这是因为脸书、谷歌、我们的大部分应用程序、搜索引擎以及社交平台，除了算法不同，都是以相同的基本方式运作的。它们试图通过跟踪人们的喜好、点击、搜索以及他们的朋友来掌握他们的偏好。然后对这些数据进行分析，并用来预测某人目前和将来的偏好。但是这些数据还被用来预测你——关键的是，那些类似于你的人——会对哪类信息感兴趣、你会喜欢哪些帖子，以及你点击最多的是哪些链接。这种偏好聚合的结果之后会在你访问的网站上提供。这就是戏法发生的经过。这就是为什么你想买的鞋子的广告会出现在你的脸书信息流中。同是这些算法不仅有助于预测我们下一次将点击和喜欢什么，而且预测我们将购买什么、我们会觉得谁有魅力、我们将会怎样投票。因此，我们的线上和线下生活越来越被定制——意即满足我们先前存在的偏好。这对购买鞋子和找好餐厅极为有用。但是，正如近来的竞选向我们显示的那样，一旦进入政治，这可能是很麻烦的。

现在不妨在分布式知识经济上再加上个性化的互联网及其精心制作的社交媒体信息流和个别化搜索结果。事实上，得出的结果不是一个知识经济，而是许多不同的知识经济——每一个都受限于对于你可以信任哪些来源、哪些来源可作为证据、哪些不可的不同设想。结果不仅是对于你个人理解的东西的过度相信急剧膨胀，而且是过度相信我们自己当下的知识经济——我们自己的泡沫——中的那些人所知晓的东西。"我们的互联网"变成了一个巨大的强化机制，给我们提供所有我们已经偏信的信息，怂恿我们把其他泡沫中的那些人视为听信错误信息的歹人。

* * *

费恩巴赫和斯洛曼的数据——以及耶鲁大学的弗兰克·凯尔和密歇根大学的戴维·邓宁的协同工作——所显示的最简单的训诫是，恰恰是我们人类有一种以为自己所知比实际所知更多的倾向。这一倾向与心理学家经常称之为动机认知的不无关系——当我们得出一个结论不是因为实际上给我们指出这条路的证据而是因为偏见、贪婪或爱引导我们认为它是真实的时候。动机认知不是什么新东西；假如没有它，那么自欧里庇得斯以降的悲剧作家几乎无事可做。然而，虽然我们可能善于在他人身上看到这种倾向，却不善于发现我们自身中的这种倾向。恰恰是这一事实有助于说明为什么信息污染如此有效地使我们更加教条。

这里有一个例子。特朗普时代加以常态化的许多事情之一是矛盾——尤其是用在政治说服方面。特朗普本人显然不惧怕矛盾，他拥抱矛盾。这种出尔反尔的随意性——甚至在同一次访谈或讲演中——让专家们很是为难，但是更令人不解的是他的追随者们竟欣然包容这种做法。好像特朗普所说的内容无关紧要，而只要他正在说就行。但是，何以如此呢？毕竟，其他候选人如希拉里·克林顿甚或特德·科鲁兹似乎需要恪守其追随者的不同标准。他们要对其说的内容负责。

一个让人瞠目结舌的早期这类例子（尽管有很多）是，特朗普最初拒绝谴责3K党和其他一直明确支持他的白人民族主义者。后来他谴责了这些群体。但是许多白人种族优越主义者，其中包括戴维·杜克继续支持特朗普。为什么？

其中一部分原因在于矛盾自身的力量。这种力量以及特朗普对它的有效运用，让我们充分了解了我们的文化对真实性的态度，以及动机认知如何使我们易受信息污染——就像它让我们了解了特朗普。

从经典逻辑和数学的观点来看，一个矛盾的坏处在于它导致谬误。你可以以几个简单的步骤从一个矛盾推导出你希望的任何命题。但是，恰恰是这一点使矛盾从政治心理学的观点来看是非常有用的。其实，矛盾越暴露越好。众所周知，政客或那些竞选职位的人经常"收回言论"——或者是因为他们说错话，或者是因为其言论造成了令人反感的媒体关注。但是公然的矛盾与"修改"言论并不是一回事。它并不表明你说错话并确实相信某种其他东西。收回言论表明你对你所说的负责。公然的矛盾则把责任放回到听者的怀抱。如果我单纯地否认我先前确认的东西，像什么都没有发生一样去作为，那么就会使你不得不去断定我的真实意图。而心理学以及常识告诉我们，人类有"确认偏误"——一种动机认知形式——的倾向。也就是说，我们往往去解释证据，从而使之符合我们已经相信的东西。所以，如果我们喜欢3K党，那么我们可以将特朗普的言论理解为他也喜欢。正如他的许多追随者所说，人们认为特朗普不惧怕"说实情"。但是当面对一个矛盾时，这个"实情"可以由你决定。

所以，当特朗普有时试图修改自己的言论时，他最为有效的做法不过是说出与他先前所说相反的言论。在一定程度上讲，这是因为特朗普的矛盾招摇而确凿。但这还是因为，当某人说出某种"既是X又是非X"形式的东西时，其听者可以推断，讲演者实际上相信你希望从他那里读出的任何命题。

矛盾对特朗普而言尤其有用，这也多少让我们了解了特朗普在一些人眼中的"魅力"所在。其实，这暴露了一个更深刻的矛盾：恰恰是特朗普明显缺乏真实性才使他如此真实。他就像一个行走的矛盾体（鉴于"电视真人秀"是让他最出彩的媒体，这或许并不意外）。在一些人看来，他如此随意地出尔反尔这一事实恰恰表明他确实不在乎"他们"（不妨理解为：媒体、自由派、女性、少数群体）怎么想。

这里还有一个更深层的哲学问题。矛盾最具干扰性的力量，在于它的反复使用可以麻木我们对真实性本身的价值的敏感性。假如你和我生活在一个搞清楚什么是真的既容易又困难的数字世界,则尤其如此。在谷歌上搜索就如同与一百万个高叫的声音处在一个房间里。自然,我们会聆听那些与我们自己的声音最相似的、呼喊着我们已经相信的东西的声音。这样,谷歌就可以使你确证几乎任何事情,无论多么离奇。当然,我们知道有着不同观点的人可以异口同声。正是这个事实,如果我们不在乎的话,可以导致我们认为客观性是一种"死值"(dead value)。我们如此习惯于矛盾的信息、对立的来源,以至于我们发觉自己不再珍视真实性。

我们发觉我们相互之间都在讲述我们迫切追求的真理,而其实我们对它没有丝毫兴趣。一旦我们对真理不抱任何希望,我们也就对批判思想不抱任何希望。而一旦这种情况发生,那么矛盾,或者说除了权力以外的任何东西,都不再重要。

然而,事情是我们确实不像《1984》中的温斯顿·史密斯那样。我们没有被用刑拷问乃至不对客观真理抱有希望。我们正心甘情愿地走入黑夜——或者说,如果不是心甘情愿的话,那么我们在一定程度上正在我们自己力量的支配下走入黑夜。

*　*　*

至此,我已经表明,信息污染不仅扭曲真实性,而且怂恿我们不在乎真实性,并强化我们进行动机认知和固执己见的倾向。这往往使我们在乎我们的视角,而不在乎我们是否把事情搞对。这使我们相信欺骗——而这正在腐蚀我们的信息文化。

腐败与污染不是一回事。污染是发生于一个体制的某种事情,而腐败是一个体制内部发生的某种事情。一个社会体制可以成为腐败的方式之一,是当其成文规则不是实际规则时。比如一个刑事司法制度,当它声称平等对待每一个人实际上却实行种族歧视时,或者当代表警察或法官的补偿、偏袒等遍布四处时,它便是腐败的。类似的,一种信息文化当它的一些参与者号称恪守的证据和可靠性规则——也即其知识原则——并不是他们通常采用的规则时,它便是腐败的。这就是当我们相信欺骗时发生的事情。我认为这就是当我们生活在一种"后-真相"文化中人们力图要表达的东西。当然，从字面上理解，我们并未生活在一个不存在真实性的世界。真实性一如既往地存在。所发生的事情是我们的信息文化已经变得如此腐败，乃至去包容怂恿对于真实性和证据的自欺态度。它鼓励我们在乎我们的信念而不在乎真实性，但要告诉我们自己我们正在做的是另一回事。

关于欺骗如何在线上表现的一个小小的但有说服力的例子，是一些人对"比萨门"故事本身的反应方式。回忆起来，这个故事是非常具体的。希拉里·克林顿正在华盛顿特区某家比萨连锁店进行儿童性交易。这个故事广为传播。到韦尔奇先生施展其查克·诺里斯动作表演时为止，它已在不同的极右圈子里传了数月。韦尔奇本人说他是听人说的。据报道，韦尔奇大吃一惊，并且通过在互联网上观看视频和阅读故事来"核实"。所有的这类故事都断定这是真实发生的：在一个具体场所发生的虐童事件。

所以，问问你自己：如果你真的相信这事发生，你不也要试图做点什么吗？那么，一些人确实采取了行动——在一定程度上。有一些零星的小规模的抗议——实际上只是一些民众举着标语牌站街而已。出现了许多死亡威胁——不仅是针对比萨饼店的老板和员工，而且是针对该街区商业机构的老板和员工。直白地讲，这是异乎寻常的，无疑是惊悚的。但是，中止据传发生在公共场所并为几百万人"知晓"的儿童交易活动，并不是特别有效的方法。无论如何，这并不是最常见的反应。那些号称相信此事的人对这个故事的最常见反应不过是传递它、重复它，并在此基础上形成其他观点。

更有趣的是某些极右媒体圈紧随韦尔奇先生的攻击之后的反应。据"谈话要点备忘录"网站报道（12/5/16），出现了一连串像如下这一条的推文：

> 已证实：彗星比萨饼店的持枪歹徒埃德加·麦迪逊·韦尔奇是一名演员，pic.twitter.com/HVF9QMXDsd。
>
> ——杰克·波索比奇（@JackPosobiec), December 5, 2016

这条推文——来自某个自称为一个叫作"公民4特朗普"（Citizens 4 Trump）群体的"项目主管"的人——以及其他类似的推文提供了一个非常怪

诞的场景：那些曾经支持"比萨门"论的人几乎即刻开始断定，那个根据这个故事随后真实登场的人实际上是一个被自由派阴谋买通的演员。于是，你可能会说，各种阴谋论不胫而走。它们的离奇是毋庸置疑的。但是，这一次有一些不同：曾经坚信这个故事的特朗普的支持者此时似乎想把这个事实——他们曾相信这个故事的事实——标为"虚假新闻"。他们想否认任何像他们那样的人会根据一个他们一直认为需要行动的故事而采取行动。这是欺骗和行动信念的傲慢。它表明，信息污染不只是欺骗人们——它致使人们（包括那些传播信息污染的人）去自欺。

然而，如果认为只有这些疯子阴谋论者是腐蚀我们的信息文化的人，那会是一个严重的错误。在某种程度上，我们所有人——至少我们中间那些上社交媒体的人——都这样认为。正如我在前面指出的那样，这是因为一个体制可以成为腐败的方式之一是当它最终按照与其"官方"规则——我们以为它按照其运转的规则——不同的规则运转的时候。这在社交媒体上是经常发生的事情。

许多人——包括许多阅读拙作的人——在脸书上做的事情之一，是发布或分享新闻故事帖子。不过，让我们只着重讨论当我们只是发普通故事帖子（无论是"假"还是"真"）时所做的事情。发一个新闻故事的帖子可以被视为我们所谓的交流行为。我们最经常的交流行为是口头的，不过，书面的也算数——便条、信函，以及脸书和推特帖文。具体而言，当我们在线上分享媒体故事时，我们（在他人和自己看来）似乎是在从事证词行为——"宣称"某条信息值得关注甚或相信。我们确实不是真的"说"或"宣称"，但是我们在做某种与之非常相似的事情——从事一种具有类似意图的交流行为，即说出我们认为被证明或真实的东西。当然，这并不是我们发新闻故事帖子所做的全部。有时我们实际上并不赞同这个故事——我们分享它只是把它当作某种我们认为有趣的，或确实无法说的，或只是挺刺激的东西。当我们做诸如此类的事情时，我们自觉从事的这类行为是表达性的——我们在表达我们的娱乐、讽刺的超脱或受挫。我们并不试图传达某种事实性的东西。但是，还有时我们确实认为自己在向我们的朋友和群友传达某条重要的知识。

所有这些似乎都很平常。但是，事情是这样的：脸书和推特的新闻故事帖似乎总是在发挥表达性功能，即便我们认为我们在报道事实。只需考虑一下这一事实，即当前的研究估计，线上分享的新闻故事至少有60%甚至连分享的人都没读过。比如2016年，哥伦比亚大学的研究人员通过巧妙地研究两个数据集之间的交叉得出了这个结果。[1]第一个数据集由来自5个主要新闻网站在一个月时间的推特分享量构成——通过含有与这些网站上的故事的网址缩短链接的推文进行跟踪。第二个数据集由在同一时段与这组短链接相关的点击量构成。当然，这两个数据集是海量的——有可能带来750亿次观看的280万分享量以及将近1000万的点击量。在设计了一种整理这些相关并纠正其偏差的方法论之后，研究人员发现10个在推特上发消息的人中仅有4人确实读过消息。可能远远不止于此，正如一位脸书高级代表曾经——非正式地——告诉我，他们自己的数据显示，问题实际上要大得多——在该平台分享的故事中可能有90%之多没有被那些分享它们的人点击过。正如哥伦比亚大学课题组的一位共同作者用一句话所概括的："人们更愿意分享而不是阅读一篇文章。"[2]

其实，虚假新闻的提供者敏锐地意识到一个特别的盲点：当我们分享时，我们正在做的是某种不同于我们以为我们要做的事情。

这就是我的意思。我们认为我们分享新闻故事是为了传递知识，但是很多时候我们实际上根本没有尽力去传递知识——无论我们有意识认为的是什么。假如我们想传递知识，那么我们或许读过我们试图分享的那条新闻。但是我们不读（至少60%或更多的时间）。那么我们做什么呢？我们只是表达我们的相互支持、娱乐、赞同，但具体到新闻故事而言，表达的是我们的愤怒。虚假新闻艺术家认为非常有帮助的正是这一事实——以及我们对它视而不见。因为当说到政治新闻故事时，我们分享它们往往是为了表达我们的愤怒——播放愤怒——并在他人中间引起愤怒。部落就是这样建立的。社交媒体是一个愤怒工厂。具有悖论意味的是，它之所以运转是因为大多数人并不知晓，或者说并不想知晓这一点。

我们对社交媒体的使用并不因此而成为独一的。哲学家——从休谟到维特根斯坦——已经指出，人类经常误解他们自己的交流行为。在20世纪中叶，有一个运动甚至断定我们所有的道德思想和言论都属于一个范畴。这种观点被恰当地称为表达主义，它的主张者认为，人类实际上并不使用道德语言来设法表达世界的真实情况。说某事是错的与描述天气不是一回事。根据这一观点，当我们做道德判断时，我们实际上是在表达我们的感觉——并且激发他人产生类似的感觉。因此，表达主义者主张，认为"死刑不公正"实质上为真或假，这是一个错误，因为我们实际上并不是以它首先是真的作为目标。这并不是要陈述一个事实的企图——一个要么成功要么不成功的企图，而是一种表达我们自己和我们对世界中的事物的感觉的方式。它更近似于说："嘘，死刑！"知识和理性与它没有什么关联。

表达主义的原初版本，如同许多处在初创朦胧时刻的哲学观点，未免步子跨得过大。尽管认为道德判断经常是一种自我表达的观点看似正确，但是也似乎只是说我们也可以（同样是经常地）使用道德判断来描述我们认为确实真的东西。这不是一个非此即彼情境。尽管如此，这种观点也是有明显正确的地方，因为我们确实经常忽略我们道德生活中的自我表达部分。我现在要指出的是，社交媒体现在正在发生某种类似的事情——它使我们更易受操纵，并逐渐腐蚀我们的信息文化。我们以为我们是按照理性规则游戏——依靠证据和数据。但事实上这些根本就不是我们游戏所依照的规则。我们游戏所依照的规则是那些支配我们的自我表达和社会互动的规则——游戏场、约会游戏以及办公室饮水机的规则。与这些规则更相关的是发生和接受情感反应、强化部落纽带和巩固社会地位，而不是证据所证成和不证成的东西。

这在脸书上或许最为明显，毕竟脸书所表明的目标是情感联系。想一想这个平台是如何鼓励我们回应我们相互分享的帖子。过去是你只能"点赞"或不点赞一个帖子。但是现在脸书可以让你在几个不同的回应中做出选择，每一种回应对应一种基本情感，并用易于识别的表情来代表：皱眉表情、高兴表情、惊喜表情，当然还有愤怒表情。我个人使用这些表情的经验——我觉得这广泛反映在其他人的使用中——是，它们深刻影响到你如何看待所分享的帖子。首先，你的网络中的其他人在回应一条帖子时选择哪种表情可以强烈地影响你自己的回应。当然，这与线下的社会压力没有什么不同。如果你的工作场所中的每一个人都不喜欢某人所说或所做的某件事情，那么就很难不表示一个类似的回应。同理，如果每个人在你之前都对一条消息表达了愤怒，那么如果不这样做就可能感觉尴尬了。假如不受限于这一因素，那么你选择哪种表情可有助于制约你对帖子做何评论——如果你评论的话。比如，如果你选择"愤怒表情"，那么你就极不可能会评论说该帖子确实让你有所思。

现在略微考虑一下思想实验。我们不妨这样设想：当我们分享一个新闻故事或其他断定时，我们可以取代表情而在可以使用的3个按钮中对事实做出选择："已被证据证成""未被证据证成"，以及"需要更多信息"。具有这些选择——取代以人类最基本的情感为目标的表情选择——如何可能制约我们怎样处理我们分享和不分享的东西？

一种想法（无疑是十分有希望的）认为，这些选择至少会使我们当中的一些人多一些反思或思考。我们可能会不太急于去分享我们没有读过的某种东西——因为我们会认为人们的回应与他们的喜怒相关联，而且更多的是对他们认为帖子所传播的证据的回应。这可能鼓励我们当中一些人更加持怀疑态度，自身也更加谦逊。但是还有一些人可能最终开始从情感的角度来对待所有3个按钮。他们可能——就如往日表达主义者可能会预言的——使用证据语言来表达他们的感觉，而不是表达他们深思熟虑的意见。他们可以利用他人的情感将之列为"已被证据证成"一项，可却未曾读过。他们可能从事虚假新闻和误导性证据的勾当。所以可能获得的并不像我们希望的那样多。

然而，即使这一思想按照思想实验的方式被理想化了，它也凸显了一个关键点。我们对线上分享的新闻故事的回应方式往往不同于我们在法庭中或在报纸上对信息的回应方式。而且出于一个简单的原因：因为平台不鼓励这样。当然这不足为怪。脸书原本并不是设计为一个新闻平台。但是它演化为一个新闻平台，不管我们喜欢不喜欢。我们只是没有意识到这一点——或者或许我们意识到了，但选择忽略。如果是这样，那么我们便注定会相信欺骗。我们正在创造一个黑客帝国，即一个虚幻世界，并选择生活于其中。

Michael LYNCH:
FAKE NEWS AND THE FUTURE OF TRUTH
(*DIOGENES*, No. 261–262, 2018)

注：

［1］加别尔科夫, M. 等, Maksym Gabielkov et al., "Social Clicks: What and Who Gets Read on Twitter?" (paper presented at the ACM SIGMETRICS/IFIP Performance 2016, Antibes Juan-les-Pins, France, June 14, 2016)。

［2］杜威, C., Dewey, C., "6 in 10 of You Will Share This Article without Reading It, a New Depressing Study Says", *Washington Post*, June 16, 2016。

参考文献:

杜威, C., Dewey, Caitlin (2016) "6 in 10 of You Will Share This Article without Reading It, a New Depressing Study Says", *Washington Post*, June 16, 2016。

费希尔, M.、戈杜, M. 和凯尔, F., Fisher, M. Goddu, M. and Keil, F. (2015) "Searching for Explanations: How the Internet Inflates Estimates of Internal Knowledge", *Journal of Experimental Psychology: General*, Mar 30, 2015。

加别尔科夫, M. 等, Gabielkov, M. et al. (2016) "Social Clicks: What and Who Gets Read on Twitter?" (paper presented at the ACM SIGMETRICS/IFIP Performance 2016, Antibes Juan-les-Pins, France, June 14, 2016)

什么是有尊严的生命？

塔内拉·博尼　著
马胜利　译

尊严的观念及各种表现不是轻易能领会的。它是否像奥利维耶·凯拉（2003）和埃里克·菲亚特（2012）所说，是一种含糊不清的概念呢？然而，和幸福和自由相比，尊严难道不更是确定个人生命方向的指南针吗？因为它表明，在具有权利和义务之前，任何人首先具有共同的人性。实际上，在受到广泛引用的标准性文献，即1948年的《世界人权宣言》中，尊严是一种共同原则。该宣言第一条同时捍卫尊严和博爱的价值：

> 人人生而自由，在尊严和权利上一律平等。他们赋有理性和良心，并应以博爱的精神相对待。

因此，所有人都享有尊严，因为他们属于人类。然而，尽管拥有共同的人性和尊严，人类却被不同的文化和宗教所分隔。而且，他们不同于植物和动物。《世界人权宣言》公布了使他们团结起来的价值，后来的其他文献还明显采用了"人类大家庭"的提法。联合国教科文组织在1997年11月11日通过的《世界人类基因组与人权宣言》中指出：

> 人类基因组是人类大家庭所有成员根本统一的基础，也是承认他们生来具有的尊严与多样性的基础。象征地说，它是人类的遗产。（第一条）

我们可以设想，作为权利和义务的基础，人类尊严是人与人相互联系的纽带，因为所有人类都是社会人。正如汉娜·阿伦特所说："世界直接或间接证明了其他人的存在，如果没有这个世界，任何人的生命，即使是沙漠遁世者的生命都不可能存在。"（2003：60）这句话最好地阐明，促使人类团结的因素重于将他们分隔开来的因素。弗雷德里克·沃姆斯这样表述关于人类生命之间具有特殊关系的思想：

>……通过人类生命相互赋予的意义，我们的生命具有了个体（"我的生命"）和普遍（促成团结和分隔的"生命"）的双重形式，这就像生者之间的生活经历是对生命的考验一样。（2013：57-58）

尊严存在于有人类的地方，以及人类通过接受教育、增长道德意识和尊重人类共同价值来制约其非人道行为的地方。然而，一些人却受到其同类非人道和有辱人格的对待。尽管法律严格禁止，买卖器官和贩卖人口的行为依然存在，而屠杀暴行也开始成为常见的现象。因此，现实并非总会遵从尊严和普遍人道的思想。

但是，意识到自身尊严并尊重他人尊严是一项义务，因为如果任何人都是唯一的，那么谁也不会比他人更加尊贵。人类的尊严是保持社会联系和每个人与自身联系的基础，保护这一共同财产也是一种责任。强调义务和责任是为彰显"尊严的民主理想"。1945 年 11 月 16 日，当各国人民刚刚走出世界大战并力图让幸存者和后代人免受战争恐惧，杜绝人类对那些不被当人看者犯下恶行之时，联合国教科文组织在《组织法》前言中重申了上述理想。

然而，是什么促成了人人享有平等尊严的思想？无疑是由于无数迫害人类的恶行，以及奴隶和弱者所受的有辱人格的待遇引起了公愤。这些弱者被当作工具和实现某种目的的手段，因此他们的尊严遭到嘲弄。所以，我们要捍卫人类固有尊严的思想。康德将此视为一种实践命令："你的行动，要把你自己人身中的人性，和其他人身中的人性，在任何时候都同样看作是目的，永远不能只看作是手段。"（康德，2016：105）

宣言条款提出了使人类免遭危难的参照标准。哲学也提出了众多思考固有尊严概念的文献。从艺术作品、文学著作、民间故事到生活记述，各种形式的话语同样展现了尊严的体验与尊严的缺失。一些文学作品深入表明，人类尊严涉及生与死，以及人类状况的完善性和有限性。悖谬的是，在那些人们以为没有尊严的地方，在那些被人视为脆弱和贫困的群体中却存在着尊严。这些人无疑是柔弱的，但他们却是自由的。所以，当我们开始把尊严当作人类不可分割的价值进行思考时，便会面对一系列悖谬现象。

我的论述将涉及他人和自我眼中的人类尊严。我提出的问题是：人类不可分割的尊严是何时产生的？在生命乃至死亡方面，是否存在尊卑差异？

尊严与人类状况

标准性文献宣称我们共同享有尊严，但我们对尊严的拥有却不同于对物件的拥有。这种固有尊严不是物件，所以我们不会丧失它，但我们却有责任保护它，尽管这显得有些矛盾。我这里所说的不是与等级地位以及政治、社会或宗教职务相关的尊严，也不是我们熟知的文化和政治尊严，它们属于外在和变动的资产，是能在短期或一生中赋予"尊者"声誉和体面的那种尊严。

人人享有的共同尊严是将所有人提升到"人类"级别的尊严。这种尊严是我们自身的一部分，属于我们的身体、才干和能力，并构成我们人性的基础。因此，我们有责任重视它，使其在我们和他人眼中成为现实。在当今世界，人类的"人性"似乎消失殆尽，所以这是个很难实现的任务。如今时兴的是偏好浮夸的外表和物质享受，以及追求令人羡慕的社会地位。

如何回归根本，即捍卫尊严？这个最重要的价值能使人人承担起和意识到自己和他人的存在。应当设想，任何人都会发挥其与生俱来的作用：尽量像人一样生活。人性是普遍的，其有效性适用于所有人和世界各地，并超越人类活动的多重性和文化宗教的多样性。只有从这一观念出发，上述说法才有意义。这一出发点可导向关于人类状况十分脆弱并充满挑战的观念。对此，皮埃尔·马尼亚尔指出："如今，人们之所以认为人类没有本性而只有状况，是由于他们在追求过程中终于看到了能像人一样行动的现场。"（2011：49）人类状况同时体现为"天数"和"计划"：天数是任何人摆脱不了的，计划是人人有责任去实现的。因此，人类的首要责任是保持才干的平衡，以免重新沦为畜类，或试图成为人类中的上帝。

根据人类可完善性的观念，人人都有升华的自由，因为他们是人类。这种人道主义观念已有数百年历史。我们尤其从皮科·德拉·米兰多拉那里看到这种观念。这位15世纪的青年博学者在其令人难忘的演说《论人的尊严》中指出，人类在世界中没有确定的地位，因为他须用双手对自身加以塑造[1]，就像做一件艺术品一样；上帝对他如是说：

> 我已将你置于世界的中心，从那个视点你更容易环视周边的世界万物。我们使你既非天造亦非地设，既非可朽亦非不朽，这样你就可以是你自身的自由而自豪的形塑者，可以把自己塑造成你偏爱的形态。你能堕落为更为低等的、野兽的生命形态，你也能通过自己的决断再次升华到其生命是神圣的最高等级。（皮科·德拉·米兰多拉，1993：9）

亚里士多德的思想中已有关于人性处于神性与兽性之间的观念。然而，与德拉·米兰多拉的思想相反，亚里士多德认为，即使人类是天地间最完善的生命，他们生来也须在社会和世界中寻求自己应得的地位。

献身职务和事业的自由人会避免放纵和缺陷，在各项行动中寻求中庸之道和依规行事。所以，慎行者代表了亚里士多德哲学的实践智慧，并捍卫了他的人性，因为他知道人类既不是上帝，也不是畜类。他是主动者，而不是冥想者。帕斯卡尔在17世纪从另一视角提出了如下著名看法："人类既非天使也非野兽，想做天使的人会不幸成为野兽。"（帕斯卡尔，2012：151）

亚里士多德认为生活具有多种意义。在《尼各马可伦理学》中，这位哲学家在寻求"好"生活时浏览了各种生活方式，并表明应当避免的生活方式是以物质为幸福源泉的乐趣和享受。这种不应属于人类的生活方式是尼尼微王撒旦阿帕拉过的日子（亚里士多德，2008：I，1095b20）。

但"生命"的概念具有多重含义，它首先是生物的，然后才是伦理和政治的。在《论灵魂》中，亚里士多德对生命概念提出了恰当定义：

> 在自然物体中，有些有生命，有些则没有生命。所谓生命，乃是指

自己摄取营养，有生灭变化的能力。（亚里士多德，2010：II.1，412a 14）

尽管该文本有各种译本，我们对这句话始终记忆犹新。尽管我们所在的社会有不同的观察和思维方式，但进食、成长和衰亡似乎始终是生物的生命固有的重要阶段，是使人类成为自主生命的自然进程。应当指出，人类生命还包含着植物和动物等其他生命层次。正如乔治·阿甘本所强调的（2006：32）："生命分为植物生命和关系生命、有机生命和动物生命、动物生命和人类生命。这在人类内心像个活动的边界，如果没有这种内部差别，就连断定何为人类何为非人类这种简单事情大概也难做到。"生命还包括自行衰亡。它的存在是为了死亡。对此，有人会说，人类是单独出生和单独死亡。但这是忽略了存在的背景，即社会。在社会中，人们或是能够施展其道德和智慧能力，或是只能勉强维持生存。

然而，是否人人都能按照意愿施展才能？人们会问，亚里士多德是否设想有一种固有的"人类尊严"？他的哲学认为，生物的组织原则是自然。关于人类生命，他所强调的则是道德德性和智慧德性。这种德性使最好的自由人，即拥有积极和智慧生命的人成为人类并在社会中出类拔萃。他们即使能改善生命的"品质"，这种改善也只能在自然特权的限度内进行。因为自然是一切生物的目的，它"从不徒然做任何事情"。然而，关于人类状况的观念认为，人类只能在强制条件下生活，但悖谬的是，这种条件却赋予了个人根据自身意愿和向往实现其计划的自由。这并不是亚里士多德所设想的人类状况。在亚里士多德的生物学、形而上学、政治学和伦理学中，每个人都处在被"自然"确定的位置上。在古希腊城邦，人类在权利和尊严方面都不是平等的。

人是动物中的另类，亚里士多德从政治和伦理角度对人类进行了观察。即便人类（男人）属于"政治动物"，即便他是会讲话的生物，亚里士多德也不像康德在启蒙时期那样，认为固有的尊严使人类成为特殊生物，使他们不应被当作手段或工具。人们会问，是否所有人都具有可完善性，尤其是奴隶、妇女和儿童？亚里士多德是否把他们视为人类？他认为，在家庭经济中，奴隶是个关键部件，是用来养家的"活的"生产工具。这里所说的奴隶魁梧、有力，但他是否聪明？他是否会作决策？在这方面，柏拉图在《枚农篇》中描写的奴隶至少会心算和当场回答问题：他和所有人一样，也有模糊的记忆，其灵魂能记得在彼世学过的东西。好像有些人缺少某种东西，他们的"人性"只体现在"强力"上，而不是在"行动"上。身体超重的奴隶，因涉世不深而人性不健全的儿童，体力天生不敌男子的妇女，他们能够纠正这些过错或缺陷吗？他们如何能实现其人性？

并非所有人都有权发表政治和公民言论，尽管他们都有讲话的能力。并非所有人都以同样的方式施展智慧。与物质打交道的人（奴隶、工人、匠人、农民等）没有其他选择，只能承受生命强加的法则，因为他们迫于生计，只能顾及眼前的需求。他们的劳作旨在保持私人场所，即家庭的正常运转。虽然他们和动物一样，也能感受快乐和痛苦，他们却不能享受闲暇。这种自由时间只有最优秀的人，即哲学家才配享有。他们的向往是什么？提出这个问题的不仅有时空久远的亚里士多德哲学，还有语言和文化各异的 21 世纪人类。这个问题关注大部分弱势个体的"动荡"生活，他们别无选择，只能勉强度日。只能勉强生存的人是否有尊严？

人人都应重视的东西

如何知晓固有尊严是否存在于人性中？过去和现在，无论从事何种行业，无论社会地位和身份如何，人类都不能摆脱其男人或女人的命运。这是个充满意外的、从生到死的坎坷行程。因此，寻求做人的平衡点令人想起西西弗遭推石处罚的悲惨处境。阿尔贝·加缪写道：

> 诸神为惩罚西西弗，便命他不断地把一块巨石推上山顶，而巨石又会从山顶滚下。他们不无道理地认为，无用和无望的工作是最可怕的惩罚。（1985：163）

实际上，这种努力是在社会和世界中寻求"地位"[2]，意识到自身和他人尊严的人一生都在重复这种努力。但有时，在世界地图上会存在完全被遗忘和排除在"人类"之外的"地区"，尽管那里的"人类群体"都很努力，但依然会遭到忽视，而其他地区的人则得到过多的彰显。[3]现实中是否存在不同速度的"人类"？如果把不同大陆、不同国家或一国内的生活水平和质量加以对比，不平等和不公正在各方面都是显而易见的。于是，去看看别处的人是怎样生活的，这难道不是认清自身和亲人尊严的最好体验吗？去接触未知的世界和那里的人们，这难道不是把自身的人性与他人的人性加以对照吗？正如文学著作所讲述的，要更好地了解自己就应当去了解他人。

小说家本·奥克里在《震慑诸神》中描写了一个无名无姓并寻求身份的年轻人。他曾证实自己和亲人不曾存在过：

> 没人留意他的出生，也没人留意他的母亲，所以只有她能看到他。他的家人过着快乐的生活，他们在熟悉的阳光下从事农庄劳作；他们的生活源于无形的岁月。各种色彩的时代所留下的唯有传说和丰富传统。这些传统不是文字写的，而是人们回忆中的。人们记得这些传统是因为这是他们曾经的经历。（奥克里，1998：9）

讲述者在成年后做了首次旅行，为的是看看那些因引人瞩目而存在的人。经过7年的旅行，他来到一个难以区分引人瞩目者与无影无形者的岛屿。初次体验成为一种"精神训练"[4]，还有语音引导他参观这奇怪的城市。可见性同时又是不可见性，所有身体好像都消失了，一切都是如此缺乏个性。他的眼光改变了。他不再以同样的方式看待事物了。他已经搞不清自己到了怎样的世界。读者在故事的结尾才弄懂了开头词。"最好是个无形者；当他是无形者时，他会生活得更好些，但他在当时并不了解这些。"大部分非洲人都会从这个哲学寓言般的启蒙故事中辨认出他们的历史。在这则寓言中，最根本的似乎是另一个世界、另一种文化和与他人的相遇导致的转向：发现差异，感受他人的奇特，然后返回自身价值并最终承认自己做人的尊严。

任何文化都包含有教育意义的民间故事[5]，它们早在政治话语之前便已表明个人生命的不平等和命运的特殊性，以及人类、动物和植物之间的关系。一些典型人物，如孤儿、乞丐、穷人，他们则代表着"没有来历"或不具姓名的生命，属于受到各种威胁和被人贬低的生命。这是一种与死亡博弈以求生存的生命。所以，它拥有不可估量的价值，即尊严。这种尊严会把放任自流的生命改造成行动自觉的人类。《黑心后妈》（德里夫等人，1980：73-83）的故事讲的是一个由父亲的另一个妻子收养的孤儿所受的死亡的威胁。这个后妈阴谋毒死小男孩儿。然而，故事的天地是无限的。在人类与动物、植物和各种生物和非生物同居的"神秘"社会中，各种层面的生命没有不可跨越的樊篱。人类与动物的交流也是可能的。年幼的孤儿有一条爱戴主人的狗，当他在地里忙了一整天，晚上回到村里时，这条狗便会唱着歌迎上去。只有狗和其主人能听懂它每天唱的歌。这条狗告诉孤儿后妈在哪儿放了毒药或设了陷阱，是在晚饭的盘子里，在洗澡水中，还是在别的地方。孤儿听从了狗的警告，所以他得以转危为安，让卑劣的后妈屡受挫败。然而有一天，后妈的亲生儿子掉进了他母亲布置的陷阱并一命呜呼。狠心的后妈原打算陷害孤儿，但厄运却落到了自己头上，使她亲生的儿子死于非命。歌声不是人类独有的语言，在各种自然因素与所有生物共处的世界中，歌声成为一种交流手段。动物和植物都应是人类的朋友，因为任何人都可能有难，即使是专门为仇敌设陷阱的人。在这个虚构的世界里，非人类会出于友情和互助，向无辜者和贫苦人伸出援手并挽救其生命。这种行为是否属于具有部分尊严的非人类？它们是否具有伦理意识的天赋并能区分善恶？在西非，人类与非人类之间的团结互助是一种广泛认同的想象。人们很乐于设想，捍卫人类尊严应通过重视自然环境来实现，因为各种生物和各种因素都在自然环境中享有它的地位。

不朽与尊严

由于人类生命的现实十分复杂，所以大部分哲学家应发挥其特有作用：首先是思考"应然"的启示与合理性，以及一切事物的发展目标，例如人类存在的理由；然后是思考"实然"，尽管这一领域已被另一些科学和艺术所占据。什么是人类固有的尊严？它建立的基础是什么？如何承认人类固有尊严，即便它似乎看不见？随着我们对上述问题的思考，我们的考察领域会逐步清晰起来。正因为如此，我们对若干并不明确与合理的生命层面进行了探索。文学著作向哲学伸出了援手，从而使人类的状况、人类的未来，以及人类尊严的状况（不再是观念）得到更好的叙述。经历过20世纪的哲学家，如萨特、加缪和波伏瓦对此十分清楚，他们时常通过讲述故事，引用神话和生活记述来表达对存在的想法。

不朽是人们最古老的梦想之一。西蒙娜·德·波伏瓦献给让-保罗·萨特的小说《人都是要死的》便以不朽为主题。这部小说提出的问题包括：如果人类有幸得以不朽，它是否能保持人类尊严？它不会因此而丧失人性吗？这部小说似乎涉及时间观念和时间在人类存在中的作用。其背景可用几句话来概括。雷蒙·福斯卡是14世纪的一位意大利王子，他的梦想是其城邦卡莫纳变得强大无比。一些意外事件让他路遇一个穷人，此人持有一件宝物：一个装着长生不老药的满是灰尘的瓶子。福斯卡试着给老鼠喝了几滴药水。它先是死去，然后又活了过来。他知道自己找到了想要的东西，即摆脱死亡的最有效有段。他并不知晓以后会发生什么。他喝下了整瓶药水，然后便从一个国家到另一个国家，从一个世纪到另一个世纪地虚度光阴。这使他越来越感到失望。一百多页的开场白引发出一些根本性问题。20世纪，福斯卡离开生活了30年的避难所并来到法国。他是否得了失忆症或某种精神病？他遇到了一个名叫雷吉娜的女演员。她第一次见到的福斯卡与任何人都不一样："那里的男人躺在一架躺椅上，他像个苦行僧一样纹丝不动。他每天早上都待在那里，既不阅读也不睡觉，而且不和任何人说话；他睁大眼睛盯着天空；从清晨到夜晚，他始终卧在草地上，一动也不动。"（波伏瓦，1974：21）福斯卡不从事任何活动，也不吃饭……他是否看到了在他身边生活的其他人？他似乎丧失了一切感受性。但是，他的记忆充满了无限的往事，他不敢想象自己将是地球上最后一个人，与他相伴的将是一只同样永生不死的老鼠。雷吉娜试图把他拉回到"时间"中，让他返回人类生活的现实：吃饭，喝水，做爱，但她未能如愿。他无疑是一个人间神灵，与她这个女人毫无共同之处。当福斯卡讲完了他无尽的漫长生活后，雷吉娜完全崩溃了："她用双手捂着嘴，低下头，她彻底认输了；虽然不乏厌恶和恐惧，即便一生变为蚊蝇、泡沫和蚂蚁她都能接受。"（出处同上：530）尽管她的人性被化为乌有，但她却比任何时候都是不可确定和注定死亡的生命。她意识到了这一点，并知道自己和福斯卡的"状况"截然不同。她知道自己近乎微不足道，并对自身的尊严有一种悲剧感。

有尊严的生与死

如今的世界暴力剧增,死亡成为常见现象。战争和自然灾害导致死尸遍布街头。"幸存者们"遭受的创伤可想而知。当持续的创伤损害他们的身体时,他们的固有尊严也受到伤害。但是,我们在不同程度上都属于幸存者。对人们造成伤害的并非只有紧急状况、自然灾害和流血战争。只需关注一下地球上大部分居民的生活状况便会坚信这一点。[6]

另外,打乱世界秩序的事件还包括移民危机,对该危机的管理主要在伦理方面提出了挑战。在渡海过程中,移民像牲畜一样拥挤在简易小船中,这种骇人的非人道场面令人不禁要问,移民的权利和义务在哪里?他们的尊严在哪里?让人体永远安息的地方或许并不存在,海洋开始成为数千无名氏的共同坟场。在数百年的穿越大西洋中,海洋曾经是奴隶们的坟场,如今它又成为移民的坟场。他们离开家园以寻求更好的生活,却成为一种商业制度的囚徒。这种制度从一开始便被无法无天的人贩子所操纵。

然而,在某些文化,尤其是非洲移民的本地文化中,一个人的尊严只有当他死去时才显现出来,为的是伴随他去另一个世界,而这个世界与生者相隔并不远。我们知道,在科特迪瓦等非洲国家,死者受到的尊重极大,有时会超过生者;"死得有尊严"是人们一生牢记的名言。何谓"死得有尊严"?这在很多方面似乎比"活得有尊严"更为重要。

我们在葬礼上会看到相互依存是如何围绕死亡起作用的。[7]这种相互依存无疑是反常的,众人来帮助死者家属当然是出于他们对共同命运的回忆,但这其中还有其他因素,如死者的社会地位以及由此产生的"尊严"。所以,死亡和葬礼也揭示出社会不平等。有理由相信,从这一角度看,死者之间是不平等的。死者的尊严与其生前的社会地位相关,所以这是一种政治和社会尊严。死者的财产数量、高尚程度和名望大小也在考量之中。这就像古罗马人所设想的"尊严"观念,只是那些凭借官职和地位获得尊严和尊重的人在死后变得更高尚和更尊贵了。

然而,这并不意味着一生潦倒的穷人便会死得没有尊严。恰恰相反,因为从另一方面讲,"死得有尊严"并非单指地位显赫的富人和显要所享有的荣誉和尊重。民间所说的"死得有尊严"是指死亡有不同的方式,有人道的死亡,也有伦理上不可接受的非人道死亡。关于自杀,加缪曾指出:"只有一个真正严肃的哲学问题,即自杀。判断生命是否值得保留,这是对哲学基本问题做出回答。"(加缪,1985:17)

无论穷人还是富人,不终结自己的生命,死前不受非人道和耻辱性治疗,这就是在死时保持了固有尊严。根据这一观点,穷人和富人的尸体同样尊贵,即便他们因社会地位不同而葬在不同的墓地。

固有的尊严,矛盾的观念

如果像许多哲学家所认为的,人类是可完善的动物,那么教育便是实现可完善性的关键。这种思想也被纳入了非洲启蒙学校的框架。受过教育的人更有能力借助所学的文化和知识来捍卫其固有尊严,并由此保护自身的人性。然而,可完善性还包括享有过更好生活,始终拥有良好身心的个人自由。从可完善性的观念发展出了关于人类的当代观念。这种人类得以加强和修复,能够抗拒疾病、衰老乃至死亡。[8]在想象最崇高的存在方面,不朽的古老梦想再度出现。一个人的幸福是否建立在长寿和强化的生活之上?然而幸福并不等同于尊严。除了关于幸福和不朽的梦想外,笛卡尔在17世纪提出的另一种梦想似乎正在实现:人类拥有和掌控经其创造和改造的本性。对人类和所有生物来说,世界"人类化"的后果是不可估量的。这会使人类享有更崇高的生命吗?然而,梦想在不断增加,因为人类完全清楚知识、科学和技术的现状,尽管它们有时触犯了人类伦理的底线。然而,我们是否能够摆脱人类状况?

人类状况不就是死亡、衰老、疾病,以及所有意外痛苦和不幸吗?实际上,我认为有意义的正是"损伤"、缺乏和丧失造成的条件,尽管有能力的人试图从外部"修复"其身体,以便保持体面和受人尊敬。这难道不是在填补缺陷[9],与死亡和岁月斗智吗?这是因为,即便你在生活中享有尊严和社会尊重,你的个人生活并非全是"美""好""顺"。而贫苦人同样可以实现自我重建,只要他能借助其"外部资源",这种含糊说法只有加上确切内容才会有意义。

在人类生命的微观世界中,"恶"显然并未消失。因此,我把事件造成的损害称为"创伤",这些事件严重影响了人类的身体和能力,减低了他们思想和行动的自由。人类是一种"易受伤害的"动物。人类一生的进程可能会转向,会在人们不知情的条件下,因生活中意外发生的缺陷、伤害或恶行而时来运转或开始倒霉。讲各种语言的人都会将此说成是"内力"。因为我们都很清楚,影响个人生命的第一缺陷就是岁月流逝。如何在时光流逝的悲情面前保持尊严和自重?如何才能抗拒时间的控制?

而在身体和精神遭受严重打击后依然拒不沉沦,这就是再度点燃希望和紧紧抓住面临严重考验的生命。这样,我们便进入到"适应"状态,正如鲍里斯·希鲁尔尼克所说:

> ……适应是个自然过程:我们在特定时刻的状况必须符合当时的生态、情感和言语环境。一种环境坏了,一切都将崩溃;有了新的支撑,建造便会继续。(2009:13)

人人具有的适应能力难道不属于捍卫尊严的手段吗?受伤者在适应过程中恢复,这证实了我们已知的事实:人类在生物性死亡之前,其生命不会消亡。如果说除了动物的生存本能外,人类还拥有保护生命和尊严的意识和道德感,那么他人的生命和尊严又当如何?由于事情不是那样简单,我们还有不少困难需要克服。让-弗朗索瓦·马太曾说:"我们看到,把尊严视为意识的直接成果是虚幻的想法,我们的意识只能基于人类是人的事实。大量历史经验表明了这一点。"(马太,2012:39)

另一种困难的出现值得关注。如果说人道和人类尊严已成为价值标准,从想象表征的角度看,它们却依然受到威胁。在不参照任何科学技术的情况下,人们难道不会感到自己丢了面子,或在他人眼中有失尊严吗?我们对自身和他人的表象一有机会便会起作用。实际上,一个人的眼光能把另一个人变为动物或物品……并给予相应的对待。对某人冠以污名不就是旨在改变或诋毁其人格吗?正如让-弗朗索瓦·马太所说:

> 人们之所以千方百计地虐待、侮辱和诋毁他人,就因为他们是人类。

无论人性如何难以和不可能确定，当有人无端攻击他人时，这都是对人性的嘲弄。（2012：31）

因此，应当继续开展有关人类尊严的讨论，并使所有人都认清以下现象：由于是人类，所以要被"粉碎"和消灭。我可以援引世界著名的毕加索巨型油画《格尔尼卡》，以及我祖母讲述的故事。这些故事令我颇有感触，因为它们谈到了人类相互实施的恶行。

我所称的"生命"也可被视为"人化过程"，或一种生物逐步脱离其他生物并在地球占据主导地位的自然转化史。这也是德日进大力阐述的思想（1981）。一种生物意识到自己与其他生物不同。这意味着人类享有尊严，而其他生物则不然。根据这种观点，生物在尊严方面无平等可言。生命在社会和世界的经历表明，尽管人类有了语言、理性、意识、伦理感和千百年积累的文化，他们身上依然有非人性的一面。所以，漫长的人化过程是否达到了完美的人性化结果？人类身上具有非人性一面是否可控？人们是否能减少它对个人和人类的损害？这一系列问题都有待解答。我们在把人类尊严看作固有尊严时会遇到重重困难。在我看来，辩论的焦点是明确的：应当从思想和行动上为我们和子孙后代建造一个"宜居世界"。

Tanella BONI: QU'EST-CE QU'UNE VIE DIGNE?
(*DIOGÈNE*, No. 253, 2016)

注：

[1] 当然，普罗提诺也有这种思想（《九章集》，I，6）。

[2] 地位一词涉及"我们在哪里？"的问题，因为我认为，"我们是谁？"这个问题不足以确切思考人类。

[3] 我这里所说的"彰显"是指所有表现和促成我们在世界真实存在的行为：完全自由的言论和行动、对科学和知识的分享、对我们语言和创造的关注，也就是造就我们在世界上的地位并使我们成为人类的所有特征。

[4] 这种说法来自皮埃尔·阿多。

[5] 我首先想到的是口传故事。涉及同一个典型人物的故事会有多种版本，例如一个可怜的孤儿既聪明又有计谋，他识破了"狠心的后妈"和家里其他成员设置的种种陷阱，成功地捍卫了自己的尊严。

[6] 参见乐施会2016年1月18日的报告《为1%人服务的经济》："世界性的不平等危机达到了新的程度。1%最富有者拥有的财富开始超过99%其他人的所有财富。他们利用自己的权力和特权扭曲经济模式，并扩大他们与其他民众之间的鸿沟。一个世界性的避税天堂网使最富有的人藏匿了76000亿美元。如果不解决不平等的危机，反贫困的斗争便是徒劳的。"（oxfam.org/fr/rapports/une-econo-mie-au-service-des-1）

[7] 请参见博尼所说的话（2011）。

[8] 例如，在美国有若干企业实行低温活体保存，即将一些人的尸体保存在超低温环境下，以期他们将来能死而复生。

[9] 这里涉及对整容手术、整形医学、消除面目皱纹和身体其他岁月痕迹等做法的思考。人们是否能够修复岁月造成的损伤？而且，当人们生活不稳定时，想这样做还需有能力才行。

参考文献：

阿甘本, G., Agamben, G. (2006) *L'Ouvert. De l'homme et de l'animal*, trad. de l'italien par J. Gayraud, Paris: Rivages。

阿伦特, H., Arendt, H. (2003) *Condition de l'homme moderne*, trad. de l'anglais par G. Fradier, Paris: Pocket。

亚里士多德, Aristote (2008) *Éthique à Nicomaque*, éd. R. Bodéüs, Paris: Flammarion。

亚里士多德, Aristote (2010) *Traité de l'âme*, trad. par J. Tricot, Paris: Vrin。

波伏瓦, S. de, Beauvoir, S. de (1974) *Tous les hommes sont mortels*, Paris: Gallimard。

博尼, T., Boni, T. (2011) 《Solidarité et insécurité humaine: penser la solidarité depuis l'Afrique》, *Diogène*, 235-236: 95-108。

加缪, A., Camus, A. (1985) *Le Mythe de Sisyphe: essai sur l'absurde*, Paris: Gallimard。

凯拉, O., Cayla, O. (2003) 《La dignité humaine: le plus flou des concepts》, *Le Monde*, 31 janvier。

希鲁尔尼克, B., Cyrulnik, B. (2009) *Un merveilleux malheur*, Paris: Odile Jacob。

德里夫, J. 等人（主编）, Derive, J. et al., éds (1980) *Ntalen jula. Contes dioula*, Abidjan: CEDA。

菲亚特, É., Fiat, É. (2012) *Petit traité de dignité*, Paris: Larousse。

康德, E., Kant, E. (2016) *Fondements de la Métaphysique des Mœurs*, traduction de V. Delbos, revue par A. Philonenko, Paris: Le Livre de Poche。

马太, J.-F., Mattéi, J.-F. (2012) *L'Homme indigné*, Paris: Cerf。

奥克里, B., Okri, B. (1998) *Étonner les dieux*, trad. de l'anglais par J. Guiloineau, Paris: Seuil。

帕斯卡尔, B., Pascal, B. (2012) *Pensées*, Paris: Flammarion。

柏拉图, Platon (2016), *Protagoras, Euthydème, Gorgias, Ménexène, Ménon, Cratyle*, trad. du grec par É. Chambry, Paris: Flammarion。

马尼亚尔, P., Magnard, P. (2011) *Questions à l'humanisme*, Paris: Cerf。

皮科·德拉·米兰多拉, J., Pic de la Mirandole, J. (1993) *De la dignité de l'homme*, trad. du latin par Y. Hersant, Combas: Éditions de l'Éclat。

德日进, Teilhard de Chardin, P. (1981) *La Place de l'homme dans la nature*, Paris: Albin Michel。

沃姆斯, F., Worms, F. (2013) *La Vie qui unit et qui sépare*, Paris: Payotet Rivages。

尊严与参与

穆罕默德·萨瓦多哥　著
彭姝祎　译

尊严与"参与"之间的联系乍看之下似乎并没有什么惊人之处，但是细品起来却很微妙。首先，尊严指的是个人、个体的品质，"参与"则意味着个人投入一项集体事业。就算经验证明投身某项活动的人同样表现出了诸如诚实和正直等德性，那么问题在于，在"参与"与尊严感之间是否存在某种内在的联系。尊严感是否会导致"参与"？还是毋宁说是参与在前，而后才催生出尊严感？这便是我们想在下文探讨的几个基本问题。

* * *

为刚刚提出的基本问题找到一个答案似乎并不是太难。显然尊严与参与之间没有必然联系。首先，"参与"指投身于某项事业，意味着参与旨在捍卫这项事业的行动。这促使个人和其他个体建立联系，以便启动一个项目，甚至将一个想法付诸行动。参与的方式根据所追求的目标和由此所引发的组织方式的不同而千姿百态、各色各样。比如，我们可以区别对非政府组织和工会或政党的参与。在同一类组织，比如以征服和行使政治权力为目的的政党中，还有可能进一步分裂为协议方和反对方。在这些区别之外（本文没有必要停在这点上），我们尤其要记住一点，即对既定的社会群体而言，"参与"始终是发出自己的声音和伸张自己权利的手段。"参与"形成了被统治者和统治者、下层和上层的对立。它意味着，不是所有人都拥有同样的权利，人分为特权者和被遗忘者。社会地位的这种分化——它导致了参与——在考量尊严时受到了质疑。

参与是一个企图制造分裂的过程，而肯定尊严，则是试图超越人们在社会状况上的对立、将人们调和。尊严意味着超越社会状况、性别、文化或意识形态等差异的、对所有人一视同仁的超验价值。在这一至高无上的价值面前，人类的所有其他目的都被视作可退居二位。如果人类追求的每一个目的都能够变成实现超越该目的的其他目的的手段，能够用于交换其他物体，那么尊严则是把人类境况置于一切其他目的之上的、至高无上的原则。作为追求所有其他价值的价值和前提，尊严是不能够用来交换其他目的的。正如康德及随后的德科宁克等当代著者所揭示的，尊严的保持是无价的。尊严是用以表达人类生命的神圣性的价值。

尊严至高无上的价值受到了所有文化的认可。此外，尊严在人类历史上的所有重要时代都一再被申明。譬如早在康德之前，大的一神论教的奠基文本就宣称了"人的生命"的绝对价值原则，并禁止谋杀，视之为罪恶。今天，这项已彻底丧失宗教参照的原则在1848年《世界人权宣言》的头条得到了申明，并在各种地区性的人权文本中得到了重申。从此以后，人类的尊严意识传遍全球，它不是某一类分享同一宗教或属于同一政治派别的人的特权，而是所有社会都必须认可的事实。

在上述前提下，显然尊严不能被视作因某种特殊态度而获得的德性。人无论贫富贵贱、失业在职，无论是贩夫走卒还是达官显贵，在尊严面前从一开始便一律平等。此外，我们还应该为最弱势的群体、被统治者和穷困群体伸张尊严，以避免为尊严的获得及物质财富的拥有设立门槛。一个人由于自身的脆弱性本身，需要周边的人给予更多的关注，需免遭抛弃与歧视。乞丐、寡妇和孤儿等群体，时刻提醒我们跳出贫困，不用社会地位来衡量一个人的价值。尊严的给予先于改善生活条件的所有努力，无论是个体生活还是集体生活。所以，谈"参与"并不意味着必然涉及尊严。尊严不是指某一类要采取的行动，它是超越所有行动计划的明摆着的事实，所以要明确区分尊严和参与。

* * *

如果最后这点观察能为我们在尊严和参与的关系问题上的论述赢得某种

坚定立场的话，那么该立场是不可动摇的吗？是否应该区分对尊严的申明和对尊严的践行？在人与人之间的关系中，申明尊严究竟意味着什么？

该问题伴随着下列观察：每一个人对尊严的宣称并不能阻止统治、操控甚至剥削关系的发生。坚信尊严面前人人平等并未阻止人们为获得特权，甚至积累有形的和象征性的财富而相互竞争。然而这种竞争并非时刻遵守"透明、公开和为所有人所接受的"原则，它并不是以机会平等为前提，而机会平等提供的是纯粹理性的选择。相反，它意味着歪曲、操纵、从事不法行为甚至犯罪。概言之，来自社会生活的特权往往经由损害人的尊严而获得。为了生存或提升社会等级，个体被迫出售劳动力或甚而至于其身体。其他人则购买同胞的技能，对之讨价还价，以便不断从中获利。在这种竞争中，人往往最终被自己的同胞变成了工具甚至商品。所以，尊严是一种难以保有的财富，鲜有人拥有尊严。捍卫尊严、避免沦为任由其他人支配的工具或商品便成了莫大的特权。毫不夸张地说，获得并保有这类特权成了人与人之间关系的主要利害所在。

人不是抽象的、一经建立联系就永不改变的实体。人有社会地位，有或轻或重的职位。某些地位或职位比另外一些更"值钱"，能带来沦为某些人特权的便利与好处。导致这种差异的动机并未都得到公认，其合理合法性也未都得到证明。为赢得统治地位而进行的竞争颠覆了道德和法律规范本身。正如卡尔·马克思所敏锐观察到的，这是一场斗争，胜者把他们的阴谋诡计树立为规范。所以把他人变成工具或商品的做法最终会在法律和道德两个层面都得到证成。通过人权宣言或宗教启示来伸张人类的基本尊严并未阻止一个社会准许劳动力或人体的商品化。

不过，出售体力或身体者显然无法和购买者追求同等的尊严。毫无疑问，处在买方位置比卖方位置有更多的施展身手的机会。所以重点在于要成功具备获得独立或自由的条件，不要被迫将才华或技能卖作商品，从而陷入屈辱的生活。如果没有彻底的自由，就要争取以足够高的价格来出售才华，以便尽可能地解决生计问题。反过来，能靠劳动谋生并凭工资解决生计的人，即便以出售自己为生，也比无法自立者值得尊敬。

正如我们所见，尊严可划分为若干层级：每一个群体或个人都在努力争取最高一级的、象征独立和自由的尊严。事实证明，在这一过程中，每个人的财富，无论是来自遗产、工资、剥削他人或是偷窃，是最基本的，它构成了尊严的基本前提。所以，社会团体中的个人和社会团体本身都在努力扩大财富、增加资源。尊严是一个需要物质条件来保证的挑战。尊严的象征意义有相应的物质根基，否则尊严便毫无意义。无价、凌驾于所有商品关系之上意味着能够自力更生，自给自足，在生活上不依靠任何人。

要获得这样的自主性就要求我们动员起来，改善最贫困者的命运，改变最贫困的社会类别——即那些无法以劳动谋生，或者甚至无法找到工作从而保障基本生存所需的成员——的生存条件。尊重这些社会类别的成员的尊严首先要求帮助他们获得一份更好的劳动报酬，甚至是一份工作。尊严的象征价值有着不可或缺的、卫道士们耻于谈论的物质内容。只有重视尊严的物质内容，我们才能理解，尊严并不是需要给予一个人的、其意识深处的命令，而是向人类社会发出的挑战。尊严所构成的挑战要通过集体动员来克服。它要求人们挽手并肩，共同要求对社会生活中的利益进行再分配，共同伸张人类关系的公平正义，特别是涉及物质生产和交换关系时。

事实证明，只有围绕上述目标，采用集体手段，由有关机构提供培训并采取集体行动，方能有效捍卫尊严。仅仅通过文本来申明尊严并不足以使被统治者获得尊严，尽管文本是神圣不可侵犯的。只有通过集体动员，强推改革，改善自主能力差者的生活条件，才能给捍卫尊严添加实质性的内容。换言之，对尊严的捍卫主要依靠集体参与而非个人努力。集体参与是捍卫尊严的主要手段。尊严和以共同事业为核心的参与相辅相成，互相支撑。尊严归根结底是参与的终极挑战。

* * *

这种范式的改变有助于我们从一个新角度来理解尊严与参与的关系，从这个角度来看，两者不是分裂甚至对立模式，而是相互关联。不过，这样一种进路需要做出进一步的阐明：参与只是通向某个目的即尊严的简单途径吗？除参与外，人们能否经由其他途径达到该目的？只把参与看作保障尊严的手段之一是很诱人的，实际上，就算人们不参与集体斗争，也能感受到尊严，特别是当集体斗争的目的是追求物质利益时。尊严感似乎要求人们与物质财富保持一定的距离和高度。

不过，要避免把尊严和禁欲主义或与绝世孤立联系在一起。显然，禁欲主义宣传的是如下美德，保护信徒免遭把才华、能力或者身体商品化的诱惑。它教导个人保护自身无论在肉体还是精神层面的完整性。禁欲苦行使人超越贪腐，升华为尊严，但升华的代价格外高昂，这意味着脱离社会生活，并产生极度清心寡欲、等待上帝挑选的感觉。禁欲者不再是和他人一样的人，他成为上帝的宠儿并由此拉开了和同类的距离。就算恩宠来自某种所谓的超能力或假设的内在力量，它还是造成了某种无法被大多数人所分享的能力。而尊严应被视作一种精神状态，一种所有人都能够享有的方式。如果把尊严归结为个别人通过不为人知或不为人所拥有的手段而占有的特权，则无异于又回到了现代社会在巨大的社会动荡后通过出台人权宣言而抛弃了的人道观。

通过梳理人权宣言史，我们可以清楚地看到人类尊严意识的发展和社会运动的联系。这些宣言通常都出自为反对社会不公而进行的激烈斗争，是追求一个更加公平的、能够更好地分配集体生活成果的世界的结果。所以"参与"伴随着对人类尊严意识的肯定，不过，人类的尊严意识并非参与的外在目的，并非与参与所追求的目标不相干。参与的方式导致并提升了尊严意识。和其他穷人拉手抱团、共同捍卫一项事业的穷人学习了发展积极的自我认识。当他遭到社会排斥、歧视和被边缘化时，他所在的战斗群组就会赋予他某个角色，给予他一项任务，而对任务的完成能为他带来自尊。这种经由和他人打交道而产生的自尊为他践行尊严做好了准备。

有尊严意味着有"希望值点什么"的感觉，不愿意在他人眼中一文不值。参与集体行动会获得为某事出一份力、为某个目标做贡献的感觉，其所得超越了集体目标。换言之，积极性能使个人发现自己的社会重要性。活动分子不是一文不值，他是一个某项事业经由他而得到捍卫、某项积极的事物经由他而得到实现的人。积极分子获得的自尊随着来自他人的敬意的增加而不断深化。表现得体、可尊可敬始终会赢得对话者的尊敬。在一个可敬的合作伙伴面前，必须言行得体、克己复礼，以免被人耻笑。尊严呼唤正直，呼唤与合作伙伴自由达成协议的意愿，而不是企图操控别人。在以捍卫某项事业为宗旨的团体中参与集体工作的经验会教人品行端正，教人为实现目标而和别人合作并弄清自己的角色，教人对自己的行为负责并勇于承担后果。

这种为自身行为负责的能力是尊严态度的构成维度。正如人们所言，保持尊严意味着不逃避责任，接受失败所带来的后果。一个承认罪行的罪犯比一个以撒谎来逃避制裁的罪犯值得尊敬。有尊严的态度能在多大程度上促使人们承担错误，就能在多大程度上鼓励人们享受成功。尊严的维护靠的不仅仅是不幸或失误，更是快乐、胜利和成功。为完成一项计划而加入一个群组，无论是非政府组织、公民社会组织（OSC）、工会或政党，就要准备分享相关责任。众所周知，只有有组织的力量、社会运动方能强推社会变化、改革，从而改变社会关系。而个人无论有多大的影响力，除非能够充分激发起周边人的集体活力，否则都无法在社会斗争中发挥有效作用。能凸显个人价值并带来特殊尊严意识的领导地位来自通过集体活动和他人分享创意。概言之，集体行动经验有助于个人在尊严意识的所有重要层面都获得提升。

总之，需谨记，尊严不是"参与"的外在目标，而是由各个层面的参与印证了的价值。后者是克服社会歧视的灵丹妙药。慷慨的承认不会给接受者带来荣耀，因为它没有让接受者做好放弃依赖的准备。当然慷慨或恩惠会给施与者带来荣耀，但它无助于给穷人以尊严。个人的努力确实不足以获得尊严，尊严是需要通过集体斗争方式来实现的理想。只有与形形色色的社会不公做斗争，方能既在主观又在客观、既在物质又在象征层面为尊严的践行创造条件。在社会不公大行其道之处，尊严只对少数人有意义。只有为争取更多的正义而参与行动，才能扩大人们的尊严意识。一言以蔽之，尊严和参与是不可分割的。

Mahamadé SAVADOGO: DIGNITÉ ET ENGAGEMENT

(*DIOGÈNE*, No. 253, 2016)

参考文献：

阿尔当, A., Ardant, A. (1993) *Textes sur les droits de l'homme*, Paris: Puf。

布洛克, E., Bloch, E. (1976) *Droit naturel et dignité humaine*, Paris: Payot。

奥内特, A., Honneth, A. (2000) *La Lutte pour la reconnaissance*, Paris: Cerf。

奥内特, A., Honneth, A. (2008) *La Réification. Petit traité de théorie critique*, Paris: Gallimard。

康德, E., Kant, E. (1982) *Fondements de la métaphysique des moeurs*, traduction V. Delbos, Paris: Delagrave。

德科宁克, T., De Koninck, T. (1995) *De la Dignité humaine*, Paris: Puf。

雷诺, E., Renault, E. (2000) *Le Mépris social. Éthique et politique de la reconnaissance*, Bègles: Le Passant。

马克思, K. 和恩格斯, F., Marx, K. et Engels, F. (1965) *Manifeste du Parti communiste*, in *Oeuvres: Economie I*, Paris: Gallimard。

萨瓦多哥, M., Savadogo, M. (2008) *Pour une éthique de l'engagement*, Namur: Presses universitaires de Namur。

萨瓦多哥, M., Savadogo, M. (2012) *Penser l'engagement*, Paris: L'Harmattan。

论尊严观念的正确使用

彼得·肯普　著

贺慧玲　译

在哲学史上，作为德性的尊严观念被罗马哲学家西塞罗（公元前106—公元前43年）借用到政治语言中，并应用于伦理领域。亚里士多德也谈到"有尊严的"生物，但在他的观念中，人的尊严与有价值的物品毫无二致。然而，西塞罗扩充了"dignitas"概念（原义指一个罗马法官，如古罗马的元老院议员的专属品质）并将其归纳为人的本性。因此，尊严概念成了一种道德、法律和政治观念。正如丹麦哲学家 A. M. 勒贝克（2009：46）所言，当时在西塞罗那里，尊严指"要求尊重和荣誉的人类的品质"。

因而尊严表达了在道德和政治层面应获尊重和承认的东西。西塞罗的《论义务》一书秉持这种尊严观念。的确，《论义务》仅一处使用了人的尊严（dignitas humana）表述，但是是在论述人类掌控激情的能力这一基本点时使用了该表述。实际上，在西塞罗那里，有尊严的乃是人的本性，即便首先是政治负责人被要求是有尊严的。这种观点因而包含两种截然不同甚至相互对立的观念：一是作为掌权者的专属品质的尊严，二是作为每个人所具备的自律性的表述的尊严。

霍布斯的尊严与权力

我们首先探讨作为掌权者的禀赋的尊严概念。托马斯·霍布斯在其1651年出版的名著《利维坦》中探讨了尊严概念。在该书第一部分的第10章——"论权力、身价、尊严、荣誉及资格"中，霍布斯简明地阐释了他对尊严的定义，为此他借助其他两个概念，即个体的权力以及源自对这种权力的承认的身价。

事实上，霍布斯强调"一般称之为尊严的"即"一个人在公众中的身价，也就是国家赋予他们的身价"（2002：79）。这种"由国家赋予的"身价"要通过发号施令、裁断诉讼、公共职务等职位来估定"（出处同上）。他所谈论的身价乃是人的身价，它"正像所有其他东西的价值一样就是他的价格；也就是使用他的力量时，将付与他多少"（出处同上）。

霍布斯因而将尊严视为人们根据个体所掌握的权力而赋予其某种珍贵的东西。而人的权力普遍讲来，就是"一个人取得某种未来具体利益的现有手段"（出处同上：77）。

霍布斯要么将权力视为"原始的"，要么将其视为"获得的"。"原始的"权力是"身心官能的优越性，如与众不同的膂力、仪容、慎虑、技艺、口才、慷慨大度和高贵的出身等等都是"（出处同上）。"获得的"权力是"来自上述诸种优越性或来自幸运并以之作为取得更多优势的手段或工具的权力，如财富、名誉、朋友以及上帝暗中的神助（即人们所谓的好运）等都是"（出处同上）。对霍布斯来说，所有这些意味着"在这方面权力的性质就像名誉一样，愈发展愈大；也像重物体的运动，愈走得远愈快"（出处同上）。

同样，霍布斯强调，"人类权力中最大的，是大多数人根据自愿同意的原则联合起来，把自身的权力总合在一个自然人或社会法人身上的权力，这种自然人或法人有时是根据自己的意志运用全体的权力"（出处同上）。对霍布斯来说，所有这些意味着"权力的性质"（出处同上）。换言之，最大的权力属于治国者。他补充道："拥有仆人是权力，拥有朋友也是权力，因为这些都是联合起来的力量。"（出处同上：78）因此，尊严等同于统治他人的人，即掌权者。

康德的尊严和当今的尊严

伊曼努尔·康德捍卫完全另一种观念：他认为，是思考能力（无论是理论理性、实践理性或判断理性）将尊严赋予人类。霍布斯强调尊严是某种具有价值的东西，而康德与霍布斯相反，在价值和尊严之间做了彻底区分。康德宣称："目的王国中的一切，或者有价值，或者有尊严。一个有价值的东西能被其他东西所代替,这是等价;与此相反,超越于一切价值之上,没有等价物可替代,才是尊严。"(《道德形而上学原理》,301[AA:434])

然而,康德认为,人确立道德法则的能力使得人类的尊严得到承认。这种法则通过绝对命令表达出来,其中主要的命令禁止将一个理性的存在像工具那样对待,而是要求我们始终将理性的存在尊为自在目的;道德法则并非一种天然的事实,而是"一种理性的事实"。道德法则因而只属于一种存在,这种存在不具有相对和外在价值(如一个事物),而是具有一种绝对和内在的价值。因此,康德认为,赋予每个个体以尊严的是其固有的人性以及自主思考力,而非其对其同类的权力(在霍布斯那里)。

这种尊严观念今天在医学伦理学上使用,指称在临床诊治和实验中值得尊重和保护的东西。1989年,丹麦医学会(Lœgeforeningen)通过的医学伦理准则规定"任何履职医生在任何情况下都应该尊重患者的个人尊严和完整性"(第2节)。

自第二次世界大战以来,尊严概念在人权宣言的起草和制定中发挥了主要作用。1946年的《联合国宪章》宣称联合国民众对"基本人权、人的尊严和价值"的信奉,1948年《世界人权宣言》在其序言中断言,"鉴于对人类家庭所有成员的固有尊严及其平等的和不移的权利的承认,乃是世界自由、正义与和平的基础",该宣言的第1条强调:"人人生而自由,在尊严和权利上一律平等。"

20世纪制定的诸多新宪法规定了对尊严的尊重(勒贝克,2009:121),其中最早的当属德国1949年5月宪法,该宪法规定:"人之尊严不可侵犯,尊重及保护此项尊严为所有国家机关之义务。"(出处同上:124)然而,这种对宪法规定的尊严的参照并不总是能阻止国家成为镇压性的,比如巴蒂斯塔将军时期的古巴和佛朗哥时期的西班牙。原因可能是尊严概念的模棱两可,因为霍布斯意义上的尊严可以用来证成某些镇压政策,所以尊严并非充当国家善治的唯一指南。尊严要实现其功能,应该结合其他元政治准则。

自律性与尊严

康德很好地看到了自律性。他认为，尊严与个体的"自律性"观念相关。这种自律性代表了"人和任何理性本性的尊严的根据"（《道德形而上学原理》：303〔AA：436〕）。康德将对人的尊严的尊重（Achtung）植根于对每个人的自律性的尊重，与此同时，他排除了任何借助尊严概念证成政治压迫的可能性，并阐发了其共和国观念（用当代术语来讲即为民主），将其视为所有公民的共同决定因素。

这提出一个敏感问题：对自律性的尊重足以说明向残障人士的保护和帮助的理由？我们能简单地将尊严等同于自律性吗，就像康德所做的那样？值得一提的是，斯多葛派将贤良生活与人类尊严相连，塞内克（《致卢西鲁斯的信》，LXXI）首次对外在财富的价格与幸福生活的尊严进行了区分。然而，当自律性扎根于人类对其专有的理性本性及对其隶属于宇宙中的逻各斯的尊重时，尊严一下子就被定性为"一种社会事实"（勒贝克，1998：3）。甚至在亚里士多德那里，尊严并不仅仅是人类专属的，他将尊严描述为一种得到社会承认的德性。

所以，从源头上讲，尊严似乎关系到其他人，而恰恰相反的是，自律性指涉每个人自身。总之，尊严被视为个体固有的一种德性，或者被纳入人的根本品质，尊严往往与强者相随，而非弱者。如何谈论新生儿、无能力者、老年人、精神残疾者和重病个体的尊严？推翻康德式的尊严和自律性关系，通过尊严来解读自律性，而非通过自律性来解读尊严，这种进路仍显不够。要表明弱者的尊严，我们应该将尊严和另一项准则即自律性准则挂钩。

完整性

另一个补充性准则是完整性，今天它是医学伦理和生物伦理的核心，因为人们认为，不侵犯有生命的生物的完整性，这是主要的。因此，世界医学协会发布的《赫尔辛基宣言》规定，在医学研究中，"主体保护其完整性的权利始终应得到尊重"（第21条），该宣言明确说，"应采取一切措施来尊重主体的私生活、相关数据的保密，并限制对其身体和心理平衡的冲击……"

（出处同上）。

拉丁语 intêgêr 一词源自动词 tagêre 或 tangĕre（碰触）及表示否定意义的前缀 in-。从字面上说，完整性意味着"未被触碰、损害或变更的东西"，因而相反意味着应被尊重和保护。完整性还指涉一种需得到保护的整体性和凝聚力。如果说完整性被理解为一种德性的话，那么它关涉某人个性的真挚性和可靠性：例如，使命在于在宣判时尊重法律规则的法官的诚信，任务在于评判学生作业的教授的诚信，要给病患开处方的医生的诚信，以及应该与其对选民所做承诺一致地行动的政治负责人。在上述所有情况下，诚信是众望所归的，但也可能是缺失的。

自律性、尊严和完整性代表了人类生活不应被操纵或侵犯的根本方面。它们不仅为患者的物质生活而且特别是其生活的叙事的和社会的整体性带来了其关联性（德语的 Lebenszusammenhang），这种整体性的创建是通过对其存在轨迹中事件的记忆，是通过对与其他人在社会空间中分享的生活轨迹的诠释。生活叙事和生命故事中的空间的和叙事的关联性乃是患者信念、重点、期待和希望的基石。

脆弱性

对医学领域的参照有助于我们理解当涉及保护弱者时为何完整性准则应该加在尊严准则之上。然而，在保护人们想保存的东西时，该准则经常被提及。因此，当关于人类克隆的论战如火如荼地进行时，一个研究小组公开宣称，禁止克隆将是对科研完整性的侵犯。因此，完整性只有在一个生命是脆弱的情况下才与生命相关。

脆弱性准则是一个现代概念，与完整性概念有细微联系：脆弱性准则表明了考虑一种纯洁的、未受保护的整体性的脆弱性的意愿。但脆弱性概念并不局限于不愠不火地描述人类状况；它同样具有一种规范作用，引入了针对现代技术世界中的人类存在所具有的生物的、社会的和文化的脆弱性的关切、关怀观念。

对尊严的尊重建立在对自律性、完整性和脆弱性的尊重之上。这四项伦理准则相互接合，以构建一种统一的和连贯的实践理性，可以引导医学领域和公共空间中的人类行动。孤立地考虑这些准则中的某一个尚不足以开展一种元政治的反思。而统筹考虑这些准则有助于我们深入理解一种有尊严的生命的意义，并引导我们的政治行为和政治参与。

Peter KEMP: DU BON USAGE DE L'IDÉE DE DIGNITÉ
(*DIOGÈNE*, No. 253, 2016)

参考文献：

霍布斯, Th., Hobbes, Th. (2002) *Léviathan* [1651], version numérique par Philippe Folliot, classiques. uqac.ca/classiques/hobbes_thomas/leviathan/leviathan_partie_1/leviathan_1e_partie.pdf。

康德, E., Kant, E. (1985) *Fondements de la Métaphysique des Moeurs*, in *Œuvres philosophiques*, II, Paris: Gallimard。

勒贝克, A. M. M., Lebech, A. M. M. (1998) "Dignity vs. Dignity", *Studies in Ethics and Law*, 7: 29–39。

勒贝克, A. M. M., Lebech, A. M. M. (2009) *On the Problem of Human Dignity*, Wurzbourg: Königshausen & Neumann。

联合国教科文组织的跨部门哲学战略

联合国教科文组织
贺慧玲　译

总览：联合国教科文组织的角色

对联合国教科文组织的事业来说，哲学的重要性显而易见：联合国教科文组织的根本任务是建立和维护和平，哲学分析和哲学思考无疑与这一任务息息相关。联合国教科文组织的章程规定，和平应该"奠基于人类的精神和道德团结"。开发必要的知识工具来分析和理解一些诸如正义、尊严和自由的基本概念，培养独立思考能力和判断能力，增强认识世界和探讨世界问题所必不可少的批判能力，推动关于价值和原则的思考，哲学藉此而是一所"自由的学校"。

联合国教科文组织一开始就强调有必要制订一项哲学计划。1946年，联合国教科文组织全会第一届会议筹备委员会为联合国教科文组织提出的一项任务是："使大众头脑中武装一些最起码的哲学和道德概念，其目的是使大众更加尊重人格、热爱和平、憎恨狭隘的民族主义和暴力统治、团结互助、献身文化理想。"因此，哲学也可被看作人类团结的学校以及加深相互了解和相互尊重的基础，是促进文明间的对话之根本。文化间的所有对话和共同体间的所有和解均应该基于和平共处价值观。要进行这种有一定原则的伦理对话，至少需要了解主体间真正进行开诚布公的交流所需的一些基本哲学和道德概念。

1995年2月，一些哲学家在巴黎开会通过《巴黎哲学宣言》，重申了哲学的重要性。他们宣称，任何地方的任何个人均应该有自由地追求哲学的权利，已有哲学教学的地方应保持和扩大哲学教学，尚无哲学教学的地方应该创设哲学教学。他们还宣称，应该进一步加强对不同文化的哲学观念的了解，促进比较研究，扶持对不同文化的共同点和差异进行的分析。

联合国教科文组织将哲学解释为广义的哲学，认为哲学是一门工具，可以处理人类生活和生存的普遍问题，激发个人进行独立思考。哲学是人类知识的核心，哲学的范围是如此之广，不亚于联合国教科文组织的管辖领域。联合国教科文组织处理的问题，诸如全民教育、文化多样性、科学伦理、人权、知识社会、民主、跨文化对话与文明间的对话，均需要坚实的哲学基础以及分析和概念的严密性。有必要对联合国教科文组织重大计划所蕴含的概念、规范和标准进行批判性分析，以使活动更有效、更有的放矢。

联合国教科文组织的哲学计划始终致力于鼓励哲学对话和哲学流派的相互了解。本文件介绍了联合国教科文组织哲学计划的一项旨在使计划的活动具有连贯性的长期战略。该战略是历时两年的磋商进程的成果，驻联合国教科文组织的常驻代表团、500个非政府组织、600所大学以及约150位哲学家和知名人士曾受邀做出评论和提出建议。

跨部门哲学战略的总体目标：

——作为思想实验室；

——促进哲学对话、学习和研究方面的国际合作，促进哲学教学和公共辩论；

——推动关于当代世界问题的国际反思和辩论，特别要夯实联合国教科文组织重大计划及其所关注的问题的哲学基础，并促进与决策者就哲学见识进行的讨论；

——在大众中普及哲学；

——在全世界推进哲学教学，尤其通过教育机构（但不仅限于教育机构）增强会员国，尤其是那些学校中不教授哲学的国家在哲学教学方面的能力；

——担当以上几方面的信息交流中心；

——推动和促进文明间对话。

战略的实施：

毋庸置疑，这一战略适合联合国教科文组织的秘书处以及驻联合国教科文组织的国家委员会，它的实施将借助跨部门密切协作以及与相关行动方（大学、非政府组织、研究所、学术团体以及联合国教科文组织教席，等等）合作。国家委员会将设立哲学分委员会，目的是：

——与秘书处联系；

——传播信息和资料；

——促进中学和大学哲学教学；

——组织活动，推动哲学发展。

将会采取一些特别努力来筹集预算外资金用于该战略的实施。

预期成果：

——加强关于与联合国教科文组织重点计划和当今社会的挑战相关的问题（全民教育、生物伦理以及知识社会，等等）的研究及研究成果的传播；

——以跨地区和跨文化哲学对话为基础编写出版物和教材；

——促进国际范围内中学和大学的哲学教学；

——在公众中促进关涉当代哲学辩论的非官方哲学教学和哲学普及；

——增强驻联合国教科文组织的国家委员会的能力，以利于这一战略的实施。

联合国教科文组织哲学行动的主要方面

一，面对世界问题的哲学；二，世界范围内的哲学教学；三，推进哲学思考和哲学研究。

这三个方面相互关联，相辅相成。第一方面的研究成果会被第二方面及其哲学教学大纲采纳，也会被第三方面及其推动哲学思考的活动所考虑。

1. 面对世界问题的哲学——当代社会的对话、分析与质疑

联合国教科文组织将以其重点项目为起点，支持从哲学上分析、研究当代问题及其对社会稳定与和平构建的影响。联合国教科文组织努力促使思想者关注开始出现的全球问题，推动新观念和新研究。联合国教科文组织通过支持哲学家反思当今人类面临的问题，促使他们在传统学术范围之外发挥影响并且积极地回应当代问题，作为当前正在进行的科学研究的补充。

联合国教科文组织作为一个精神和伦理组织，应该为创建一个公共空间发挥作用，在这个空间中，对话真正具有国际维度并向所有人开放。由思想

家的概念和观念所丰富的对话也应该进入决策者世界，并应成为大众行为的启迪。思想家、政治领导人和公民社会聚合在一起将会加强思考、讨论和行动三者间的联系。因此，主要的挑战将是将研究和行动联结起来。

战略第一方面的活动与联合国文明间对话全球议程相一致，将推动真正的对话进程，同时再次审视文明间对话的观念和进路，其目的在于扩大对话的影响和提高关于人类当前问题的对话的关联性。联合国教科文组织关注的关键问题有：认清对话的障碍；分析相对其他交流而言对话的构成是什么；研究对话的认识论基础。

建议开展的活动：

——就与联合国教科文组织的重点计划相关的中心论题展开哲学反思和对话：文明间对话、全民教育、生物伦理、知识社会、文化多样性、环境伦理、贫困以及可持续发展，等等；

——就世界哲学大会的主要论题展开哲学反思和对话：面对世界问题的哲学。涉及的论题包括：全球化与责任、公平、个人行动和集体行动、认同和正义，等等；

——开展跨区域哲学对话：这一计划始于2004年，旨在促进世界各地区研究人员间的哲学对话，比如：促进阿拉伯世界与亚洲、非洲与拉丁美洲、非洲与阿拉伯世界、西欧与东欧之间的哲学对话；

——建立虚拟文献中心：将在联合国教科文组织的哲学网站上建一个服务于哲学领域的研究人员、学生和教师的网站，涵盖参考文献、近期研究论文、在联合国教科文组织各种研讨会和大会中宣读的论文的摘要、在线讨论以及一个虚拟图书馆。

将与联合国教科文组织的相关部门、非政府组织、大学、研究所和哲学家合作展开这些活动。

2. 世界范围内的哲学教学——促进批判反思和独立思考

哲学教学有助于培养自由公民。哲学教学"事实上鼓励人们自己做出判断、面对各种论点、尊重他人的话语并只服从理性的权威"。换句话说，要理解人权所参照的世界观以及人权的哲学基础，哲学教学是一门好工具。哲学教学也使个人具有真正的思想自由，不为教条和毋庸置疑的"真谛"所束缚。

哲学教学同样还可以增强人对于其自身状况的判断力。哲学教学对于评价、批判和选择行动还是不行动的能力具有明显影响。

1950 年大会第五届会议确认了哲学教育的重要性，此次会议做出决定，联合国教科文组织应该对"哲学教学在各种教育体制中的地位、哲学教学的方式及其对公民培养的影响展开调查"（第 4.1212 号决议）。1953 年，在乔治·康吉扬的指导下，在 9 个国家开展了第一次调查，之后在 1995 年进行了一次针对 66 个国家的更全面的调查。此次调查后，一些专家就哲学教学提出了一些建议，不过，并没有系统的后续行动。

建议开展的活动：

——调查和评估当今世界哲学教学现状；

——通过驻联合国教科文组织的国家委员会，就中学和大学的哲学教学提出政策建议。建议将包括监督和评价机制，使会员国获知世界哲学教学现状（与联合国教科文组织的教育部门和文化部门合作）；

——为会员国制定综合的哲学教学课程提出建议，课程内容包括不同哲学传统和比较哲学；

——编订手册，制订交流计划，举办研讨会，以促进在世界范围内展开哲学教学（与联合国教科文组织教育部门合作）；

——促进国际哲学奥林匹克竞赛的发展，国际哲学奥林匹克竞赛由国际哲学团体联合会创建，每年有二十余个国家的高中生参加哲学作文竞赛。将会努力推动其他国家参与这种竞赛（与相关非政府组织合作）；

——强化联合国教科文组织的哲学教席网络：一方面要努力使现有的教席具有连贯性，另一方面要在非洲、东南亚及世界其他地区开设教席（与联合国教科文组织的教育部门合作）；

——利用光盘和联合国教科文组织网站传播该战略第一方面的研究活动材料。这些材料可作为参考文本，以推动一种考虑世界各地不同哲学趋向的综合的哲学教学方法（与非政府组织、大学和机构合作）。

3. 推进哲学思考和哲学研究

普及哲学对于发展民主及和平的文化至关重要。在一般公众中培养与哲学知识关联的独立思想是和平的关键因素，尤其是在哲学教学尚未正规化的国家。着重点将特别放在哲学作品的翻译上。

建议开展的活动：

——组织联合国教科文组织哲学日庆祝活动：哲学日主要是为推动哲学和普及哲学提供一个进行反思的论坛。2002年以来，在联合国教科文组织巴黎总部及会员国与许多合作伙伴合作举办了哲学庆祝活动。重点是通过驻联合国教科文组织的国家委员会，加强同采取措施普及哲学的城市的合作（与非政府组织、大学和研究所合作）；

——对世界各地的哲学家进行系列访谈："当今哲学家——与当代思想家的谈话。"访谈的录音和影像将以小册子的形式出版，并附带光盘，以利于广泛传播。这些同样可以用作教学材料。这样做的目的是建立一个可不断得到充实的哲学百科全书，同时采用意大利广播电视公司的哲学家访谈节目及其哲学多媒体百科全书的模式（与意大利广播电视公司等电视网络、非政府组织、大学和研究所合作）；

——除了在与哲学相关的网站上开展的工作之外，制作关于哲学的电视或广播节目（与非政府组织、大学和研究所合作）；

——鼓励和促进哲学作品的翻译（与研究所和大学合作）。

UNESCO: STRATÉGIE INTERSECTORIELLE
CONCERNANT LA PHILOSOPHIE
(*DIOGÈNE*, No. 224, 2008)

注：

[1]关于2005年联合国教科文组织执行委员会通过的《跨部门哲学战略》，可见网址：http://unesdoc.uesco.org./images/0013/001386/138673f.pdf。

下篇
全球化世界中的认同

作为人而在世生存

塔内拉·博尼 著
杜　鹃 译

没什么比怎样才算个"人"更显而易见了。但是,我们仍然可以坚定地断言,人类既非人工创造物,也不是转基因生物,而是与植物和动物共享生命的身体,并自身独有某些诸如语言和思考能力等特质,这些特质提供了获取知识、计划并实现目标以及作用于世界的自由。除此之外,男性和女性正是通过如何在世界中栖居而展现出自己是人,或相反,不算个人。人并非如艺术家和诗人想象中那样栖居在一个全人类和平共处的没有边界的地球上。人类以男女各自的特殊方式表现得更像掠夺者和征服者,排斥他们之中被逼到世界边缘的其他人。人类按照群体的特定规范行事,而这些规范会根据不同情境调整人类本身的概念以及谁和什么是一个人的概念。那么,仍未得到解答的问题是,是否有可能产生一种无论个人的独特文化如何,对所有人都有效的普遍伦理。

mundus 与 cosmos

拉丁词 mundus 和源自希腊语的 cosmos 既表示由我们的科学、艺术和知识构建的世界(法语为 monde),也指我们所处的现实世界。没有哪种人类活动可以某种形式在"世界"之外发生,无论是(在地理世界中)占领领土、(为居家世界)建造房屋或(在审美世界)进行艺术创作。然而,拉丁语 mundus 的起源已经暗示了排斥和人类之间的不平等。从词源学上讲,mundus 既指称作为和谐整体的天堂,也指称人类栖居的大地,因此已经带有人类栖身之所的意味。因此,mundus 一方面表明了自然的地理现实,另一方面当作形容词使用时,表示物体"干净""漂亮""整洁"以及"优雅"的品质(《刘易斯－肖特拉丁语英语词典》，1879，修订版，2009）。这一词最初起源于梵文 mund，表示"被净化"，它在词汇场中与有关秩序和美的整个一系列语词相关。那么，mundus–世界是否就意味着不受欢迎者无权居住的宜居地球？的确，正是貌似最无害的语词可能会将我们带向恶的观念，即人类施加于同胞的道德、身体、心理、经济或政治暴力。mundus 还与人类无法控制的大灾变或灾难性暴力有关，因为这个可居住的世界也是"自然"的世界，是我们可以重建却无法掌握的世界。我们还没有成为笛卡尔所认为的"自然界的主人和统治者"。那么，有无可能存在一种普遍伦理来拯救作为人类栖身之所的地球？1987 年，《联合国布伦特兰报告》表明，不尊重环境保护的人类活动导致环境日益恶化。今天，无论天空或大地都无法为我们呈现 mundus 在词源学中或是 cosmos 在希腊文中所暗含的秩序、和谐与美丽。21 世纪的世界仍然是以后果不可估量的事件形式发生的恶的自然和政治空间。

如果我们追溯众多希腊哲学家们如何使用 cosmos 一词，我们会发现该词包含的秩序与美的模型就是天堂的自然秩序；被认为最美丽的世界并非人类栖居的大地。排斥和包容的观念见诸柏拉图和亚里士多德。某种使不平等显得自然而然的政治和社会秩序通过法律被置诸城邦。在柏拉图看来，早在《理想国》第二卷哲学家在谈论需求之城时，从事手工劳动的工匠和农民就排在社会阶层的最底层。处于顶层的是从事长期学术训练的哲学家，因为他必须精通人文学科才能成为一名完全有能力准备参加政治生活的哲学家。这些人文学科主要关乎道德才能的发展以及适应社会生活。他由此表明自己善于辨别是非、了解自己、观照他的灵魂，以及在必要时为城邦提供公正的治理。如果情况需要，他将如《政治学》所言，成为统治者的顾问。被设想为在开明心灵支配下的小宇宙的自由的人，必须通过有目的的教育来监督他的各项官能处于善的秩序：思想必须控制欲望，如有必要还需驾驭想象力和情感。从道德上说，自由的人是正义的，有着良好的道德教养，洞察万事，深深扎根于自己的社会，享受着他的气质所具备的所有美德的和谐。因此，当人公开展示自己的所有才能时，他便是真正的 cosmos。他代表世界秩序的缩影。但是，每个人都配得上如此命名的人吗？

公民的本地世界是其与其他公民和自由人，同时也包括奴隶和外邦人共同栖居的城邦。无论是对亚里士多德还是对柏拉图而言，在城邦中，女性都不算人民。除特殊情况外，她们被排除在公共事务之外。女性的世界首先与女性住所的秩序有关。在亚里士多德看来，自然发令而立法者服从，而哲学家的作用是为了证明和加强社会秩序的不平等。在公元前4世纪的雅典，亚里士多德在《政治学》第一卷视奴隶为服务于家庭经济的"活着的工具"。奴隶不做任何理性选择，也不参与公共事务。从平衡、秩序和美构想的世界（cosmos）因此包含了包容与排斥的政治及社会原则。

在人类历史的更晚时期，奴隶从非洲被掠走再被丢进船舱，同样没有理性选择或其他选择。其结实的身板，似乎为了劳作而生就。但是，他是人吗？在某些情况下共同世界或共同人道的思想并没有扩展到所有人类，这样的事例不胜枚举，并不存在所有人类的共住。在现实世界中，人倾向于使同胞非人化。因此，和平幸福共住的普遍准则仍无处可觅。然而，为了抵抗压迫和非人化，个人和群体会通过寻求与他们被排除在外的世界不同的生活方式来恢复他们的人道。

"无处"可居而仍然是人

当人们试图参照当代移民的各种表现形式考虑栖居和排斥的概念时，会呈现出截然不同的形态。一个人如何在空间和精神上移民？哪些规律阐明了男性、女性和儿童有时因为事实上对此别无选择而在择路时缺乏深谋远虑？

困扰着20世纪和21世纪的战争以及其他自然灾害等紧急情况揭示了人类有多么缺乏像在自己环境中享受完全的自由与安宁、尊重国家法律、履行公民职责那样的和平相处。越来越庞大的人群无法自由选择栖居地。他们从而遇到了无处的法则。如果世界因其多样性和复杂性而周期性地陷入混乱，使人与人之间彼此分离，使身体、思想和心灵遭受痛苦的考验，我们需要在非宜居空间中栖居的可能性上重新思考男性和女性的处境。

栖居并不意味着像植物一样扎根固定于地球上（海德格尔，1958），在某处有栖身之所。在紧急情况下，这意味着人必须学会在流动状态下于无处（nowhere）中生存，在一个必须从零开始重新生活的地方，直面荒凉之地的空虚并将其转变成宜人之所。将人们逐出家园的紧急情况既包括战争，也包括贫困以及自然灾害或那些完全、绝对由人类活动造成的特殊情况。

我们可以引用某些文学作品,来表明被社会规则和道德价值观支配得井井有条的"正当世界"所驱逐的男男女女,如何通过必要手段从不毛之地构建出其他的宜居世界从而获得一种新的栖居方式。矛盾的是,这不是秘密占据整洁有序之所的问题。垃圾场,作为与"世界"概念截然相反的象征,转变成了一个带有社群生活规则的栖居地。小说《当蒜接触香时》(巴·科纳雷,2006)讲述了巴马科一个生活在消费社会废弃垃圾中的贫困马里家庭的日常。我们也可参见《不幸的奥林匹斯诸神》(哈德拉,2010),其中的人物在公共垃圾场和大海之间的无人区宿营。尽管被社会排斥,他们仍保有自己的人格尊严,并这样谈论它:"当你像只老鼠一样潦倒,切莫自我贬损。这是人格尊严的问题。"(哈德拉,2010:12)他们梦想着,尝试着,思考着,玩着音乐。一切都像它们是这新家庭的一部分一样发生着。

无论每个社会在多大程度上允许自己忽略那些生活在其边缘的人,后者都会继续在宜居世界的边缘创造自己的世界。同样,难民、无国籍者和流离失所的人将他们的无处变成了一个在突发事件和暴力循环之中的生活空间。尽管死亡和大量挑战无所不在,但生命是永恒的重新开始。每天,栖身于无处的人们带着他们象征性的行囊,他们的人道本质:一些逝去世界的碎片,与一路走来的其他点点滴滴混合在一起的过往知识、语言或信仰的细微痕迹。通过这种方式,与返祖文化形成鲜明对比的复合文化诞生了,加勒比社会哲学家爱德华·格里桑在他的整个著作中都对此进行了讨论。奴隶贸易的船舱和种植园是这种克里奥尔化文化(creolized cultures)的诞生地,这种文化不是排他性的,而是将不同世界联系在一起。

在 21 世纪,我们可能会想知道谁是当代栖身于无处的人,以及他们在多大程度上被接受或被拒绝、被踩踏、被踩在脚下,生活在人道的门槛。他们面临的是当今全球世界的法律,他们的生活常常受到所谓的人道主义法律的管辖,这些法律涵盖了那些不足以被视为拥有充分人的地位的血肉之躯的状态。存在几种无处的类别以及无数种脱离人类状态的方式。最常见的方式就发生在我们眼前,正如刚果小说家索尼·拉布·坦西在《先前的人》(1983)中描述的。他笔下的角色之一,刻板、正直的公民达都,从遇到一个学生的一刻起开始酗酒并引发丑闻，这使达都陡坠地狱。过了一段时间，他决定振作起来（难道他真的还有什么选择？）去重新探寻与从前明显不同的生活。他在世界之中栖居如此之久的位置居然已被抹除。他只得重返丛林，这个重生同时也是叛逆和改造的地方。他令其他人认为他"疯了"。这个故事并没有看起来的那么平淡，因为"抵抗"不是人们所能想到的。它不仅拒绝成为环境的被动受害者，而且能够负起责任，在没有选择的情况下主动采取行动并以不同的方式安排生活。

如今，每个本地化的"世界"、每个城市、每个国家都在塑造自己的边界（阿吉耶，2002）。全球世界也有其边缘，孤立世界的片段在那里持续存在。因为无论社会性质如何，各种社会都会产生有时不可见的排斥。本·奥克里富于启迪性的故事《惊异诸神》（1998）对此进行了很好的阐述。它讲述了一个某种程度上的隐形人，长大后决定环游现实世界去发现那些可见并且真正存在的人。在七年的旅程中，他遇到的惊奇接连不断，因为寻求有关世界知识的追求最终无疑是内部的对自我知识的追求。

我们还可以提及所谓对"僵尸"的创造。在某些国家，政治权力的拥有者为了实现其赢得或保持绝对控制的目的，会保持一种微妙的、不引人注意的恐怖气氛，这种气氛变得如此日常，以至于人们渐渐变成了无形的阴影，被剥夺所有意志，忍受各种闻所未闻的暴力。但是这样的僵尸是无法被杀死的；正如流传在阿比让街头的俗话说的："死羊不怕刀。"

真实世界和虚拟世界

换个角度来看，虚拟世界伴随全球化现已成为我们日常生活不可或缺的一部分，并如日渐扩大的互联网社交网络所证明的：日趋成为一个栖居之所。我们使用"万维网"这一表述纯属偶然吗？我们可以就网络全球化及其后果谈得再深入一些，比如包容与排斥、机遇的开启或封闭、对他人的接纳或拒斥。但是，谁才是这个"他人"，其初起切近却在国际新闻实时报道和新媒体作为人际关系的特权工具抢占舞台中心之际与我们相去甚远？有时，在这个万维网上，他人既无形状也无面孔。有时，他可能戴着面具或戴着连环杀手或绑匪的巴拉克拉法帽，而在那下面他可能是那个绝不受怀疑的天使脸邻居。

既然可能发生任何事情，无论是出于理性思考还是受最致命的意识形态驱动，无论是在面具掩饰下还是在纯洁袒露的脸上，毫不留情地将同胞扣为人质似乎就成了儿戏。人们仅需想想网络犯罪的大规模扩张便可意识到这一点。在金钱至上之处，很容易建立百无禁忌、功利主义称霸的世界。这一类世界的规则蔑视任何普遍道德。新的信息及通信技术被看似虚幻的无面无形之人广泛运用，他们使用化名更好地大规模欺骗他人。正是在全球范围内，创造出新的形式无限的暴力，与之相关的就是虚拟世界空间的新型栖居方式。

但另一方面，如果我们认为这些新型栖居形式可能很好玩儿，那么全球网络可能成为在人们的"朋友"群或"追随者"群中尝试新型独处的地方。因为在虚拟世界——尽管仍与现实世界格格不入——中并不缺乏这些与人道的观念建立联系的新型栖居地。人道这个词是指恰当刻画我们特征的不可把握的本质：社交意识（亚里士多德，《政治学》，第一卷第二章）。正如亚里士多德所强调的，人既不是上帝也不是野兽；证据就在于我们天然地生活在社群中。

因此，我的印象是，无论看上去多么自相矛盾，社交网络也是包容和排斥的场所：根据选择的相似性进行包容，根据意味着增选、接纳、保护或拒斥的网络形成原则进行排斥。马里亚姆·勒沃·达洛恩（1999：15）断言：

>……当人与人之间结成的微妙关系网瓦解，当人们开展其无限对话的时间跨度愈见衰减，当早已失效的语词痕迹不再被保有，最后，当由于缺乏足够的共同可理解的语词，人们想知道还有什么能留给后人时，世界就变成非人或无宇宙的。

人的问题和普遍伦理的可能性

无论人们共享的上述人道形式（文化、价值观、知识）如何，人人都有平等的尊严。但是，人究竟是什么？无论是国家法律或国际法律，法律有助于承认文化的多样性、多元性和特殊性。人们还必须尊重每一个人的个体性和独特性。如今，当人们意识到尽管拥有物质财富而自身却十分脆弱，就会对人在其文化及一切文化特殊性之外及之上的独特性的存在有所觉知。正如吕思安·塞夫（2006：51）指出的那样，这是一种在生命最初几天便存在的脆弱：

> 一个人不仅仅是一种法律拟制或一种道德理性的假设，她或他是真实的存在，但是从纯粹世俗的观点来看，这一真实性……完全无法被还原为生理上的个体性，其根本本性是历史社会的。这同样意味着，在相当世俗的意义上，人的本质超越了自然个体，因为它源于完全裹挟着它的文明遗产，这可被刻画为人的秩序。

作为1983年至2000年法国国家伦理咨询委员会的活跃成员，吕西安·塞夫设想的人的秩序并非源于自然，而是历史社会的。无论如何，他断言如果一个人的出发点是像尊重"神经生物学个体"一样尊重"心理社会个体"，那么则难于理解这一秩序。其他进路可能同样不那么相关。因为的确，究竟有无可能基于法律、宗教或道德去尊重人？康德的绝对命令对此是不够的。列维纳斯（1990）所认为的、产生于与他人"面对面相遇"中的道德义务也有其局限性，"因为也有人能够把脚踩在别人脸上"（塞夫，2006：52）。

因此，"人的秩序"是指"受到历史几个世纪以来的形塑并仍在发展、包括物质和概念的一系列人道形式，在其中对不可侵犯的人的价值的意识逐渐被客观化，这种意识由此在每个个体中或多或少被主观化"（出处同上）。这一价值构成人们得以在其中栖居的整个世界，并将个人确立为与他人不同的个体。这一世界源自对死者和每一个体的祖先尊重。然而，这同一个世界被证明是如此复杂和矛盾，以至于它确立了尊严作为人的价值，而后却令其遭受质疑，例如，是否某些例外也能被接受为人。因此，吕西安·塞夫为表述"普遍可接受的人的概念"，提出了自为的人一词来指称对自身行为有能力负责的有意识的个体，并用自在的人来包括强化人类世界的存在的那些特殊情况："新生婴儿、自闭症患者、弱智者以及长期处于植物人状态的事故受害者……"（出处同上）然而，新生婴儿在出生之前，已然经过了许多作为其生物生命发展阶段的状态。因此，"人类世界"始于何处？终于何处？它是否可能需要一个不同的方向？如果是这样，又是根据什么原则？

阿兰·巴迪欧（2012）指出，不可能存在"广义伦理"。此处正在寻求的并非是对构成主体的个人或人的尊重。巴迪欧坚持与"人权伦理"不同的"真理伦理"，因为前者近距离来看，很可能归结为"主导文明"的伦理。这样的伦理主张的移民整合（比如说整合进法国社会）表明了对差异的压制。但是，大写的人（Man）对巴迪欧来说既不是单纯可朽的凡人，也不是受害者。他是"最富弹性和最悖论的动物"（巴迪欧，2012：16）。巴迪欧（2012：12）分析的出发点是，人（Man）是不朽者："不朽者，就是无论被所遭受的恶劣境遇变成何样，他都能在多变而贪婪的生命湍流中辨识出自身。"这不朽者锲而不舍地奔走在通往真理之路上。他不信任信仰和观点的多样性构成的"交流"的世界。对他而言，重要的问题是："作为某人，我如何继续超越自己的存在？我如何一以贯之地通过被未知者控制的影响来链接我所知道的事物。"（巴迪欧，2012：50）坚持真理的道路难道不意味着为了在即使极端紧急情况下也能够做出合理的选择而保持头脑开放么？

结论

全球意识首先意味着对关乎人类未来的共同问题有所觉知。我们所经历的事件教给我们邪恶无处不在与死亡的平庸。我们知道准确定义什么是善多么艰难以及"世界"和"人道"的概念多么复杂。

因此，即使具有全球意识，我们也只能在本地采取行动。我们所寻求的伦理涉及这样的问题，即人类世界及其历史、价值观以及栖居的多样形态到底是什么，总而言之，它涉及人们日复一日同自我毁灭以及栖居空间的崩溃的斗争中追求的行动的总和。它提出这样的问题，如何应对已然发生的以及在不远的未来即将逼临世界的灾难。

当刺眼的不平等分割这产生被认作"不被欢迎者"的人的全球世界的时候，质疑人权表达的方式是否有任何坚实的基础便是可能的。危机情况下的国际干预无疑可以拯救生命，但也有可能成为征服或掠夺棋盘上的战略棋子。如果受压迫民族自身不能控制自己的解放所必需的资源，那么干涉国家内政并不会给他们带来自由。怎样才能在自身内部找到这些有益的资源以产生最好是良好的意愿，进而决定在紧急情况和没时间选择替代方案时应采取的行为来巩固社会凝聚力？

　　当前景模糊，最好是成为某个人（一个体面的女人或男人）而非什么都不是。我们在这里重新发现"人道"一词的含义之一：拥有"坚定的思想"。选择成为某个人，而不是为权力服务的物件或工具。无论我们栖居何处，我们都享有成为如此这般的某个人的惊人天赋，由此我们可以更好地迎接他人。照顾好自己、履行我们来到世界上要完成的任务：当国家或国际政治活动崩溃、当全球经济学将其重商主义传播到世界上最繁华的街角时，有创造性地思考。超越俗见，打破偏见，去认识自己和他人的世界。所有年龄段的教育，无论是正式的还是非正式的，都必须解决这些日常伦理律令。科学与文化、创造力和思想似乎是构建宜居世界以及帮助人们摆脱苦难和孤独、改善生活状况的唯一选择。从人的内心和良知做出判断很可能是一个恰当的准则。但是对邪恶的觉识却不是我们与生俱来的，必须加以塑造和专注以便我们找到通往真理的道路。这就是我们可以在各种灾难中学会识别善的方法，无论这善是多么微小。在撰写这些文句时，我想到的是科特迪瓦最近经历的黑暗岁月，因为通过这些事件，我们的良知得以塑造，我们的思想得以形成。

Tanella BONI: LIVING IN THE WORLD AS HUMANS

(*DIOGENES*, No. 237, 2013)

参考文献：

阿吉耶, M., Agier, M., (2002) *Aux bords du monde, les réfugiés*, Paris: Flammarion。

阿伦特, H., Arendt, H. (1983) *Condition de l'homme moderne*, Paris: Calmann-Lévy。

亚里士多德, Aristotle (1961) *Parts of Animals*, Book I, London: William Heinemann Ltd。

亚里士多德, Aristotle (1996) *Politics*, New York: Cambridge UP。

亚里士多德, Aristotle (2002) *Nicomachean Ethics*, Oxford: Oxford UP。

巴, A. H., Ba, A. H. (1994) *Contes initiatiques peuls*, Paris: Stock。

巴迪欧, A., Badiou, A. (2012) *Ethics: An Essay on the Understanding of Evil*, New York: Verso。

巴·科纳雷, A., Ba Konaré, A. (2006) *Quand l'ail se frotte à l'encens*, Paris: Présence africaine。

迪耶泰朗, G. 和巴, A. H., Dieterlen, G. & Ba, A. H. (1965) *Textes sacrés d'Afrique noire*, Paris: Gallimard。

海德格尔, M., Heidegger, M. (1958) *Essais et Conférences*, Paris: Gallimard。

康德, I., Kant, I. (1993) *Grounding for the Metaphysics of Morals*, Indianapolis: Hackett。

哈德拉, Y., Khadra, Y. (2010) *L'Olympe des infortunés*, Paris: Julliard。

列维纳斯, E., Levinas, E. (1990) *Totalité et infini. Essai sur l'extériorité*, Paris: Livre de Poche。

奥克里, B., Okri, B. (1998) *Étonner les Dieux*, Paris: Seuil。

柏拉图, Plato (2013) *The Republic*, Cambridge, MA: Harvard UP。

达洛恩, M. R., d'Allonnes, M. R. (1999) *Ce que l'homme fait à l'homme. Essai sur le mal politique*, Paris: Flammarion。

利科, P., Ricœur, P. (1990) *Soi-même comme un autre*, Paris: Seuil。

桑戈尔, L. S., Senghor, L. S. (1964) *Liberté I. Négritude et humanisme*, Paris: Seuil。

塞夫, L., Sève, L. (2006) *Qu'est ce que la personne humaine? Bioéthique et démocratie*, Paris: La Dispute。

坦西, S. L., Tansi, S. L. (1983) *L'Anté-peuple*, Paris: Seuil。

学以成人：非洲文化的贡献

米雷耶·阿拉泰·博多 著
贺慧玲 译

引 言

亚里士多德认为"人是天生的政治动物"（《政治学》第一卷第二章）。人要与其同类在社会中生活。城邦是人的一种本质要求。人的目的不在于生活，而在于好好生活。但是，在社会中生活的人应该遵守社会规范。人作为理性生物，应该学会充分利用智性能力来改善生存状况并实现个人发展。关于这一点，笛卡尔说："方法可以正确引导人的理性。"（2000：12）没有方法的研究无异于勾画一种无章法的理论。因此，方法对于正确引导理性是必要的，因为通过自由裁断，人能够在看到最好的同时却追随最坏的。莱布尼茨主张："人，如果愿意并且能够的话，应该促使其世界观符合一切可能世界中的最好世界概念。"（1969：19）在他看来，只有人这种造物不安于现状，感到必须去创新和改造生活于其中的世界。得益于这种不懈创造，人是并且构成了其自身历史的创作者和行为者。赫拉克利特写道："人的动作像弓和琴一样。"（1964：77）动作方向相反，但却相互和谐。然而，生物的这种动作本性并非即刻出现的。它是不断成长的。所有处于成长中的事物本性是不固定的，其个体的历史会融入集体的历史中。加缪甚至宣称："人不过是历史。"（1951：252）然而，所有具有历史的事物由于处于成长中，无法被确切地定义。人类的特性，就是处于不断的变化中。因此，将人的定义归结为人性的定义，会消除人性概念不同定义之间的矛盾。成为人（homme），就是要成为人性的（humain），即便如此，我们并非生而人性的，而是成为人性的。这在某种程度上是学成的，同时，生物的本性是有待揭示的。如何学以成人（apprendre à être humain）？在成人的过程中非洲文化的贡献是什么？

论题的概念进路

　　学习能力是生物的主要特征之一。在生物种类中，人是具有最高级学习能力的种类。通过学习，人将掌握一种自由的工具。学习在于好好运用我们的能力。学习，也即学会使自己成为一种人性的生物。笛卡尔认为，我们从本质上说是人，这种本质是天赋地给予我们的。但我们应该训练我们的理性，因为成为人并不是由拥有理性这一点确定的，而是由使用理性这一点确定的。我们全天候地处于一所被称为生活的非正式学校中，每一天都带来了一批新的教训和知识。生活着意味着适应未知并且向未知开放。学习属于特殊的活力，它促使人始终走得更远，但是是在其即将选择的道路上。人具有学会主导大自然的能力，这种能力使他可以最佳地利用文化环境和社会环境。此后，人表现为"大自然的主人和所有者"（笛卡尔，2000：171）。因此，文化使人丰富，同时由于人富有更大的智性，所以能够创造一种更为精心加工的文化。如果人类在生物学层面是一项杰出成就的话，毫无疑问这是因为文化的发展比遗传物质对人的影响更为迅速。因为文化，人可以摆脱其动物的和本能的过去。正是文化赋予人的尊严以意义并且使得人处于其他生物之上。哲学与文化共同构成了构建一个人文世界的杰出工具，因为它们将我们唤醒，并且教我们作为诗人居于世界，换句话说，哲学与文化有助于我们打破西方强权的枷锁。西里尔·G.B.科内（2017：46—47）断言，"哲学与文化可以帮助我们切断对那些如纸老虎般的强权的依赖"。所以阿尔贝·加缪号召人有尊严地活着，他认为尊严是使得人可以是其所是的必要原则。人性（l'humain）是人为了担当起尊重而追求的一种人类理想。因此，加缪写道："宁愿站着死，不愿跪着活。"（1951：29）尊严假设人具有意志，他既不会被当作一种兽类来使用，也不会被当作一种事物来使用。因此，应该抗击极端贫困，因为极端贫困导致人格丧失和个体的堕落，使其丧失尊严。许多贫穷国家债台高筑，身陷欠发达之中，经历着类似的境况。沉重的债务越来越难以承受，与之相伴的是对人的尊严造成威胁的悲惨境况。在科内看来，"债务减免稍微有助于抗击贫困，如果偿还债务的资金被恰当地再投资于教育、职业培训、医疗和农业等社会部门"（2017：62）。因此，为了更好地为未来制订计划，我们必须回归我们的过去。这种回归乃是一种提高认识，目的是达到黑人历史中的重新出发，而不是炫耀黑人文化价值。这是一种可能提升黑人形象的质的飞跃。这也是一种必要的返本归源，因为这使得我们可以为人类大厦添砖加瓦。R. P. 唐普尔就此写道："我说，您去刚果，请尊重班图哲学。白人教育者极力扼杀黑人身上独特的人文精神，这何其令人难以置信！因为其独特的人文精神可以防止我们将其视为低等生物。这可能是殖民者的一种违反人道罪。"（1961：34-159）R. P. 唐普尔的思想包含一种尊严政治，这种尊严政治要求殖民者做人道的事。唐普尔著作的标题"班图哲学"很好地指出，在民族学上，班图哲学与列维-布留尔关于已然恢复声誉的"原始人的前逻辑心灵"的观念背道而驰，他指出，恰恰相反，黑人的思维方式表现出一种完美的连贯性，并且倚仗一个有板有眼的原则和信仰体系。唐普尔说，"我们本来想教育孩子，大的孩子……这看似轻而易举。现在突然，我们貌似面对一种成熟的人类，他清楚地知道自己的智慧，具有独特的普遍哲学"（唐普尔，1961：110）。然而，入侵过非洲的欧洲曾预设，在非洲存在人性，却是非常贫乏且低等的。迪比·夸迪奥分析道："在非洲，人类的外形与人类的概念不相匹配，并未增加其荣耀，并未有效地映照人类。"（2018：14）非洲人口难道不是只是缺乏智性活力、想象力和自身稳定性的人类尘埃？

　　康德给出了这个问题的一个答案，他提出，人可以成为人性的，如果并且仅仅如果他将他人本身视为目的而不是手段。康德指出："尊严是一种命令，它要求敬重人。"（1968：140）康德认为，人性并非指称地球上的所有个体，而是指称人的内在本性，这种本性专属地构成人，即人类的本质，即将人区别于其他生物的基本特征。他认为，人有义务成为人性的，即表现出使他的思想和行为结构化的能力，将思想和行为组织起来从而达到自由，在思考、说话、行动方面不需要监护。人性在自主性中达到顶点。人类自我做主的行动能力获得了自由，因为人们自诩为其行动负责而不依赖任何其他人。在这些情况下，人们成为了一个如康德所说的人，即一个知道他所做以及实现他所想的有意识的能动者。也即是说，人的地位的获得是通过解放以及自主化，解放以及自主化向个人及他人揭示人类。同理，如卡尔·马克思所强调的，劳动者是自己解放自己，也即是说，靠他们的斗争解放自己。

成长为人（devenir humain）过程中的非洲文化的贡献

在与欧洲的碰撞中，非洲不愿意丧失其灵魂。非洲想要做自己，即与自己保持一种审慎的关系。由此产生了认同概念。认同，即与自身保持同一的事物的特征，也即让人可以区分而不会造成可能的混淆的事物，就如A.K.迪比所指出的："我不是他人，他人不是我。某物给予我一副面孔，这副面孔使我能够作为与我自己的同一而被认出，而不会被与他人混淆。"（2018：31）面对一个打破了难得的属性统一性的世界，对认同的追求表达了自身进行调解的愿望。被殖民化，意味着为了另一个世界而与一个人们习惯的世界脱钩。在这种脱钩过程中，被殖民者丧失了其部分存在，他此后要通过多种途径和多样的手段才能再次找到它："非洲的哲学话语是在对活生生的各种传统和文化进行批判性评估的基础上构建的，因为非洲的各种传统和文化是非洲思想模式具体要素的体现。这些要素不能与非洲哲学话语割裂开。"（米齐，1999：22-23）传统、文化和智慧构成了非洲哲学的首要元素。如果说哲学通常被定义为"对智慧的爱"的话，那么哲学用所有语言表达思想，因为任何语言都是有智慧的。由于某些西方理论家（如黑格尔或马丁·海德格尔）认为哲学主要是希腊的，非洲是一块哲学白板，所以，非洲知识分子对他们的种族主义言论作了回应。在对非洲开展批判性研究时，我们看到了大量文献，这些文献表明，三十余年来，在非洲表现出强烈的哲学需求。

稍稍浏览几部哲学著作的读者会知道，非洲人想通过非洲哲学为历史带来一种信条和观点，即意志世界并非仅仅被交付于西方。在非洲哲学家看来，谈论希腊奇迹，即是要将普遍再次引向特殊。哲学话语试图站在个体性和特殊性之上来达及普遍："哲学并不是西方的专属特征，它属于所有人，也就是说不属于个别的任何人。它可以按性、数、格进行无穷的变化。"（格朗沃，2013：254）正如理性的出现不知始于何时一样，哲学也没有专属和排他的所有者。哲学真理是不受地理、种族和民族限制的。哲学超越了各种边界，跨越了各种文化。因而不存在专属非洲的哲学。"非洲哲学"这一术语应理解为哲学的非洲取向或非洲的哲学取向。这种非洲哲学乃是一种抵御殖民者攻击的防御和被动的哲学。各种捍卫黑人尊严的运动的构建具有哲学的或智性的趋势或同时具有哲学和智性趋势,其出发点是一种确切的前提条件,即文化。此后,哲学一词的意义得到扩展,向文化靠近,不再反映初始概念的意义,因为最初的哲学乃是人朝着普遍性(作为其个体性的根源)前进的努力。那么为什么当哲学运用于一种非洲现实的时候应该改变内容呢?

反对欧洲民族中心主义的不同回应运动

马克思与恩格斯在 1848 年《共产党宣言》中指出,斗争是社会转型的一种驱动器。斗争有助于改善公民的生活条件。因此,面对西方人的霸权观,非洲哲学家或知识分子将进行回应。这些回应将产生一系列不可避免的结果,从而可以重新审视殖民统治下黑人的形象。

首先是黑人精神(négritude)运动,这种广泛的回应运动的根本观点在于给予黑人一种历史以及在社会的文化成就中的主要位置。这种运动尤其回应了一种积极的需求,即丰富所有人的意识的需求。黑人精神并非处于有色皮肤中,它只是文化。桑戈尔将文化视为"人对于其环境的种族反应,旨在获得人和这种环境之间的智性的和道德的平衡。因为环境并不是永远一成不变的,种族更不是,所以文化成为走向一种完美绝妙平衡的不懈努力"(桑戈尔:1945:11-12)。但是桑戈尔对文化与文明做了细微区分。在"文化问题"一文中,他断言,"一种文明一方面是一套道德与技术价值观,另一方面是利用这些价值观的方式"。至于文化,他写道:"文化或可被定义为正在起作用的文明,或进一步说,定义为文明的精神。因而文化是人融入自然以及自然融入人这种双向努力的结果。"(出处同上:93)文明是一种社会事实,与历史相关。它被定义为价值观整体。应该实践这些价值观,再次实践这些价值观并使其发挥作用。文化就处于这种每天生活中的使价值观发挥作用的阶段。文化贯穿结构化统一性的各种媒介和各种时刻,这种统一性填充了自我与自我之间的间隙,从而影响自我。桑戈尔引证马克思主义者雷莫·坎托尼并非出于偶然,雷莫·坎托尼认为文化涵盖了人的有意识的所有活动,这种有意识的活动旨在改变自然及人际关系并使它们理性化。一种既不愿改变世界,又不愿改变人的外在关系、更不愿改变人的生活状况的文化,乃是"一种博物馆文化,它害怕新鲜空气和具体行动,因为它偏爱文化的尘土和霉斑"

（桑戈尔，1945：95-96）。

桑戈尔的黑人精神被视为黑人世界的一整套文化价值观，这些价值观体现在黑人的生活、制度和作品中。这种黑人精神主张，作为文化和政治实体的非洲由形形色色的文化组成一束，其中的每种文化对于所有人的生活而言是必要的。譬如，这种黑人精神不仅面向黑人，也面向世间万物。从本质上说，黑人精神就是这种生活和世界中呈现的人的热情。它是普遍文明大厦的基石，普遍文明大厦将是所有种族和所有不同文明的共同作品。黑人精神考虑每个个体的特性，但又呼吁我们向他人开放。人性化与向他人开放是相互吻合的。黑人精神乃是接纳、好客，因而拒绝宗派主义和部族。对他人的接纳可以界定主体性。作为主体，个体是向某个他人开放的人。每个人对其亲近之人负有责任义务，列维纳斯因此将这种责任义务延伸至所有人："在他人的脸上，展现了一种毫无防备。"（列维纳斯，1982：90）他人不像我们认为的那样危险。邂逅他人的最好方式，就是接受他人向我们所呈现的。因此，作为诗人和国家领导人的桑戈尔主张在杜绝所有形式的粗暴及冒犯人性的价值观基础上进行治理，这同样也解释了他为何拒绝分而治之，拒绝通过与某一阵营结盟来反对另一阵营。他认为，政治家应该是不偏不倚的裁定人，他居于各种阵营之上，追求普遍利益。R.尼亚莱加断言，"桑戈尔所提的黑人精神处于人性的十字路口，因为它寻求具有丰富多样性的人"（2013：33）。桑戈尔所主张的黑人精神乃是与所有人的分享、相处和平衡。如果我们花时间更好地审视他人，在其特征中看到和平、友爱和分享的讯息的话，他人也似乎不那么危险，不那么神秘了。这种和平的讯息表现在诗歌创作中，尤其在主人公沙卡的话语中："我认为它不是一种兵戎相见的和平，也不是压迫下的和平。不是缺乏平等的友爱。我愿人人皆兄弟。"（桑戈尔，1984：125）桑戈尔支持人的联合，哪怕他们之间有差异。这是一首关于爱、寻求原谅和遗忘错误的诗。爱使人能扬弃自我。各种违抗在所难免，但它们应该被爱超越和升华。成长乃是一种尝试、犯错和试验的过程。

在桑戈尔看来，在一种向心运动中，人处于自然的中心，是自然的一部分。人与世界的这种融合对于黑人而言是一种需求，即与生命的脉搏（即生命的运动）和谐相处。非洲是一个有生命的大陆。非洲的使命不是要成为欧洲，

而是要重新成为非洲,也即要重新找到其本真的价值。艾梅·塞泽尔在其著名的《关于殖民主义的话语》中提道(1955:29):

> 我们不是"马马虎虎"的人。在我们看来,问题不在于一种空想的和无疾而终的一再重复,而在于一种扬弃。我们并非想要复活一个死气沉沉的社会……我们应该在我们所有奴隶兄弟的帮助下,重新创设一个新社会,一个充满一切现代生产能力和古老的友爱的新社会。

处于这种友爱概念中心的是社会,以及经由社会的作为人性生物的人的观念。友爱与其总的人类框架之间的关联乃是非洲黑人人文主义的一个反思点。友爱的生活是一种社会生活,社会生活以一些适应和融入共同给定条件的能力为前提。桑戈尔主张的人文主义通过这种和平、友爱以及分享的讯息而为人所理解。这种人文主义呼吁我们扬弃自己从而促进给与得之间的会合。在此,我们看到一种从黑人出发然后延展至所有种族的运动。桑戈尔寻求在本性所固有的差异之外,将世界的要素调和起来,因为他认为人本身行无止境。同样的,人在尊严上不能被低估,因为尊严对一个民族或一个个体来说是唯一的解放保障,尊严意味着自我意识的构建。卢梭用下述话语确认了这一点:"人啊!为人要仁慈,这是你们的头一个天职;对任何身份、任何年龄的人,只要他不异于人类,你们对他都要仁慈,除了仁慈以外,你们还能找到什么美德呢?"(1966:92;中译文参照让-雅克·卢梭,《爱弥儿——论教育》(上卷),李平沤译,商务印书馆,1978年版,1996年第7次印刷,第72页——中译者注)我们会回答说,在仁慈(humanité)之外我们没有任何美德(sagesse),要么也是处于堕落状态。因此,社会是人进行人性化的场所。

除了黑人精神,还需提到随着R. P. 唐普尔的《班图哲学》的出版而诞生的民族哲学(又译人种哲学、部族哲学)。从定义上说,民族哲学乃是"哲学概念的扩展,它将全部文化(神话、传说、谚语、宇宙起源学,等等)视为哲学"(尼昂凯-科菲,2018:13)。这种民族哲学寻求一种原汁原味的非洲认同。然而,应该警惕那些导致形而上学、杜撰和主观性的追根溯源。如此一般,如果我们抱着自身文化范畴不放,固守自身规范的价值观,对他性充耳不闻的话，我们会犯所谓民族中心主义的错误。

然而，任何旨在将一般的人类价值与自身独有的人类价值一致起来的态度，不仅在伦理层面严重导致了不宽容，而且是一种主要的认知障碍，因为这种态度意在归于同一。因此，如蜘蛛一样，"西方从自身出发编织再编织着世界之网"（尼采，1977：272）。民族哲学的批判使得我们承认并且质疑西方的霸权态度以及西方想挪用理性与哲学的企图。争论本身表明，这是西方的排他态度产生的影响，因为西方窃取了哲学的排他性和声誉。只要西方通过其大学和媒体不承认正确的价值，也即作为不同思想的来自其他文明的哲学的重要性，那么西方将会强制其他文明采取摇尾乞怜的姿态，让它们给出它们的存在、财富乃至合法性的证据。对非西方思想的这种专门处理与拒绝接受非洲哲学如出一辙。然而，哲学乃是来自所有社会的在世生存的生物的普遍意义："所有在其发展中某一既定时刻的民族获得了一些传说，也即他们至少在此后一段时间在某种程度上相信的美妙叙事。"（格里马尔，1986：5）

承认哲学活动的多元性，这表明哲学是一种多元事物的单数词。在非洲哲学这种简便表述下，应该在单数之外理解一种需不断重申和记忆的多数。哲学是一种开放的和连续的进程，它融入了历史、各种文化和各种身份的逐渐消失的动态。正如我们在行走时证明了步伐一样，非洲人在进行哲学思考的同时证明他们在哲学思考。

此外，贝希尔·迪涅也持这种观点，他断言，非洲哲学自认为是游牧的，通过这种游牧，非洲哲学跨越了各种文化之间的边界，并将这些边界转化为交叉的道路。非洲哲学产生自比较主义，它应该是一种具有多种声音和多种路径的话语，也就是说向其他人的哲学开放，同时扩展它的或它们的遗产。所以，马西安·托瓦和保兰·洪通吉指责 R. P. 唐普尔和卡加梅在分析所使用的资料时不严谨也不精确，对于这些资料，他们未建立任何有根据的解释规则。他们还指责 R. P. 唐普尔和卡加梅在毫无根据的情况下做了草率的归纳，指责他们都主张将一种由集体和自发的思想构成的个别体系视为哲学，因为这种体系是班图人专有的，并干脆被称为哲学，这种体系本来充其量是地区层面的。但是，必须谨记的是，毋庸置疑，传教士唐普尔为关于非洲的民族学和民族志研究提供了不可估量的哲学冲力。该论据旨在表明，班图人的世界观的基础是一种逻辑体系，一种关于世界、人和周围事物的实证观念。

民族哲学因而表现为非洲文明的某种护栏，面对工业社会的各种脱离常轨，它是非洲文化的坚固捍卫者。民族哲学是为争取恢复黑人价值观的斗争工具。民族哲学提升了黑人形象，黑人形象转败为胜。非洲黑人就这样从否定被推向肯定。我们看到境况的一种完全反转：受害者战胜了刽子手。作为对欧洲民族中心主义的回应，民族哲学使得西方对非洲的霸权态度重新受到质疑。

结 论

今天，前所未有地，人应该尽其所能来求得自己以及他所居世界的所有物种的灵魂得救。作为二元体的也即如笛卡尔所说的由身体和心灵组成的人，既抱有观点，也怀有信仰。智性能力把握法则以及普遍的自然原理，而信仰培养人并给人一种专门的生命观。对于人而言，信仰是根本的，因为信仰使其处于良好状态。信仰可以使人表现出在同一社会团结地生活的意愿，在这同一社会中，每个人均被视为名副其实的团体成员。我们在重视城邦的幸福生活的同时，推翻统治和奴役体制，因为这种统治和奴役体制再次质疑了人的尊严。共同成为人，这意味着表现出在同一个社会中共同生活的愿望，就像西里尔·G. B. 科内衷心呼吁的那样："女性和男性应该学会成为人，同时关注其他人。"（2017：58）非洲—西方二分法因而是失效的。各个大洲重新返回到它们的地理价值，这种地理价值开启了一种关于进行哲学思考的多元性的视角。非洲哲学因而应该懂得果断地、一视同仁地接纳所有风格，但我们同时要谨记非洲哲学本身以及所有哲学传统所具有的过程特征。

Mireille ALATHÉ BODO: APPRENDRE À ÊTRE HUMAIN:
LA PART DE LA CULTURE AFRICAINE
(*DIOGÈNE*, No. 263–264, 2018)

参考文献：

亚里士多德, Aristote (1995) *La politique*, introduit et traduit par Jules Tricot, Paris: Vrin。

加缪, A., Camus, A. (1951) *L'homme révolté*, Paris: Gallimard。

塞泽尔, A., Césaire, A. (1955) *Discours sur le colonialisme*, Paris: Présence Africaine。

笛卡尔, R., Descartes, R. (2000) *Discours de la méthode*, Paris: LGF。

迪比, K. A., Dibi, K. A. (2018) *L'Afrique et son Autre. La différence libérée*, Abidjan: Éd. Balafons。

尼亚莱加, R., Gnaléga, R., (2013) *Senghor et la civilisation de l'universel*, Paris: L'Harmattan。

格里马尔, P., Grimal, P. (1986) *La mythologie grecque*, Paris: Puf。

赫拉克利特, Héraclite (1964) *Les penseurs grecs avant Socrate*, traduction, introduction et notes par Jean Voilquin, Paris: Flammarion。

康德, E., Kant, E. (1968) *La Métaphysique des mœurs*, trad. par A. Philonenko, Paris: Vrin。

科乔-格朗沃, S., Kodjo-Grandvaux, S. (2013) *Philosophies africaines*, Paris: Présence Africaine。

科内, C. G. B., Koné, C. G. B. (2017) *Sur la maîtrise de la violence*, Paris: L'Harmattan。

莱布尼茨, G. W., Leibniz, G. W. (1969) *Essais de théodicée*, trad. par Jacques Brun-Schwig, Paris: Flammarion。

列维纳斯, E., Levinas, E, (1982) *Éthique et infini*, Paris: LGF。

米齐, W., Midzi, W. (1999) *The Significance of African Culture and Tradition for African Philosophy*, Paris: L'Harmattan。

尼采, F., Nietzsche, F. (1977) *Fragments posthumes 1888–1889*, traduit par J. C. Héméry, dans *Œuvres complètes*, t. XVII, Paris: Gallimard。

卢梭, J. J., Rousseau, J. J. (1966) *Émile ou de l'Éducation*, Paris: Garnier-Flammarion。

桑戈尔, L. S., Senghor, L. S. (1945) Liberté 1: *Négritude et Humanisme*, Paris: Seuil。

桑戈尔, L. S., Senghor, L. S. (1984) *Œuvre poétique*, Paris: Seuil。

唐普尔, P., Tempels, P. (1961) *La Philosophie bantoue*, traduit du néerlandais par A. Rubbens, Paris: Présence Africaine。

超越世界主义

M. 伯纳德·拉莫斯　著
俞丽霞　译

"共同体"这个术语在有关世界主义的探讨中频繁使用,并被下了各种各样的定义。一方面,它的使用是承认已存在共同体,另一方面,是表述这种实现一个以共享的道德价值观为特征、更大或许甚至更好的社群的希望。在一些情形中,探讨可能是抽象的。然而,在另一些情形中,探讨将从具体存在的情况向规范或抽象层面移动。我们偏向后一种进路。

在众多有关世界主义的探讨中,共同体假定紧紧依赖于存在是对立实体的充盈(plenum)这一存在论预设。对立实体会走向相互背离或相互吸引。在后一种情形中,这些实体最终会实现综合,在恢复到原初的对立状态前这样持续一会儿。在古希腊哲学中,赫拉克利特表述了这种将运动作为存在原理的存在论,在现代哲学中,霍布斯(1962)和黑格尔(1975)对其重新肯定并加以提炼。相互背离或吸引的观念暗示着实体在其原初状态中未必是相关的。实体独立于彼此而存在。从此以后,希望是为构建综合向彼此移动。这个方向上的运动并未对实体离开其他实体后延续的生命做多少说明。也就是说,在背离状态中存在怎么可以存续?假如背离的存在为了生存只向它的猎物移动,那么当然这种运动说明并确立了存在自身和其猎物之间的一种关系。然后,我们就可以得出,在其原初状态中存在未必是相关的这一主张是相当含糊和有问题的。为了避免这种相当站不住脚、有问题的主张,我们偏好这种存在论出发点,即将运动视为"存在"的原理,将众存在物视为是原本相互联系的,尽管程度不同。

根据我们偏好的存在论观点,界限不是排斥"他者"的点。相反,界限同时是重新肯定"我"以及"他者"和"我"的结合点的环节。那么,界限突出了在"我"和"他者"之间存在的原初互补关系。"存在"以这种方式将界限合法化为对由众存在物之间的复杂关系组成的不可消除的网络的承认；也将"我"和"他者"合法化为人类和其他存在物。根据这种观点，包括不断呈现出的多元世界在内，"存在"的共同体已经潜在地存在，凭借行星地球上多样化的人类和其他存在物的具体存在成为现实（扬施，1981；另参见芬德利，1935）。承认我们的世界不是唯一的，是对当代一般物理学，特别是对天体物理学的洞见做出的重大让步（戴维斯，1987：121-137；另参见该作者的其他著作《脱缰的世界》《无限的时代》《上帝与新物理学》）。这种让步令我们抛弃"世界"——现在应被理解为多元世界——有中心的陈旧观念（坎托雷，1977：403）。承认"存在"，即无中心的多元世界，暗含着有必要抛弃作为其存在条件核心的"我"或"自我"。"我"的去中心化要求一种开放性，准备并能够与"存在"相协调的开放性；学会经历流动性、复杂性和不确定性（鲍尔斯，1982：140-141；另参见海森堡，1958）。我们的论点是，在很大程度上，作为探求宇宙或秩序的世界主义理想与经历流动性、复杂性和不确定性的必要性相对抗。这是超越世界主义的基础。现在我们转向对这个论点的思考。

世界主义的排他性界限

马蒂亚斯在其写于冷战结束前的作品中提出了一种有洞见的主张，论述世界共同体的可能性，以及确立一种调节世界共同体的秩序的必要条件，也许是充分条件。他主张，有两个原因使这个问题的哲学思考具有相关性。一个原因是地位稳固的超级军事大国没有宣布放弃使用核武器的意图。关于核武器、化学武器或生物武器的生产、获得和使用，其他现存和新兴的国家保留了一种类似的承诺。比如，这标志着世界上每一个倾向于将自身作为一个独立共同体来保护和发展的国家之间存在恐惧和不信任。另一个原因是国际政治中有关无政府状态和合作的证据确实仍将"强权政治"作为解决冲突的最终仲裁者。国际合作的现实产生了促使国家相互了解的"文化间的开放"的必要性（马蒂亚斯，1990：164）。

根据他那时有关国际政治的描述，以及为何其要求考虑确立调节世界上的民族的一种秩序，马蒂亚斯将共同体定义为："人实现其命运的一种社会媒介。"（马蒂亚斯，1990：166）他主张，由于没有人本身和靠自己就是完善的，需要他人的帮助和合作以获得自我实现。沟通是他的共同体定义一个不可缺少的组成部分，因为共同体开启了相互理解的可能性。作为一个集体性实体，共同体必须以围绕平等的人性和正义的原则的共享价值观为特征。他主张，民主——随着理论变成现实的实践——是实现共享价值观的最好手段。马蒂亚斯选择民主是源于他的基本前提，即多样性是人类存在的一种存在论论据。他将这个前提转移到了国际政治领域，断言除非承认"国际多元性"，否则世界共同体不可能建立。马蒂亚斯的多样性观念的问题在于其暗含对立会产生使对立方相妥协的需要。由于他强调所有人的人性平等，对立并不必然是存在论的，而是文化的。这样，"文化间的开放"成为增进相互理解的门户。因而，这种开放会促成对支撑"世界共同体"的构成的价值观一种更广泛、更深入的共享。将手伸向原先被排斥的"他者"直到在共享价值观的基础上实现"世界共同体"，是马蒂亚斯的世界主义标牌。这与经历流动性、复杂性和不确定性的必要性相对抗吗？在我们探讨这个问题之前，指出持这种世界主义观的并不只有马蒂亚斯不无用处。

昆主张将全球伦理作为全球社会的基础并承认多样性。他主张，民族、文化、宗教和科学观之间的差异是如此巨大，以至于达成完全的伦理一致是不可想象的。"不可能有完全的伦理共识"（昆，1997：93）。但他仍然在我们都是人的基础上提出最低限度的伦理共识。他在这里重新肯定了马蒂亚斯。重新肯定暗含着一些文化规范和制度是牢固地固定住的：它们是不可渗透和不可改变的。马蒂亚斯坚持这个观点并主张"世界共同体"理想的实现不应导致民族国家的毁灭或瓦解。他认为，"任何试图建立世界共同体的工作应该从承认作为一种政治和文化完整性的民族国家的根本性原则开始"（马蒂亚斯，1990：170）。民族国家是终极的、不可渗透和不可改变的这一信念赋予民族国家一个永恒光环。这样一种教条式（佩珀，1966：11）的信念正好反讽地与其旨在实现的世界主义相对抗。昆通过什么方式先验地证明了不可能有彻底和完全的伦理共识？

马蒂亚斯有关民族国家的"根本性"的信念和昆的不可能有彻底和完全

的伦理共识这个未经证明的先验主张,似乎是关于欧洲一体化运动的预言。从《罗马条约》到《马斯特里赫特条约》确实长路漫漫。前者谈的是欧洲渐进、持续的经济一体化,而后者表征着高点,即一体化可能无法超越的界限,恰恰是因为一体化对主权的意义构成了威胁。[1] 在经济一体化之外培养一种"欧洲性"意识的努力包括:出版的关于这个主题的许多著述(威尔金森,2003;斯米斯曼斯,2003)以及在教育领域设立的伊拉斯谟项目。然而,当每一个成员国就一个主权欧洲的愿景投自己的票时,压倒性偏好是保留主权民族国家地位的现实。结果,投票将欧洲世界主义的愿景推迟到了不确定的未来。这样一来,投票暂时使马蒂亚斯的前述先验主张有了可信度。

尽管与世界主义相对抗,马蒂亚斯和昆的概念框架继续影响着一些作者。欧盟从《罗马条约》行进到《马斯特里赫特条约》的经验似乎没有引起对另外的概念框架的寻求。这样一来,世界主义继续根据构成共同体、分离并排斥"他者"的界限来加以探索。比如,卡布雷拉在其全球公民资格的定义中采纳了共同体概念。他认为,"全球公民资格有望划分个体在全球性人类共同体中应被推定拥有的权利、可被视作为了更好地保障这些权利的实现个体所必须履行的职责以及制度关联性义务"(卡布雷拉,2008:89)。他在阐述世界主义时也将界限视为排斥之点(出处同上:94)。

对于上文考察过的所有作者,正义原则在其所有维度上对于宇宙即一种世界秩序的建构都是不可缺少的,所有共享价值观的人拥护这种秩序的律法,这种秩序必将被遵守并收获忠诚。但是,正义的实现可能恰好会受到固守一些文化实践和制度是不可渗透和不可改变的这种信念的阻碍。世界主义中的主义证明了这种阻碍。为了开放正义的实现的可能性,有必要超越世界主义的这个教条式维度。作为肯定互补关系的联结点,界限观念有希望提供非常必要的超越。我们现在转向的正是这个观念。

超越世界主义:作为联结点的界限

承认运动是存在的原理蕴含着承认存在处于不停的变化状态之中。因此,存在就是存在于持续一会儿的性质的永恒状态之中。性质的短暂持续就是存在。存在的变化在多重和多样的存在形式中显露自身(普里果金和斯唐热斯,

1984：213-232；另参见普里果金，1980）。存在同时在多方向上运动。这种运动是全周期的（博姆，1971：54）。然而，对存在的感知经常是被从程序上解释，也就是说，根据一种针对单向运动的思维或描述方式来解释。解释是存在碎片化的开始（博姆，1980：1-26）。这是忘却作为完整性的存在的一个例子。这是形成排他性界限的存在论环节（威尔伯，1979：3，26）。这种忘却将自身强加于存在，并声称获得了真理地位。比如，正如我们在世界主义中发现的一样，这种声称是主义的特殊性。我们主张，世界主义必须被超越，因为它是作为完整性的存在的否定，在这里概述的我们的存在观念是支持这个主张的哲学基础。我们现在转而思考作为联结点的界限观念，从而肯定存在的完整性。

根据奥苏阿古（2003：4），伊博语中表示世界的单词是"uwa"：它的意思是"伟大的展现"。展现被视为一个连续的动态进程，因而接受运动是存在的原理这个观念。然后他接着考察伊博语中以"izu"为人所知的非洲原型。"Izu"可以表示：（1）如"izukota"（见面）中的见面或互动；（2）如"izuoke"（完整性）中的完整；（3）如"izuuka"（周）中的完成一个周期或阶段；（4）如"izuike"（放松）中的休息或巩固（出处同上：7）。奥苏阿古将"izu"解释为"整体"语境中的一个关系符号。考虑到承认运动是存在的原理及其固有的活力，我们认为，根据完整性而不是"全部"来思考是恰当的。根据这种推理，"uwa"和"uzu"讲的是存在的性质的特点。正是"uwa"的性质的特点成为奥苏阿古的"oke"（即界限）是实体的"igba-agba"（即联结点）这种看法的基础（出处同上：10）。界限被视为一种由实体构成的无缝复杂网络。界限是有意识地承认存在的复杂展现网络中的相关性的存在论环节。因此布戈断言，从非洲哲学的视角看，复杂的互联是存在的存在论意义。因此他宣告，"我相系故我们在"。伊博语概念"uwa"和"izu"凭借"ubuntu"或"botho"（"人性"）概念在伊博人和讲班图语的民族间确立了概念的亲缘关系［我曾（拉莫斯，1999）详细阐述了这个概念］。只要说这构成了世界主义必须被超越这个主张的另一个哲学基础就够了。上文概述的非洲的存在或生命观念似乎也为阿拉伯哲学所共享（哈桑，1998：3）。

正如马蒂亚斯和昆所恰当观察到的，超越世界主义的关键是实践中的正义原则。对于正义的实现，同样重要的是马蒂亚斯的相关观察，即"世界共同体"必须由下往上开始建构。这些恰当的观察要求逐步达成源于文化间的多方会谈的共识。在其对冷战后世界的有洞见的批判中，哈桑呼吁一个多元主义世界中的"互动公正"最终应由这样的"互动公正、公平、和谐以及由所有人参与的开放交流渠道"来保护。这是一个为自由和公正的生活而发出的在文化间开展多方会谈的呼吁。多方会谈必须认真考虑人的尊严的平等原则，并努力做到对这种原则更深的承认、无畏的保护和稳健的完善。沿着这条路径，我们的地球将变成一个日益熟悉、更安全、正义的理想——玛亚特女神——付诸实践的村落。这当然是一个困惑了人类几个世纪的挑战，因为"在盲目追求进步的过程中，我们的文明实际上使挫折制度化了。因为在力图强调积极的东西、消灭消极的东西的过程中，我们完全忘了积极只能根据消极来规定……摧毁消极的同时也将摧毁享受积极的所有可能性"（威尔伯，1979：21）。我们可能会给几个世纪的挫折和飘忽不定雪上加霜，假如我们墨守排他性界限。在21世纪，我们面临的挑战是在由存在展现出的复杂的多元普遍性（pluriversality）中追寻收获村落文明的存在论希望，并在这个过程中超越世界主义。

* * *

我们主张，有关世界主义的主流思想在哲学上是有问题的。由于这个原因，我们呼吁超越世界主义，以此作为一种为强者和弱者、穷人和富人获取生存正义的手段。除了其他要求，生存互动公正要求以一种全新的眼光看待彻底完全地消除核武器、化学和生物武器的道德律令。我们应承认向不正义的殖民战争中的被征服者做出补偿的道德律令的必要性，承认维持和保护我们已过热的地球，不让它毁灭的盖亚思维的必要性。存在的碎片化具有沉入教条主义的汪洋，并因此使非常必要的、以超越世界主义为目的的文化间多方会谈的渠道堵塞的危险。

Mogobe BERNARD RAMOSE: TRANSCENDING COSMOPOLITANISM
(DIOGENES, No. 235–236, 2012)

注：

[1]范克莱芬斯（1953）主张，主权概念在其被移到政治领域前已出现很久了。根据这种观点，投票有利于保留主权民族国家地位这一点是可理解的。这里的保留暗含着个体保留及维持它自己的主权而不是将其移交——即便移交可以是有条件的——给一个遥远主权者的欲望。

参考文献：

博姆, D., Bohm, D. (1971) "Fragmentation in Science and Society", 收入 W. 富勒（主编）, in W. Fuller (ed) *The Social Impact of Modern Biology*, pp. 22–38, London: Routledge & Kegan Paul。

博姆, D., Bohm, D. (1980) *Wholeness and the Implicate Order*, London: Routledge & Kegan Paul。

卡布雷拉, L., Cabrera, L. (2008) "Global Citizenship as the Completion of Cosmopolitanism", *Journal of International Political Theory*, 4(1): 89。

坎托雷, E., Cantore, E. (1977) *Scientific Man: The Humanistic Significance of Science*, New York: ISH Publications。

戴维斯, P., Davies, P. (1987) *The Cosmic Blueprint*, London: Heinemann。

芬德利, A., Findlay, A. (1935) *The Unfolding Universe*, London: Psychic Press。

哈桑, T. A., Hassan, T. A. (1998) "Beyond Eurocentrism and 'I-centrism' ", unpublished paper presented to the Afro–Asian Conference, Cairo, Egypt。

黑格尔, G. W. F., Hegel, G. W. F. (1975) *Logic* [1830], ed. W. Wallace, Oxford: Oxford UP。

海森堡, W., Heisenberg, W. (1958) *Physics and Philosophy*, London: Penguin Books。

霍布斯, T., Hobbes, T. (1962) *Body, Man and Citizen*, 收入 R. S. 彼得斯（主编）, R. S. Peters (ed.) London: Collier Macmillan。

扬施, E.（主编）, Jansch, E., ed. (1981) *The Evolutionary Vision*, Boulder: Westview Press。

范克莱芬斯, E. N., van Kleffens, E. N. (1953) "Sovereignty in International Law", *Recueil des cours de l'académie de droit international de La Haye*, 82: 1–132。

昆, H., Küng, H. (1997) *A Global Ethic for Global Politics and Economics*, London: SCM Press。

马蒂亚斯, M., Mitias, M. (1990) "Possibility of World Community", *Dialectics and Humanism*, XVII(2): 164。

奥苏阿古, C., Osuagwu, C. (2003) "African World Science and Medicine", unpublished paper presented to the University of South Africa, Department of Philosophy。

佩珀, S. C., Pepper, S. C. (1966) *World Hypotheses*, Berkeley, CA: University of California Press。

鲍尔斯, J., Powers, J. (1982) *Philosophy and the New Physics*, London/New York: Methuen。

普里果金, I., Prigogine, I. (1980) *From Being to Becoming*, San Francisco: Freeman。

普里果金, I. 和斯唐热斯, I., Prigogine, I. and Stengers, I. (1984) *Order Out of Chaos*, Toronto, New York, London, Sydney: Bantam Books。

拉莫斯, M. B., Ramose, M. B. (1999) *African Philosophy Through Ubuntu*, Harare: Mond Books Publishers。

斯米斯曼斯, S., Smismans, S. (2003) "European Civil Society: Shaped by Discourses and Institutional Interests", *European Law Journal* 9(4): 473–495。

威尔伯, K., Wilber, K. (1979) *No Boundary*, Boston, MA: Shambhala。

威尔金森, M. A., Wilkinson, M. A. (2003) "Civil Society and the Re-Imagination of European Constitutionalism", *European Law Journal* 9(4): 451–472。

关于普遍模式的争论

克洛德·阿尔巴利　著
贺慧玲　译

自麦哲伦的环球航行（1521年）以来，普遍主义诉求与国际问题纠缠在一起，而普遍主义诉求的基础与范式曾有过三次变化。16世纪，世界化的帝国西班牙和葡萄牙确立，名义是"耶稣与永恒的拯救"。[1]19世纪，英国和法国创设了殖民网络，名义是所谓文明之精髓的"进步与科学"。20世纪中叶，渴望获取幸福的新愿望浮现出来，让－巴蒂斯特·萨伊用被消费商品的数目来衡量这种幸福。[2]这种消费主义寻求表现为两个相继的变体：一是借助国家唯意志主义确定寻求方式；二是利用市场进行公正的裁决。不过，国家的推动力也好，市场的监管力也好，所争论的关涉被当作普遍主义模式的消费主义幸福的方法，而不是其基础。今天，由于消费主义幸福这一模式的社会缺陷以及使这一模式得以长久存在的可支配资源的技术局限，因此争论围绕的是这一模式的基础。继宗教、科学和消费主义这些普遍主义之后，这种新的普遍主义会是什么呢？

一、消费主义普遍主义的方法论转变

当第二次世界大战刚刚结束经济学家着手研究发展问题时，人们认为最发达国家的舒适一目了然地预示着整个人类的未来。分析采用的观点认为落后是累积起来的。但是，如果说落后是诊断，那么国家唯意志主义就是落后的疗方。[3]然而，国际问题立刻成为决定性因素。融入世界体系应被视为利于赶超的优点吗？还是更多地应被视为扰乱人们打算开展的进程的缺点呢？

1. 对国际领域表示怀疑的普遍主义

20世纪40—70年代，主导思想的出发点是国际贸易对发展进程具有负面效应这一原则。当然，力图在关贸总协定内部降低关税壁垒的工业化国家并不这么认为，但这使人们更加相信这种贸易只对强者有利。那些新兴独立国家不得不防范这些不良效应。科学基础建立在巴西的劳尔·普雷比施的分析之上，即进出口交换比价的每况愈下造成了生产原材料和能源的贫困国家的不利（普雷比施，1964，1984；辛格，1984）。交易被认为是用一只手（即经济自由）收回了另一只手（即政治自由）所让与的。[4] 为了防范这一点，经济战略主张带有关税和法规保护的内向政策（阿明，1986，1988）。

唯意志主义的实施基于凯恩斯的图式，这些图式将投资说成是具有乘数效应的增长机制的基础。这一点在著名的哈罗德－多马经济增长模型中有所体现（哈罗德，1939；多马，1946）。只要人们对国际贸易的不良影响有所防备，赶超可通过投资来进行。理论争论转移至两个外围的却是基本的问题，即在不同的投资方式中如何选择以使得赶超的效应最大化？如何找到与预计的投资规模相称的财政资源？

投资问题曾引发了许多争论。政府面临着各种各样的选择，如进口替代、抢占国外市场、产业化的工业、均衡的投资、"大推动"等等，不一而足（弗塔多，1954；赫希曼，1958；霍斯利兹，1970；刘易斯，195；迈耶和西尔斯，1984；迈耶和斯蒂格利茨，202；默达尔，1957；佩鲁，1964；罗森斯坦－罗丹，1964）。抢占国外市场这一选择因被认为离经叛道而被放弃，取而代之的是对其他选择的试验。财政问题提出了一个不容忽视的困难。必须达到高增长率的原因有三个：（1）超越由医学进步激发的人口增长；（2）鼓励一些更加有利于发展的新行为；（3）实行赶超。然而，持续的增长率必然意味着巨额投资以及雄厚的财力。这违背了贫困国家的财政能力，因为这些国家的消费是基本需求消费，无法产生强烈的储蓄倾向。只利用本国资源解决不了问题（纳克斯，1953）。政府通过最大限度地压低农产品收购价格向农业生产者强行征税，或者通过收取特许权使用费向矿业或能源开采者强行征税[5]，仅凭这些是不够的。直接投资、贷款和捐赠形式的国外援助显得不可或缺。直接投资背离了正统的分析，因为直接投资包含国外运作者的干预。贷款和捐赠使得通过强加国家的监管而保留选择权成为可能。

　　石油危机对这种智能建筑提出了质疑。石油危机显示出原材料价格并非注定是下降的。油价上涨导致了金融狂热，国际市场上有大批量的流动资金。大公司可以占领一些进口替代市场；穷国握有贷款，并预期是具有偿还能力的，这种偿还能力独立于项目的会计结果，因为市价的"可预见的"上涨将保障之后贷款的偿还；持有这些资本的石油生产国经由西方金融系统找到了一些投资机会。[6]三方均从中获益，但是这种共同的分析认识导致了一些不谨慎的财政投资。20世纪80年代初，原材料价格的崩溃突然使得无清偿能力的国家任凭债权国的支配。一些丧失经济独立的政府必须屈从于结构性调整计划。进出口交换比率的恶化与升值一样地没有长期的一贯性。一切又从头开始。

　　2. 具有国际基础的不变的普遍主义

　　先前政策的局限、债务危机导致的金融破产以及亚洲"四小龙"的辉煌成功促使对分析做出修改。[7]占统治地位的不再是一个无所不晓的国家的唯意志主义，而是市场规律、动议的自由以及国际开放。这些因素成为走入不变的消费普遍主义的方式。随着运输手段的进步（集装箱的普遍应用）以及通信技术的发展（新的信息通信技术），市场走向了全球化，并同时抹杀了第三世界的分析性特征。[8]这就如弗朗西斯·福山（1992）所宣称的"历史的终结"；或如托马斯·弗里德曼（2006）告诉我们的"平坦的世界"的定义。

　　从此，分析理论依托索洛的分析（1957）所启发的新基础。增长和发展的核心要素不再是投资，而是技术进步。应该鼓励一切能够促进技术进步的传播的事物（教育、研究、基础设施……），不应该仅仅只重视生产性投资。与这些解决办法相并行的是一个有利于运作者在开放的市场中流动的体系，在这一开放的市场中，关税壁垒和法规阻碍的消除有利于技术进步的同步传播（鲍莫尔，1986）。这一切具有无可否认的智性连贯性，其结果就是全球化。

　　然而，迅速地[9]爆发了一场针对这一空间重组的优势和局限的争论。这场争论不再是变换方法的问题，而是对于消费主义范式及其普遍主义基础的彻底质疑。

二、对于新的普遍范式的寻求

争论源自一种认识,即认识到市场无法解决经济变化的社会后果。下面从道德规范、公平、治理与认同这四方面进行分析。考虑到可支配资源以及生产技术对环境的影响,各种目标的不合时宜就显得淋漓尽致了。

1. 四方面的社会失调

在 21 世纪初期,全球化的成果受到过分吹捧,然而全球化的其他方面却让其招致众怒(内格雷蓬蒂 – 泽利瓦尼斯,2002)。事实上,贫穷国家的数以十亿计的居民猝不及防地达到西方式的生活水准。仅仅在一个 30 年里,中国、印度或东南亚的所有人口阶层就被推进到西方式的生活水准。但与此同时,另外的很大一部分世界人口连最基本的需求都未得到满足。这部分人口被禁锢和束缚在铜墙铁壁的多边形中,构成这个多边形的是营养不良、饮用水缺乏、人身和财物无安全可言、少得可怜的医疗保障、几乎无法接受教育,以及每日可支配收入不足一美元。这些不利条件经常是越积越多,受其影响的不幸者有 9 亿—12 亿,占全球人口的 1/6。这种丑恶现象更令人无法忍受是因为这些人口通过媒体对财富分配的差别以及生活方式之间的鸿沟不再是一无所知。

全球化这一新体系尽管成绩斐然,却具有确确实实的局限。诚然,市场产生的不偏不倚的价格促使行动者调整他们的行为和偏好。[10] 这种价格机制被认为比国家推动的价格机制更为客观。但是被投射到全世界的全球化这一体系的优点,一旦脱离社会语境,在道德规范、公平、管理和认同方面也显示出了一种失配。

争论的第一个方面针对的是国际贸易的道德框架。这一道德框架提出了一些道德规范,由于市场的仅有参数乃是有支付能力的需求和供应能力,因此不会提供这些道德规范。我们可通过童工和腐败来说明这一道德框架的内容。

童工是因为某些新兴国家为满足向富裕国家供应消费品而成为其生产力的组成部分。这些富裕国家在 19 世纪曾经使用童工,这些措施如今与它们确立的社会规范相悖。迫于公共舆论的压力,北半球的买主不得不注意使其分包商不再使用童工。此外,童工由于被剥夺了受教育的机会而阻碍了技术进步的传播。消费者协会对这一道德规范给予了积极的和有效的支持,并以抵制不遵守这些要求的企业生产的产品相威胁。受影响的企业于是通过挑选合作伙伴并标榜自己遵守这一道德规范（关于地毯的谈判是其中的一个例子）来防备任何敌对运动。

另一个例证与腐败有关。腐败因其在道德影响及其对市场造成扰乱而备受批判。在合同谈判中，腐败会牵涉公共和私有企业的领导者。市场不再具备透明原则，价格指示不再反映供求的真实关系。合同不再有公正的法庭的保障。道德规范可为市场的正常运行助一臂之力，但市场的正常运行还需已被人们认为应被排除的国家调节来强化。

争论的第二个标准涉及的是公平。这并不是指推进巴贝夫或格拉古空想式的平等，而是在贸易中确立更为均衡的财富分配。然而国际商务的运作中包含着明显的不平等，尤其对于农民和手工业者来说是如此（斯蒂格利茨和查尔顿，2005；迪亚·佩德雷加尔，2007）。于是人们寻求借助终端消费者支付的额外津贴向生产者支付更多报酬，以此纠正市场实行的分配。国际贸易中实际的公平贸易份额仍微乎其微，但是这一份额是消费者非常支持的参照点。步哈弗拉尔之例的后尘，标签制度和许可证制度被强制推行（《哈弗拉尔报告》，2003年；《关于公平贸易的欧洲报告》，2003年）。这些纠正措施更多地是影响了生产者的出口商品的实际收入，而非南北半球国家之间的总体分配。

第三点质疑涉及对公共财产的管理及其治理。市场规律迫使公共决策者接受重视营利的客观化决策规则。由于公共当局是通过市场，而不是通过某些社会政策参数来检验其决策，不断加剧的公共财产的商品化引发了第一个争论点。公共当局现在受它们之前只需负责调节的规则的支配。部分舆论不希望医院床位的开放或者课堂的关闭仅仅受制于经济营利的考虑。

此外，还存在第二层争论。某些问题仅在领土主权框架内无法解决，它们需要国际合作。伴随着全球化出现了更多的问题，如禽流感、疯牛病、污染问题、禁渔区的管理、食品安全、饮用水缺乏以及气候变暖。民族国家要独立地解决这些问题已是无能为力。

治理的合法性这一问题错综复杂。长久以来，权力被马基雅维利称作君主个人化了。16世纪以来，权力脱离个人、被包含进一种原则和领土之中成为趋势。但是这种合法性的基础仍是神授的。让·博丹曾解释说，君主拥有超验性，并如米歇尔·福柯（194）所明确指出的，获益于外在性地位。18世纪，欧洲的农业革命颠覆了这种合法性。这场农业革命在促进生产的陡然提高的同时，也导致了前所未有的生产过剩，对于这种过剩，生产者主张消费，君主主张加大日常削减，双方争执不休（阿尔巴利，2001）。生产者大获全胜，因而得以通过其代表监管君主支配的税收与支出，并事实上建立了新的权力合法性：这种权力合法性现在源自通过国家集合在一起的人民。人民充当起国家主权的无可置疑的持有者。但是对某些公共财产的管理再次质疑了某既定领土的人民有决定权的合法性。有组织群体的要求破坏了国家在制定规范方面的绝对优势。

由代表团来代表国家受到双重质疑，一是国际方面的质疑，这已然成为调节某些问题的合适层面；二是公民们的质疑，他们要求直接参与决策制定（森，1998）。这导致了国家的削弱，但是我们已经看到国家的一些新需求也出现了。对新的合法性的寻求是未来要考虑的问题。扎基·拉伊迪（2004，第43页）写道，新的合法性建立在三个关键因素之上，即广泛传播的知识的发挥、个人主义价值观以及使得人们互为联系和连接成网络的通信技术。他又说（第68页）："可操作的主权的前提是承认国家放弃其对于社会的权力。这种可操作的主权意味着个人直接参与定义这种主权，意味着个人不再受制于主权，而是开始共同制造它。主权不再是与个体对立的权威原则。"

最后，第四点质疑涉及的是认同问题。这个问题关涉从传统社会到西化生活方式的转变的文化方面。采用消费主义进路往往会消除所有文化特性并且通过同一种架构将行为、品味和风尚统一化。这种全球齐一化趋势是既被垂涎追求，又被担心忧虑的冲突。那些在消化现代性所带来的东西方面显得过于脆弱的社会注定会消亡。这种消亡可以滋养暴力拒斥的基础，恐怖主义就是这种暴力拒斥的一种形式。然而，虽然新技术可用于传播新行为，但新技术的功能并非是由多种因素决定的（芒福德，1963）。我们被允诺的平坦世界并非是唯一的前景（弗里德曼，2006）。全球化的工具完全可以用来提高认同特性的价值。今天，重新占有现代技术，为受到威胁的文化增添新的力量并因此促进对认同多样性的肯定，这一点看来是可能的。当我们看待全球化时，这一问题是根本问题。

道德规范、公平、治理和认同这个四重领域确定了重新对国际化进行监管的着力点，因为国际化的参数似乎过于由经济因素决定。然而，虽然不能说这些纠正措施在当前具有全球影响，但它们迄今对全球经济的着力点产生了一定影响，且指出了加入这一体系的断裂点之所在。

2. 不可避免的技术阻碍

除了这种已经触及消费主义范式之基础的批判进路，还存在不可避免的和彻头彻尾的技术阻碍。前述思考致力于给予这种无法在所有人口中实现的消费主义以社会的和道德的维度，所采用的标准强调了能够导致所有灾难和冲突的障碍。但是这种消费主义的长期存在被其自身的技术特点所损害，受到两种影响：（1）满足此种模式传播的可支配的自然资源不足；（2）对自然生物平衡的影响所造成的致命威胁。

我们先看第一种影响。1972年的《增长的极限：罗马俱乐部关于人类困境的报告》已经告诫，为了实现消费主义模式所需的生产模式是不能持久的。我们将很快遭遇资源衰竭。尽管该报告一石激起千层浪，反响热烈，但一旦争论偃旗息鼓，消费主义模式继续变本加厉地席卷全球。几年之后，勒内·帕塞（1979）再次指出经济受日常生活的限制。但是现在，随着两个世纪中增长了5倍多的人口，可享受消费的个体数量前所未有，他们支配的财产数量也是史无前例的。如果我们仅仅局限于这一模式过去一些年中的成果，并将其投射于未来，那么即使将大部分人口永久排除在外，该模式仍将遭遇自然资源的短缺因而不能持久。

单单能源资源的稀缺就足以质疑那些将它们的产品分散在全球的不同地点的企业的国际结构。只有利用能源低价格，使运输费用成为边际费用，企业才能达到这一国际结构。矿物能源资源的衰竭不可避免。作为其后果，石油、天然气、煤炭的价格上涨在未来必定发生，我们的所有社会都将无法逃避。石油、天然气生产将在21世纪中叶之前达到顶峰[11]，考虑到煤炭的持续消费水平，它的生产顶峰似乎也仅在几十年之后达到。诚然，开采油页岩仍留有某些操作余地，但随之而来的是油页岩价格的猛涨。运输费用的提高将不可避免。今天几被忽略不计的货物发运费用对于分布广的生产单位将是一种威慑。地方贸易关系将再次显示出优势，使得某些更窄小的区域联系更加紧密，并有可能提供在塞缪尔·亨廷顿（1997）所划分的文化集团内部经济赢利的前景。最终，当前形态的全球化只会成为经济史链条中昙花一现的阶段，全球化的预期寿命似乎会比第一种全球化形态（1860—1913年，始于拿破仑三世统治时期，止于第一次世界大战前）更为短暂。

第二点影响关涉技术改变自然环境的能力以及技术给自然环境造成的损害。这直接与工业时代初期强行确立的原则相冲突，这一原则即统治被当作取之不尽、用之不竭的整体的自然。不仅世界显露出比我们预计的更为直截了当的局限，而且技术力量及其对于自然的影响造成了不可弥补的损失，并且从长期来看阻碍了发展前景。更糟糕的是，这将可能威胁人类的生存本身！

至此，经济计算方法注重着眼于土地、资本和劳动这些因素的生产成本。这三个因素并入市场只是晚近的事（土地的分配曾经只与贵族头衔的特权有关，由于神学的原因金钱交易一度被禁止，而劳动倚赖的是通常由出身获得的社会地位）。一旦这些因素进入市场，并摆脱了它们的社会偶然性和宗教禁忌，经济计算就成为可能。这种情况出现于18世纪，因此促使现代经济学得以出现。但是在将计算仅仅集中于这些因素的同时，人们忽略了对于环境的有害影响。没有人在算计生态平衡的日渐衰坏或资源的枯竭。技术在越来越宽阔的空间中变得越来越强大，具有潜在危险的偏差被引入了发展模式。[12]干扰与损害迫使今天重新思考经济体系以及经济体系的会计评估方式。

如何评估这种损害成本并将其纳入到运作者的措施当中呢？除了惩罚违法者（例如商船在公海冲洗油箱）的法规方面之外，还开始采取市场手段，即建立污染许可证，企业可根据其自身绩效及逐步引进的规范来换取这种许可证。损害成本的市场化似乎可能颠覆经济计算。这种市场化可能确认世界是有限的，而消费是无限的，并且成为可持续发展进程的组成部分。

祈愿"可持续"发展难道意味着迄今为止可持续发展只被看作是权宜之计吗？在可持续发展这一概念中难道不包含不得要领的冗余吗？事实上，这一概念假设的更多的是一种模式转变，而非一种限制（布尔格和雷萨克，2006）。这种认识产生了三种定位：

（1）第一种定位放弃了消费模式，认为削减是救星（拉图什，2001；杰奥尔杰斯库－罗真，1996）。这种激进的趋向同时强调与全球化分道扬镳的必要性；

（2）第二种定位建议改变习惯，以对资源采取节约的管理，同时促进新的消费模式，与这种消费模式相匹配的是更为广泛的关系的和社会的构成要素。这一定位颠覆了以根据消费商品来评价的个人主义幸福为基础的普遍主义范式；

（3）第三种定位认为技术解决方案将解决这些新挑战。采用新技术将会再掀新的增长热潮，在过去当出现其他的技术断裂时就是这样。[13]

富国似乎不太打算再深入审视它们的模式，而贫困国家对于似乎能将它们从贫困中解脱出来的希望难以割舍。因此认识尚未达到能够产生一种明确的战略的程度。何种消费和生产模式可以使南北半球国家保持它们的增长，并将这种增长普及到它们的人口呢？哪种新的范式将构成新的普遍主义呢？如果这些问题未得到解决，约雷德·戴蒙德（2007）所提的问题——"社会如何决定它们的消亡和存续？"将成为棘手的和悲惨的当务之急。

结　论

发展处在雏形时首先反对与国际贸易一体化，因为国际贸易被认为是靠不住的。那些严格遵循此道的国家业绩平平，停滞萧条，面对这种情况，政府转换了思路。将对外开放作为获取技术进步的方法占了上风，并被认为大有前途。于是从法定监管下的国家调节框架转向了去调节，因而市场成为全球化中的获胜者，但参照模式始终推崇加利福尼亚式消费主义作为根本的和普遍的社会寻求。

对于无数贫困人口来说，加利福尼亚式的消费主义目前显然是不可及的。市场遮掩了道德规范、公平、治理和认同试图再次引入的社会维度。这已不再是关于如何达到向往的生活水准的修辞问题，而是使这种模式得以持久的合法性问题。削减？范式的重构？新的技术进步？消费主义普遍主义在其间摇摆不定。发展绝对不再是贫困国家透过最富裕国家的消费主义所看到的投影。发展不再能恪守其诺言，原因有三。很大一部分人口没有任何机会达到媒体和政策所规划的作为共同标准的生活水准，除此之外，还存在资源短缺以及与资源短缺相关的技术不可能性。但是我们不妨假设全体人口已找到了促成公平分配的组织手段，假设能源和矿产资源满足消费主义需求：这一结果将肯定让人感到世界末日已来临，因为它将导致如破坏生物链之类的生态破坏，甚至威胁人类的生存本身。将加利福尼亚模式普及到所有全球人口，看起来不仅从社会角度来说可能性不大，从技术角度来说是不现实的，而且从生态角度看是不合乎愿望的！对于一种替代发展模式的寻求已刻不容缓。这种发展模式应该在技术层面上是可持续的，在社会层面上是更为公平的，在文化层面上是更多样化的，在政治层面上是更具参与性的。

Claude ALBAGLI: *LES CONTROVERSES D'UN MODÈLE UNIVERSEL*
（*DIOGÈNE*，No.219，2007）

注：

[1]见《托德西利亚斯条约》(1494)中在教皇亚历山大六世的监管下对世界的划分。

[2]见让-巴蒂斯特·萨伊的三段论：(1)个体的幸福与个体能够满足的需求数量成正比；(2)而个体能够满足的需求数量本身与个体能够拥有的产品数量成正比；(3)因此，个体的幸福与个体能够拥有的产品数量成正比（普拉托，1978，第57页）。

[3]某些有马克思主义倾向的分析并未说明由落后导致的差距，而是说明了恰恰由发展进程导致的差距，发展进程被认为是从最弱小的国家榨取活力，来滋养自己的活力。这一理论导致了对发展的质疑。

[4]这种对国际贸易效应的否定进路与大卫·李嘉图（1970）关于当专于贸易的比较优势时贸易互惠的观点相左。它所采取的是截然对立的约翰·斯图亚特·穆勒（1873）的观点，按照穆勒的分析，对原材料和能源的需求即是不断增长的发展需求，因此会产生价格上升的效应，而生产量不断增加的制成品的价格则被竞争所削减。

[5]通过最大限度地压低农产品收购价格而对农村人口收入的大量抽取使农村人口根本不去消费，因此使得花大力气去资助的生产单位没有销路。企业的开工不足以及由此导致的亏损阻碍了发展进程。

[6]与石油输出国组织成员国相似的方式实现的生产商集团化此后将导致市场受供应的控制而不是受需求的控制。

[7]亚洲"四小龙"的成功，部分原因是因为只有它们致力于占领西方和日本市场。如果南半球的所有国家都采用这种策略，必定导致西方市场的饱和状态。

[8]这尤其可通过两点来说明：第一点就是有一个有规律的市场，无论是工业化国家还是贫穷国家，所有国家应面对这同一现实；第二点就是增长与发展之间的区别消失了，不再存在第三世界的经济（阿鲁，1999）。吉尔贝·里斯特（1996）谈到了这么一则趣闻：当他向一位国际知名的经济学教授说到他对发展中国家的经济感兴趣后，这位教授对他表示出怜悯同情，并回答说他不知所云，因为这位教授认为世界上所有国家，包括他自己的祖国瑞士均是发展中的国家。

[9]全球化的开端被确定为始于1990年。

[10]弗里德里希·冯·哈耶克（1980）认为，市场交流信息的体系，信息使得在商品和服务的流通中不断地调整成为可能，只依据交流的信号的数量，任何实体都不能做出这种调整。全球化在扩大信息交流规模的同时加快了信息交流的速度。

[11]专家们对此有争议。一些专家断言我们的石油生产已经达到顶峰，即我们现在消耗的石油多于我们找到的油层。

[12] 会计体系甚至倾向于显示更高的增长，因为反污染的企业积极抵消由工业活动造成的毁坏的影响。

[13] 参见 50 年的康德拉季耶夫周期，每一个周期均与一项技术有关。

参考文献：

阿尔巴利, C., Albagli, C., *Le Surplus agricole, De la puissance à la jouissance*, Paris, L'Harmattan 2001。

阿明, S., Amin, S., *La Déconnexion*, Paris, La Découverte 1986。

阿明, S., Amin, S., *L'Accumulation à l'échelle mondiale*, Paris: Economica 1988。

阿鲁, J., Arrous, J., *Les théories de la croisssance*, Paris, Seuil 1999。

鲍莫尔, W., Baumol, W., "Productivity Growth, Convergence and Welfare. What the long run Data Show?", *American Economic Review*, 76, 5, 1986, pp. 1072–1085。

布尔格, D. 和雷萨克, G.-L., Bourg D. et Rayssac, G.-L., *Le Développement durable, maintenant ou jamais*, Paris, Gallimard 2006。

戴蒙德, J., Diamond, J., *Effrondrement*, Paris, Gallimard 2007。

迪亚·佩德雷加尔, Diaz Pedregal, V., *Le Commerce équitable dans la France contemporaine: idéologies et pratiques*, Paris, L'Harmattan 2007。

多马, E., Domar, E., "Capital Expansion, Rate of Growth and Employment", *Econometrica*, 14, 1946, 137–147。

福柯, M., Foucault, M., "La gouvernementalité", dans: *Dits et écrits 1954–1988*, Paris, Gallimard 1994。

弗里德曼, T., Friedman, T., *The World is Flat, The Globalized World in the Twenty-First Century*, Londres, Penguin 2006。

福山, F., Fukuyama, F., *La fin de l'Histoire et le dernier Homme*, Paris, Flammarion 1992。

弗塔多, C., Furtado, C., "Capital Formation and Economic Development", *International Economic Papers*, 4, 1954, pp. 124–144。

杰奥尔杰斯库－罗真, N., Georgescu-Roegen, N., *Demain la décroissance. Entropie, écologie, économie*, Paris, Le sang de laterre 2006。

哈罗德, R. F., Harrod, R. F., "An Essay in Dynamic Theory", *Economic Journal*, 49, 193, 1939, pp. 14–33。

冯·哈耶克, F., von Hayek, F., *Droit, législation et liberté*, Paris, PUF 1980。

赫希曼, A. O., Hirschman, A. O., *La Stratégie du développement économique*, Paris, éd. ouvrières 1958。

霍斯利兹, B. F., Hoselitz, B. F., *Les théories de la croissance*, Paris, Dunod 1970。

亨廷顿, S., Huntington, S., *Le choc des civilizations*, Paris, Odile Jacob 1997。

拉伊底, Z., Laïdi, Z., *La grande perturbation*, Paris, Flammarion 2004。

拉图什, S., Latouche, S., *La déraison de la raison économique, Du délire d'efficacité au principe de précaution*, Paris, Albin Michel 2001。

刘易斯, W. A., Lewis W. A., *Theory of Economic Growth*, Londres, Allen and Unwin 1995。

迈耶, G. 和西尔斯, D., Meier, G. et Seers, D., *Les pionniers du développement*, New York, Oxford: Oxford University Press 1984。

迈耶, G. 和斯蒂格利茨, J.（合编）, Meier, G. and Stiglitz, J. (éds), *Aux frontières de l'Économie du développement, le future en perspective*, Paris, Banque mondiale, Eska 2002。

米尔, J. S., Mill, J. S., *Principes d'économie politique*, Paris, Guillaumin 1873。

芒福德, L., Mumford, L., *Techniques et civilisations*, Paris, Seuil 1950。

默达尔, G., Myrdal, G., *Rich Lands and Poor*, New York, Harper 1957。

内格雷蓬蒂－泽利瓦尼斯, M., Negreponti-Delivanis, M., *La mondialisation conspiratrice*, Paris, L'Harmattan 2002。

纳克斯, R., Nurkse, R., *Problems of Capital Formation in Underdeveloped Countries*, Oxford, Blackwell 1953。

帕塞, R., Passet, R., *L'économique et le vivant*, Paris, Payot 1979。

佩鲁, F., Perroux, F., *L'économie du XXe siècle*, Paris, PUF 1964。

普拉托, Platteau, J.-P., *Les économistes classiques et le sous-développement*, Paris, PUF 1978。

普雷比施, R., Prebisch, R., *Vers une nouvelle politique commerciale en vue du développement économique*, Paris, Dunod-CNUCED 1964。

普雷比施, R., Prebisch, R., "Five Stages in my Thinking on Development", 载 G. 迈耶和 D. 西尔斯（合编）, dans: G. Meier and D. Seers (éds), *Pioneers in Development*, Oxford, Oxford University Press 1984, pp. 175–191。

国际公平贸易组织的成员马克斯·哈弗拉尔标签组织 2003 年年度报告, *Rapport annuel Max Havelaar*, 2003, 载于网址 www.maxhavelaar.ch/filemanager/publikationen/max-havelaar-report-2003.pdf。

李嘉图, D., Ricardo, D., *Principes d'économie politique et de l'impôt*, Paris, Calmann-Lévy 1970。

里斯特, G., Rist, G., *Le développement, Histoire d'une croyance occidentale*, Paris, Presses de Sciences Po 1996。

罗森斯坦－罗丹, P. N., Rosenstein-Rodan, P. N., *Capital Formation and Economic Development*, Cambridge, MIT Press 1964。

森, A., Sen, A., "Pas de bonnes économies sans vraie démocratie", *Le Monde*, 28 oct. 1998。

辛格, H. W., Singer, H. W., "Industrialisation: Where Do We Stand? Where Are We Going?", *Industry and Development*, 12, 1984。

索洛, R. M., Solow, R. M., "Technical Change and the Aggregate Production Function", *Review of Economics and Statistics*, 39, 1957, pp. 312–320。

斯蒂格利茨, J. E. 和查尔顿, A., Stiglitz, J. E. et Charlton, A., *Pour un commerce mondial plus juste*, Oxford, Oxford University Press 2005。

全球化还能以人为本吗?

本·萨利姆·希姆什　著
孙　艳　译

你们为何不事先告诉我们?

——伊丽莎白二世女王

金融危机现象根源于一直未能解决的规制问题,此为客观事实。

——于尔根·哈贝马斯

一场尚未结束的危机

英国女王在题词中提出的诘问,动词"告诉"一词的使用是带有典型的王室的克制和英式保守的委婉说法。实际上这是一个直指经济学家和金融家们的直率诘问,他们既未预见到当前的经济衰退,也未预见到其已然到来的任何蛛丝马迹。

金融经济领域的这场危机,伴随次贷借款以及由此衍生的有毒资产于2007—2008年在美国达到高潮,其危险性绝对可与1929—1932年发生的经济危机相提并论。然而相当数量的知名专家将此次危机视作一场全面的,甚至系统性的危机,他们得出的一致结论认为其在深度和广度上超过了后者。由于篇幅所限,在本文讨论的内容中,我们只能描述与不可避免的基本问题有关的几个相对更显著的特征,以及由这场仍继续发酵的具有社会破坏性的危机状况所证成的问题:即全球化是否仍可以人为本?

伴随全球化,跨国资本主义及其赖以发挥作用的主要证券交易所,都倾向于谴责大部分发展中国家(新兴的金砖国家除外),说它们面对一个推崇追求更大生产力、对竞争行为不加约束且无法无天的世界，在大大超出它们的控制能力的世界中扮演听之任之的被动角色。这种行为完全无视现如今全球化中的发达国家（7.382亿居民掌控世界上80%的资源和收入）与深受全球化左右的发展中国家人民（其人口超过60亿，其中大约一半人口没有足够的食物，靠一天不足四美元勉强维持生存）之间不断加剧的鸿沟。这一鸿沟既可通过相对经济和媒体能力水平比较，也可就数字资源和其他新技术与科学研究的可获得性进行量化。结果是，这部分人群被迫被排除在麦克卢汉所谓的地球村（global village）以及全球化之外，而他们则认为地球村和全球化不过只是一个无法涉足的封闭系统和无法企及的抽象概念。还必须加上各种无助于发展和国内外投资的不同境况：如"债务陷阱（debt trap）"，此概念是在1980年题为"北方和南方——一项为谋求生存的计划"（North-South, a Programme for Survival）的布朗特报告（the 1980 Brandt Report）中被恰当地提出的，再如发生在非洲的内战和权力斗争、普遍存在的暴力和不安全以及拉丁美洲的贩毒集团，等等。像印度尼西亚这样的国家也不能避免出现其他形式的动荡和不均衡，这些动荡和不均衡也同样产生了如约瑟夫·斯蒂格利茨（2002：219）所指出的，"大量的不平等：几十亿资金用于企业和金融救助……却没有给那些被迫失业的人留下任何资金（做补偿）"。

自从1995年成立世界贸易组织以来，关税及贸易总协定最终文本（Final Act of the GATT agreements，共458页）的签约国家从未设法将其承诺转化成经济和社会效益：如经济增长的可持续改善，公平的工作报酬以及弱势社会群体生活水平的提高，消除贫困、失业和文盲，公共部门和教育改革……无论这些国家是何种政治类型，其管理该国长期的结构性经济危机的能力一直遭到怀疑。因此，甚至在欧盟核心内部，受紧缩所困以及受经济衰退威胁的国家难以解决2600万失业人口（其中仅在欧元区失业人口就超过1800万）、1.15亿贫困人口、就业弱化、社会分化、环境问题所产生的多重内部问题，当然还包括大约300亿欧元继续增加政府赤字的重债。单就法国来讲，虽然不是欧元区那五个最深陷债务的国家之一（五个国家包括希腊、西班牙、葡萄牙、意大利，以及最近出现问题的塞浦路斯），但法国已经累计超过1.8万亿欧元的债务，相当于其国内生产总值的90%，每年仅利息费用就必须支付大约

500亿欧元，而与此同时还要控制预算赤字和应对危机的负面影响……根据旨在平衡各国公共账户的欧盟预算条约（European Budgetary Treaty）的规划，伴随其经济衰退不断扩大的状况，当且仅当上述条约中规定的签约国债务水平和强度发生大规模的持续降低时，由德国推动的"黄金法则"才能适用。

一个不受约束的金融环境

在20世纪80年代里根和撒切尔坚定奉行不折不扣的新自由主义那十年，社会和人本赤字就初露端倪，现如今继续在其他发达国家蔓延。这些国家推崇证券交易市场文化，证券交易市场文化允许投机商、货币交易员和那些"金童"在面对企业削减员工以提升股价时可以泰然自若、对市场上"资本大鳄"常常给中小股民带来金融灾难也视若无睹。不管现在已然提到的"杀手资本主义（killer capitalism）"概念来自何处，但在此情境下金融投机商、货币交易员以及全球玩家（被法国前总统雅克·希拉克描述为具有"世界经济的艾滋病毒"特征）可以一分钟内净赚数亿美元。正如所知，在野蛮的金融与银行投机的丛林中，随着用不正当手段牟利的投资者伯纳德·麦道夫事件而达到疯狂的顶点。伯纳德·麦道夫是一个善于欺诈和劫掠的恶魔，2009年6月因其通过名为"金字塔销售"的犯罪计划使几千个储户受害而被宣判入狱监禁150年。

此外，根据国际货币基金组织统计数据，世界上各种离岸避税港是大约200万亿美元的归宿，这些资金完全逃脱了其财富累积所在国的财政监管范围。米歇尔·罗卡尔曾提出以下尖锐问题："这些一起协同作用为使我们其他人被排除在金融公海之外的'港湾'到底是什么？"其回答是："'港湾'系指适用国际法的领土，这些领土允许自身具有不征收任何当地税的优势……这些地方尤其得益于因对驻在企业提供特别优惠的财政制度而激发产生的银行活动所带来的可观程度的金融收益。"（2012：144）归根结底，这些避税港湾（瑞士、卢森堡、摩纳哥、新加坡，等等）是十足的合法与非法获得资本以及洗"黑钱"的避难所。根据最近的统计数据，估计以上情形下的避税金额大约有1万亿欧元，大约相当于世界国内生产总值的三分之一。2013年5月18—19日在英国召开的八国集团峰会上，参会的各国首脑们决定致力于更积极地与此祸患做斗争。让我们拭目以待他们将采取什么行动。

在世界上最富有的人群中，大约400人（他们中几乎有三分之一来自北方发达国家以外的石油出口国）持有相当于所有所谓的发展中国家的全部外债。其个人财富总额大大超过最受剥削国家一半居民的年收入，意味着在最受剥削条件下生存的共计大约30亿人口，无法享有经济民主以及食品、健康和心理安全的权利。简而言之，我们发现自己正不断面临双速，甚至多速社会：对强权人群来说非常愉悦，而对贫困人群而言却异常残酷。后者面对的是为获得有尊严和体面的生活而不断增加的抗争；而前者则享受着傲慢富裕的生活。借用弗朗索瓦·密特朗的著名阐述，他们甚至"睡大觉时都在赚钱"，甚至最富有的一些人都在要求政府当局向他们征收更多税收（美国的沃伦·巴菲特及几个法国著名企业家案例）。

对全球金融化放松管制的趋势导致并强化了"经济人"（homo oeconomicus）得以演化的环境：用皮埃尔·布尔迪厄的话来说，这就是化身为投资者、投机者、债券交易员和其他从事幽灵金融的小天才们、银盗及其合作伙伴们的"人类怪物"。他们为大公司、商业银行，甚或国际组织工作。他们攫取商品和服务、约束政客们，甚至使政府倒台，而他们自己却通过巨额工资和天文数字般的奖金中饱私囊，继续像往常一样（对所有其他人）瞒天过海地经营，并为他们自己安排好优渥的退职金和退休计划。在所有这些劣迹中，他们仍然死忠于自己的第二天性：即对社会分化、对就业的巨大破坏、对把人置于企业核心地位的责任，简而言之，对世界上多种形态的穷困现象都出于本能的麻木不仁和漠不关心。如此金融化的经济正越来越陷入与实体经济和人民生活完全脱节的虚拟世界中。无论对自由资本主义最初使命的曲解从何而来，自由资本主义已不再是释放资源并给予企业创造就业的主动权的动力和推力，而是通过贪婪、通过利用低收入环境以及不公平竞争而致富。市场由忠实的仆人变成糟糕的主人，同样也无论这一角色转变从何而来，市场变成专制和无所不能的，一个具有收益私有化、风险社会化且民主在政治经济双重作用上都弱化特征的环境。这一环境在世界上产生如此多的区域和场所，在这里，扩大贫困、越来越拉大社会中不同群体中及国家间不平等的深渊、滋养极端主义且因此破坏任何公平与和睦的文化的毒瘤肆意滋长。

此处正适宜来历数一下以上这幅有着一张野蛮面孔的全球化画面的其他要素：核心家庭破裂、食物供给不安全、污染、温室气体排放、气候遭到破坏……总而言之，因无法摆脱盲目性，全球化的极端资本主义已经最终发展为漠不关心那些生活中起步艰难或不被命运垂青的人、那些所有条件都不幸的人，以及那些为能否收到工资而苦恼和陷入不断恐惧中的人，换言之，那些在管理主义和生产论主义意识形态的冷酷无情的奥林匹克竞赛中被抛弃和打败的人。在这样的一个系统中，尊重邻里成为空洞和毫无意义的词汇，因此我们有坚实的理由对形成此系统的司法和理性的扎实基础进行本质的和完全合法的质疑；渐行渐远地，邻里最终消失不见和模糊了，同时还奉行神圣不可侵犯的享有体面生活和公平正义权利的原则，如"社会责任风险投资"（Socially Responsible Investment, SRI）甚或经济合作与发展组织 2011 年开始发布的"更优生活指数"（Better Life Index, BLI）等项目。所有诸如此类显而易见的社会掠夺者们神圣不可侵犯的信条，就是新自由主义经济学宗师米尔顿·弗里德曼的名言："企业的社会责任包括创造利润。"换言之，与其认知软件相关，其所有的人本主义道德原则实际上都靠边站，因为这些原则与主题不符。然而，除了通过参考道德价值观和人权以外，人们无法测量和分析生活体验、挫折、工作压力以及个人和家庭的不良生活状态（科恩，2012：43-49）。

劳动价值论被搁置

早在 19 世纪的产业革命就预言了劳动价值论的衰减作用，它已然成为社会机体上一个公开的伤痛。技术进步（机械化、自动化、计算机化……）产生的影响是劳动市场上提供的工作无情地减少而大量寻找工作的人却以指数增加。伴随技术的进步，劳动价值论的衰减作用更为显著。19 世纪，法国作家和回忆录作者夏多布里昂就已然预见性地提出过这个老生常谈的问题："考虑一下因为机械的多样性和繁多种类导致工人无事可做，并且承认一个单一且通用万能的劳动力，即一个用材料制作出的工具可以取代田间村舍的人力操作，那么让因此毫无工作可做的人类怎么办呢？"现在人们可以加之以被世界贸易组织认可的产业迁移以及工作场所灵活性的规定，这种灵活性即使在斯堪的纳维亚模式中被或多或少地软化，被称为"稳定灵活性"

（flexisecurity），其仍往往意在弱化工会和任何其他规制机构，使雇员在面对雇主强权以及就业市场波动和规律时孤立无助。企业因此被赋予进行局部或大规模裁减员工的权力，无须向任何政治或司法机构解释此举，而纯粹借通过"重建"或"缩减规模"的过程来重塑企业的自由的名义；它们也无须提及公司有可能彻底关门大吉或它们可能将企业迁移至它们乐意的任何地方；它们还无须关心任何被它们嗤之以鼻的"经济爱国主义"或它们给人带来的不幸……对研究中世纪的历史学家来说，比较而言，这种形式的工人—老板之间的关系是农奴和其封建领主的关系，也就是说，是一个没有任何中间仲裁保护的直接的人与人关系，因为君主政体和天主教堂均通过一个政治联盟和共同经济利益的网络而受封建制度的有机约束。

结果是，原本将个人设定在有机会提升自我并茁壮成长的经济中心的劳动价值论受到重击，正向其反方向逆转，除了（根据其相关影响因素）描述霸凌、压力、疾病和事故的场所之外不再描述任何事物。至于失业者（这些"没有工作的人"的数量现在欧洲已高达致命的2000万），我们借用一个希腊语词汇来恰当标注他们的不幸最好不过：他们是 the άνεργοι（失去工作的人），不管该名词 άνεργοι（失业）从何而来，他们是那些被剥夺了能量的人。我们因此距离阿马蒂亚·森的非功利方法还很远，尽管其具有坚实的伦理道德基础，但目前它只像是一个不切实际的希望，因为阿马蒂亚·森主张完全重视个人生活质量层面，在这一层面上，个人生活质量"反映了关注人类目标和尊重个人追求并实现自己所看重的目标的能力"（经济绩效和社会进步评估委员会，2009：42）。至于说到法国前总统尼古拉·萨科齐推出的口号"多劳多得"，对额外工作时间获得的收入免税，则完全不能回应那些根本没有工作的广大人群的需要。即使不考虑以上因素，"多劳"也可诠释为"少经历"（意思是没有什么闲暇使自己过得快乐，或照顾家庭，或发展个人兴趣成为见多识广或欣赏文化的人）。

根据杰里米·里夫金的著作《工作的终结》（2004），就业人口中只有大约20%是世界经济运转的动力。剩下的80%被迫以或多或少困难的方式生活在一个有2.1亿失业人口的世界中，那里的法则是"人人为我"及"弱肉强食"。新经济的逻辑直面社会中众多层次的求职者，却遭遇扎根于被迫将工资降至比以往更低水平之环境的困境：被迫接受合同制或兼职的毫无价值的工作，或经历失业的恐惧。如此众多令人生厌的因素阻碍了任何接受培训或进行改善的欲望，其破坏力不仅只出现在目前，还将在未来显现出来；正如莱昂·布卢姆的研究："如果生活中没有乐趣，则工作中便无乐趣。"这是一个完全不可持续的状况，特别当我们与里夫金一起注意到，地球上两百家最大的跨国公司代表了世界经济的四分之一，却仅雇用了1900万工人，或曰世界上就业人口的0.75%。正因如此，罗伯特·莱克（克林顿第一个任期内政府劳工部长）断言："全球化正经历着在我们的工业民主中产生一种由意志消沉和受贫困打击的人所组成的社会底层的过程。"（《新闻周刊》，1996年1月26日）也就是说，人们的尊严和安全都被剥夺。此外，全球化甚至还在就业者中产生了一个"新的穷人"阶层，他们不得不生活在满是焦虑的世界中；这是一个迫使他们仅靠维持生存水平的工资勉强度日的世界，在这里，物价飙升严重损害了他们的购买力，驱使他们更担心"月末"而非"世界末日"。至于控制全球化的超高阶层，正如其带有门控的住所拥有私人安全警卫及电子监控系统……所显示出来的，他们越来越处于一个"与其他同胞们和任何形式的公民身份隔绝开来的"状态中（莱克，1992：301-303）。这些超级富豪刻薄地认为，穷人身上具有对抗其财富甚至其生命的东西，然而正是他们无止境的贪婪及其内心关于严重社会差距的玩世不恭，产生了民众反感和反抗的状况，这种反感和反抗的发泄会产生"飞反效应"，引起害怕改变立场的恐慌并产生一触即发的革命性局面。

向着一个拥有人本面孔的经济哲学迈进

在其著作《思考危机》中，埃利·科昂提出一个初步问题："我们为何不从金融危机中吸取教训？"他将我们正在经历的这场危机描述为是独特的，"此场危机将以前数次危机中单独犯的错误加总在一起"（2010：14）：1987年发生在七国集团国家的危机（除加拿大和意大利以外的国家）、1994年发生在墨西哥的危机、1997年发生在亚洲的危机……然而，科昂提出的问题早已被约翰·肯尼思·加尔布雷思借助于一整套回答（虽然一定不是详尽无遗的），在其出版的所有著作中论述过，后来又在其1990年出版的《金融狂热潮简史》中综合讨论过，科昂简略引用了此书。

这位 2006 年去世的左翼凯恩斯主义者、杰出的美国经济学家是公认的自 20 世纪 60 年代以来其分析就一直被用来预测当下危机的极少数人之一。在前文提到的著作中，他让自己去驳斥金融文化和"赌场经济"（casino economy，一个已被凯恩斯使用过的术语）的神话：一个建立在金融业者意识形态基础上的神话，强调将"商业嗅觉"和投机意识作为睿智和卓越的特征。但是，唉！这其实是一个欺骗性的神话，它给那些轻易获得财富的无脑掘金者灌输的规则是健忘的，甚至近乎失忆的，由此，因果律被打破得分崩离析，使他们不能从以往危机及充满当代经济和金融历史的周期性复发事件中吸取教训。就加尔布雷思所分析的那场危机而论，"既不能忽视其人本成本，也不能忽视其社会和经济影响。在 1929 年经济大崩盘的余波中，破坏是非常巨大的，正如所述，其显然造成了随之而来的大萧条"（加尔布雷思，1992：108）。克里斯蒂安·肖瓦尼奥（2011）以同样方式写了大量文章，呼吁在此背景下求助历史，利用比以往更广范围的案例，从发生在 17 世纪的荷兰被称为"所有愚蠢至极的投机行为之母"的郁金香狂潮（Tulip Mania）直至次贷危机。[1]

关于埃利·科昂自己对所提问题的回答，他汲取并强化了加尔布雷思的观点。其分析的最后部分的总结评论是令人担忧的："全球化在发达国家越来越有争议性，在这些国家比以往更与去工业化、对高薪工作的破坏以及不平等的增加相关。此次危机削弱了市场本身、市场活动的参与者以及自我调节概念的合理性。"（科昂，2010：114-115）然而，人们必须强调，对于相当数量的经济和金融决策者来说，呼吁对往昔发生的危机的历史意识的著作不可能仅限于其床头阅读，而至少是主张将具有人本面孔的经济纳入道德准则的重建中。

金融业者全球化因此带给法律准则和全球的力量平衡，以及核心社会和人本愿望的不确定性和威胁太过多了，也就是说，这世界上所有的社会和文化所渴望的正义和尊严是多么根深蒂固的需求！为结束关于全球化造成的是好处还是伤害、全球化可能是好事还是坏事的所有拜占庭式的无用讨论，人们可能会同意斯蒂格利茨（2002：248）的观点：

全球化会是一种善行的力量……[它]帮助数亿人获得更高的生活水平……但对于成千上万的人来说，全球化并没有产生效果。随着其亲见工作被破坏、生活被搞得更没有安全感，许多人实际上境况更差。他们不断感到对抗其无法控制的强权时的无能为力。他们亲见其民主被破坏，其文化被侵蚀损害。

全球化意识形态的错误和偏向（我们曾指出了其中一些最为显著的），通过接近人本主义的哲学而易受知识和道德敏感性的影响，此人本主义哲学尽可能实事求是和最大程度地关心公平、团结，以及社会团体和个人的福祉指标。这些指标必定源于经过刻意策划的政策，制定这些政策旨在促进平等和增加机会、资源和财富及决策的公平分享，支持弱势群体、贫困人口和被排斥在社会之外的人以及所有其他受害者和被完全竞争与不能改变的市场规律所击败的人。因为从根本上讲，没有道德规范的经济会导致灵魂堕落，借用可敬的弗朗索瓦·拉伯雷的名言，这是一门"没有良知的科学"。正是本着这种精神，诺贝尔奖获得者美国经济学家詹姆士·托宾（1981）提出应在世界范围内对金融交易的货币量（在他那个时代达到了 15000 亿美元，而现如今此值几乎是那时的两倍）征收介于 0.05% 和 0.2% 之间的税。如今，这样的一个税将为相关国家每年产生 370 亿美元收益。除了其他目的，此税的设立将保护国家经济免受意外危机冲击，还将帮助贫穷国家及其国民中最贫困人口，甚至——作为新目标——帮助实现联合国提出的千年发展目标（Millennium Development Goals, MDGs）。为救助平民而征收金融交易税联合会（ATTAC association）以及"为实现一个不同的世界"运动使此想法成为他们的主焦点。其最终被包括法国和德国——但不包括英国在内的 11 个欧盟成员国放入经济发展议程，这些国家同意从 2014 年 1 月开始适用征收 0.1% 的税。

探寻文明间具有活力和有效联盟的哲学有必要在理论和法律上构建政治民主和经济民主的辩证关系，而政治和经济民主是迈向全球可持续进步这个同一过程的两副面孔。如果说人类发展的量化及具体内容是政治民主唯一的真正决定因素，那么对经济增长也是如此：对后者而言，即使增长率很高，那么如果人们继续艰难地生活，没有显著变化，如果影响广大范围的农村和城市贫困以及文盲和失业，也就是说，在其中缺乏正义的再分配、受到压制是常态以及拒绝承认人权，则结果也是社会失效。作为史实的提示者，联合国甚至在20世纪70年代的一份对第三世界经济分析的报告中，被迫承认"完全只关注经济计量和盈利的增长不等同于发展"。1972年，罗马俱乐部像以往一样，发布了一份对污染和温室效应进行更深入调查的报告，这份令人不安的报告题为"增长的极限"。最近，许多人，包括埃德加·莫兰（2011：104）也在强烈敦促"不要再追求无限增长"。[2]

无论如何，那些负责经济和金融的人应当当作其工作议程的主要事项、他们有义务向选民做出解释说明的首要问题，并不是作为自治和自给自足指标的增长率。印度经济学家阿马蒂亚·森（1999）及巴基斯坦经济学家同时也是银行家的马赫布卜·吾尔－哈克从以下问题引出对以上因素的着重讨论：人们生活得怎样？从这两位联合国开发计划署人类发展指数（Human Development Index, HDI）项目的理论家处获得的灵感促使恰当地决策，将该指标提高到评估任何经济政策指数的最高地位，经济政策的评判标准是：公民可获得权利的程度，人们是否健康状况良好，有体面的居住地，享受公共服务、教育和文化，简而言之，拥有舒适、高质量的有意义的生活。从整体来看，如果没有以上这种全球可持续发展，增长则只是一个幻景和骗局。

在法国前总统尼古拉·萨科齐委托约瑟夫·斯蒂格利茨、阿马蒂亚·森（此两位均为诺贝尔奖获得者）以及让－保罗·菲图西撰写的一份报告中，这个专家小组提出了测量经济绩效和社会进步的新方法。对经济正统学派的权威专家而言，这些方法似乎很可能与经济或某个盲目的参考点有关，而实际是他们处于实体经济和人们生活的核心。根据该报告的描述，这些新方法，

> 包括几个方面。第一个方面是由人们对其作为一个整体的生活或不同领域进行评价表现出来，如家庭、工作和财政状况……第二个方面由人们的实际感受，如痛苦、焦虑和愤怒，或者愉悦、傲慢及尊重表现出来……在人们感受的宽泛范畴中，对主观幸福的研究对正面影响和负面影响做出区分，两者概括了每个人的体验之特征。（经济绩效和社会进

步评估委员会，2009：43）

此报告题为《国家财富与个人福利》，在其中起作用的人本主义思想表现出非常熟悉经验现实和情境以及世界面临的新问题和挑战，因而表现出拥有能力设置保护屏障以对抗世界上的不公正和对人权的侵犯。因为这的确是产生于放纵的新自由主义和生活及人际关系商业化的这种滥用。正是为反抗这种滥用，凯恩斯奋然挺身而起，至少其精神处在强烈回到那些阴郁暗淡时代的过程中。那些掌舵沉船——即今日之金融和经济系统——的人最好承继凯恩斯精神并考虑任何必要的变量，做好准备制定经济政策，使之有利于积累的和广泛共享的进步，同时，维持货币参考值的稳定，降低利率，为重大工程和重点的实用性投资制定专门政策，大大减少国家公共开支的数额。总而言之，制定的经济政策应旨在重新激活消费、生产和劳动市场，避免衰退，甚至如果必要的话，接受尚可的通货膨胀率。

＊ ＊ ＊

总之，不言而喻，一个人本主义哲学既不是理所应当的，也不是简单选择或遵从律令的结果。它实际上意味着一项久拖未决的工程，其渐进式实现过程需要持之以恒的拼搏奋斗。它还需要不懈努力以达到某种进步或感化那些迷失者，目的是避免社会碎片化或朝有害方向演变。说到底，它并不是呼吁一个只会帮扶需求者的神助国家，这在某些地区被戏称为"保姆国家"，而是呼吁一个通过一系列对建导、规制、公平分配的积极介入表现出来的法治国家，一个可以保障制度良好运行和公共服务的国家，一句话，就是一个幸福国家或福利国家，从这个当下经常被贬损的术语的最佳意义上说。

在这种批评和建设性的人本主义思想范围内，完全要靠有着善意和高尚原则的人来鼓动建立公共当局应该遵循的航线。如果这都实现不了，那么用古罗马哲学家塞内加的话说，就会出现"所有的风向都是逆风"。然而，一旦这种航线被确立，就有必要使用一个可靠而有效的指南针，为各种选择和必须进行的重要改革指明方向。下面将简要给出一些走向宽泛的人本主义经济学政策的要点，也是全球化的中枢神经系统。

1. 终结市场的专制。法国经济学家和商人阿兰·明克对市场经济做出了不少批评，指出如果不加以控制和规范，市场经济只会给世界带来幻灭和一个"新的黑暗世纪"。他写道，"市场是社会的自然状态，但是精英的责任是将其变成文化状态"。但我们仍然必须谨记，这种状态的其他方面不应被隐藏或抹除，例如部落平等主义和社群团结，它们在初级社会结构中发挥着作用。明克继续写道，"如果没有法律规范，在发达社会里，就像在其他社会一样，将回到丛林状态，结合强者为王的法则，制造种族隔离和暴力"（1993: 206）。

2. 在国家和世界范围内平衡劳资关系。这就要求在为经济体制定法律条款时，必须基于伙伴关系和公平原则，必须服从善治，为此设立经济安全理事会（社会主义国际已经于2012年在莫桑比克提出此倡议）负责监督和支持。这些法律将用来取代那些怨声载道的市场专制和幽灵金融的运行法则，这些法则从来不是上天注定的，也不是可以排除其他所有选择的唯一可靠体系。

3. 要选择绿色经济、非污染的工业化和可再生能源。这就意味着从根本上要依靠共同发展、公平贸易以及由此促进个人福祉和各民族和谐共处的观念。这还意味着要向富有成效和相互支持的文明和文化间联盟颁发委任状，由此创造出建设性的协同，以促进经济伦理的再生，并进而营造出康德理想中的"永久世界和平"氛围，这将是欢乐生动而非冰冷沉闷的。

4. 通过哲学、艺术和伦理学等人文学科的自由教化，使那些驱动着如此多的意识形态狂热者和各色经济原教旨主义者的教育、硬科学教育以及"市场、管理和计算机科学至高无上"学派的教育形式走向温和中道。否则，在那些危机四伏和紧张加剧的时代，一旦个人和团体习惯于从圣经中寻找公式化的、教条的和去语境化的答案，来回答他们的形而上学和存在主义的问题，那些定律、公式和方程与宗教观念领域的界限就将被穿透。

当然，这将是令人生畏的艰巨任务，但却是扭转走向负面和波动的全球化曲线的极其必要的工作，它将把人性化带进业绩为王的职场。正如已经意识到这一任务的紧迫性的大量经济学家一样，那些历史学家、哲学家、社会心理学家需要被号召起来施以援手。没有这些令人肃然起敬的努力，要终止市场专制和幽灵金融将变得越来越难，要使社会凝聚和团结的原则发挥作用更不可能。然而恰恰是后者将最终有可能缓和不公平的紧缩驱动的经济政策的效应，阻止保护主义反弹和身份认同运动及民族主义政治的加剧，它们是在各种层面和多条战线上产生广泛动荡和冲突的根源。

Bensalem HIMMICH:
CAN GLOBALIZATION STILL BE HUMANIZED
(*DIOGENES*, No. 241, 2014)

注：

[1] 作者在他著作的引文中提到对保罗·萨缪尔森的反思，其中既有告白也有建议："我要说——这或许是对我当年年少无知的一个修正——对经济史研究要给予最高的敬意。"（《大西洋》杂志，2009年6月18日）

[2] 这本研究复杂性的哲学家的著作证明，通过跨学科的研究途径，作者往往可以成功地用实验来检验事实。这一做法应被政治家和专家认真采纳。另见与斯特凡娜·埃塞尔共同起草的一个简短宣言（莫兰和埃塞尔，2011年）。

参考文献：

夏多布里昂, F.-R. de, Chateaubriand, F.-R. de (1995) *Mémoire d'outre-tombe*, Paris: LGF/Livre de Poche。

肖瓦尼奥, C., Chavagneux, C. (2011) *Une brêve histoire des crises financières: des tulips aux subprimes*, Paris: La Découverte。

科恩, D., Cohen, D. (2012) *Homo Economicus, The (Lost) Prophet of Modern Times*, Cambridge, UK: Polity Press。

科昂, E, Cohen, E. (2010) *Penser la crise*, Paris: Fayard。

加尔布雷思, P. K., Galbraith, P. K. (1992) *A Short History of Financial Euphoria*, New York: Viking。

明克, A., Minc, A. (1993) *Le nouveau Moyen Age*, Paris: Gallimard。

莫兰, E., Morin, E. (2011) *La Voie: pour l'avenir de l'humanité*, Paris: Fayard。

莫兰, E 和埃塞尔, S., Morin E. and Hessel, S. (2011) *Le Chemin de l'espérance*, Paris: Fayard。

赖克, R. B., Reich, R. B. (1992) *The Work of Nations*, New York: Vintage Books。

经济绩效和社会进步评估委员会报告, Report of the Commission on the Measurement of Economic Performance and Social Progress [CMEPSP] (2009), http://www.stiglitz-sen-fitoussi.fr/documents/rapport_anglais.pdf。

里夫金, J., Rifkin, J. (2004) *The End of Work*, New York: Tarcher/Penguin。

罗卡尔, M., Rocard, M. (2012) *Mes points sur les i*, Paris: Odile Jacob。

森, A., Sen, A. (1999) *L'Economie est une science morale*, Paris: La Découverte。

斯蒂格利茨, J. E., Stiglitz, J. E. (2002) *Globalization and Its Discontents*, New York: W. W. Norton & Co。

人工智能真的不存在？
关于一种有争议的科学的几个澄清要素

让－塞巴斯蒂安·韦尔　热拉尔德·加利奥　著
贺慧玲　译

引　言

最近十余年来，随着大数据以及处理大数据的计算能力的发展，人工智能备受讨论。像洛朗·亚历山大、埃隆·马斯克、比尔·盖茨乃至斯蒂芬·霍金等媒体界和商界知名人士对人工智能的看法各不相同，他们的看法让大众对人工智能一知半解，甚至产生了畏难情绪。因此，对人工智能感兴趣的社会学家普遍认为，必须厘清现状，从而就人工智能的挑战形成一种现实主义的和理性的集体认识。同样，由于这一观点主要是在同行相聚（如研讨会、研究日、研究小组、研修班）时提及，因此并非总是得到明确阐发。即便如此，某些社会学家认为，要厘清现状，首要的方式是消除人工智能概念。主张消除人工智能概念者通常提出的论据乃是，人工智能概念将"智能"和"人工的"这两个词笨拙地联系在一起，不利于我们对智能和机器的理解。在本文中，我们并不赞同消除人工智能概念，这并非因为我们认为从哲学层面讲消除人工智能概念是令人不快的，而只是因为这种一定之见让人难以准确把握人工智能之所指。换句话说，即使我们认为有必要去除人工智能的神秘性，我们仍然怀疑以概念的模糊不清为借口而主张舍弃这一概念的策略是否有效。

伊夫·金格拉斯是主张消除该概念者中的一位。近来，这位科学史学家在其目前的研究框架内支持人工智能并不存在这一论断（见金格拉斯，2019）。因此，这位知名学者不无准确地捍卫以下观点，即人工智能构成了一个社会经济问题，是广受争议的社会构建的对象，尤其因为这种构建涵盖了一些不利于科学共同体以及超出科学共同体的"游说"形式。我们在明确参照吕克·朱利亚著作（2019）的基础上，支持以下观点：认为人工智能是不存在的这一看法会混淆视听。因为我们看不到如此激进的看法（即便是以口号的形式）能向大众揭示与人工智能发展相关的真正挑战。如果我们重视这种看法并最终接受它，那么关于这个问题实际上就无话可说，因为不再有人工智能！

从严格意义上的社会历史观点看，认为人工智能是不存在的这一断言是如此明显的不正确，以至于令人匪夷所思：首先，试图以去除人工智能的神秘性为借口来阐述这种观点并阐明其挑战，这可能吗？我们认为，虽然人工智能概念的语义质量通常被认为是糟糕的，但行为者大部分情况下使用这一概念。其次，即便人工智能概念的发明是笨拙的，实际上问题的根本在于，人工智能概念在形形色色的现实中得到使用。最后，何为人工智能？它是一种技术、消费产品，还是机器创制的某种精神，抑或是一门科学学科？根据人工智能概念的运用情况，参照前一个问题，难道人工智能概念不包括我们可以分别界定为技术的、商品的、精神的和科学的诸多维度吗？换言之，当伊夫·金格拉斯（2019）或吕克·朱利亚宣称人工智能不存在时，他们的确切意思是什么？在我们看来，吕克·朱利亚（2019）试图仅仅参照人工智能的精神维度（即人工智能是机器可以创制的某种认知能力，从而复制乃至超越人的智能）来消除人工智能概念的影响。

伊夫·金格拉斯（2019）引用了吕克·朱利亚的口号，并未考虑朱利亚努力将这一口号向非专家阐述和交流的意义。金格拉斯提出，经济行为者感兴趣的一个论点，[1]可能会让科学家感到吃惊。正如我们将在下文中看到的，关于人工智能的社会历史研究告诉我们，从科学和技术社会学的角度看，人工智能是一门科学学科，它的确存在！确切地说，我们并非认为人工智能的存在不应从规范性认识论的角度去质疑，因为像在所有其他科学中一样，人工智能的认知价值和有效性必须得到质疑。但是这种质疑同样不能抹杀人工智能科学的经验论存在方式，即社会对人工智能的构建和承认方式。我们希望聚焦于人工智能的社会构建和承认方式，这并不是因为人工智能科学提出的规范性认识论问题索然无味，而是如L.德赖弗斯（2019［1965］）和西摩·佩珀特（2019［1968］）的研究所表明的那样，这些问题具有强烈的吸引力。

简言之，我们认为，至少对于支撑我们的论据而言，在一篇文章的篇幅中，并非一定要回答那些过于宏大的提问，并以令人满意的方式对其进行讨论。

同样，作为科学史学家的伊夫·金格拉斯可能会认为，在社会历史层面上，消除人工智能概念意味深长。对人工智能学科的历史略有了解的社会学家认为，从最好的方面看，人工智能概念并不精准，只是个大概，在已有的混淆上带来了更多的混淆，尤其在科学共同体中。从最坏的方面看，消除人工智能概念意味着否定现实，这在历史层面上是难以接受的。追随多米尼克·卡东及其同事（见卡东、宽泰和马齐埃，2018）的研究，我们坚信，充分了解人工智能的历史能使我们更好地理解和领悟其当前的发展状况及其带来的技术应用。

对人工智能存在方式的理解

无论如何，人工智能的社会历史现实并不只是依靠它可能被赋予的主观本体论。用约翰·瑟尔（1995）的话说，从认知的角度看，人工智能也是客观的。这意味着吕克·朱利亚关于人工智能的观点（2019）并未抹杀这门科学的过去和现在。因此，令人惊讶的是，伊夫·金格拉斯（2019）并未甄别出人工智能并不存在这一口号所蕴含的矛盾，也未鉴别出与之相关的经济挑战。我们知道，"人工智能"概念首先指称1956年在美国达特茅斯学院[2]诞生的一门科学，随后被置于计算机科学的子学科或者研究领域中，那么，我们怎么可以说人工智能不存在，哪怕是以口号的形式？同样令人不解的是，人们可能承认至少在经验层面上人工智能科学维度的存在，而同时又像阿伦·纽厄尔和赫伯特·A.西蒙（诺伯特，2019[1989]）那样承认这一术语没有选好。从个人角度来说，我们赞同这两位研究人员的看法，也认为"信息的复杂处理系统"概念比"人工智能"概念更为恰当（见纽厄尔和西蒙，1956）。然而，这里涉及一个约定俗成的观点，归因于历史的阴差阳错：无论如何，在上述达特茅斯会议上，约翰·麦卡锡将人工智能概念强加给了其同事，这一名称最终强行确立（克勒维耶，1997[1993]）。

作为社会学家，笔者认为，努力更好地掌握人工智能概念所指称的经验现实不无用处。这意味着不仅从说话者角度而且从受话者角度来理解人工智能概念。我们的解释如下。伊夫·金格拉斯（2019）和其他同事一样，认为今天关于人工智能的混淆与由"智能"和"人工的"这些词组合而成的不当概念相关。当然，这种观点具有部分真实性：约翰·L.奥斯汀（1962）早就告诉我们，语言包含一种实践维度，通过这种实践维度，我们参与了对世界的构想。因此，如果阿伦·纽厄尔和赫伯特·A.西蒙（1956）等人成功将他们的"信息的复杂处理系统"概念强加给约翰·麦卡锡的话，那么我们对数字环境的观念可能截然不同。但是，我们也不能因此忘记述行性理论的局限，正如语用学专家所指出的那样，述行性理论源自一种聚焦于说话者形象的进路（格赖斯，1975；瑟尔，1999；斯佩贝尔和威尔逊，1989）。一些作者，如约翰·R.瑟尔（1999），尤其是保罗·H.格赖斯（1975）、丹·斯佩贝尔和戴尔德丽·威尔逊（1989），追随约翰·L.奥斯汀（1962），他们补充说，语言的述行性不仅依靠说话者的表达能力，而且依靠说话者诠释它的能力。这意味着大众对于人工智能的错误认识不仅是因为对这种概念的不当发明，也是因为我们对这一论题的集体理解。

参照布鲁诺·拉图尔（2012）的研究，如果说社会学在这种理解中发挥着一种科学角色的话，那么，在我们看来，这种角色与其说在于断言人工智能不存在，不如反过来说在于表明人工智能在过去和现在的存在！要说明这一点，一种好的方式在于首先回到概念的本源，从而更好地辨别人工智能概念最初指称的经验现实，更好地理解人工智能概念的社会历史动态是如何构建的。同样，鉴于人工智能概念在最初提出时是为了指称一个科学领域，因此我们认为研究人工智能存在的最简单和最严格的方式乃是努力理解人工智能这门科学或更确切地说计算机科学的这一研究领域的内在论和外在论的维度。具体而言，我们应该一方面更好地掌握这一学科固有的话语生产逻辑是在何种认知框架中发展起来的，另一方面掌握这些认知框架的发展所处的环境是由哪些社会框架所形成的。

人工智能的内在论维度

为了更好地掌握人工智能的内在论维度，让我们回到约翰·麦卡锡、马尔温·L.明斯基、纳撒尼尔·罗切斯特和克劳德·E.香农在达特茅斯会议期

间提出的人工智能学科的定义,这是达特茅斯会议的首个制度化行为:

> (人工智能)应该建立在这一假设之上,即智能的习得的每个方面或者智能的任何其他特征从原则上说可以被如此精确地描述,以至于可以建造机器来模仿这些方面或特征。我们试图找到办法从而使机器运用语言、进行抽象和产生概念、解决从前专属于人类的各类问题并自我完善。我们认为,如果一组经过遴选的科学家在一个夏天一起来攻关,在其中一个或多个问题上会取得至关重要的进展。(麦卡锡、明斯基、罗切斯特和香农,2019[1955]:2)

我们注意到,人工智能的这种定义仍具现实意义,即便各个研究领域的专家以不同方式对它做出了诠释。以通常被视为人工智能领域先驱者之一的艾伦·图灵的著作(1950)为参照,人工智能学科的科学纲领一般来说在于促进关于智能的知识的生产。为了掌握这一纲领的根本,值得一提的是,至少从一种经验的观点来看,人工智能是一门年轻的、跨学科的和实验的科学(见韦尔,2016)。说它是一门年轻的科学,是因为如我们所见,这门科学实行制度化只有六十多年;说它是一门跨学科的科学,是因为该领域的研究人员往往综合了数学、计算机科学、管理学以及人文社会科学来开展研究工作;说它是一门实验的科学,是因为人工智能得出的结论的有效性是根据这些结论被计算机建模来表征的能力而被系统地评估的,计算机建模能准确运用人工智能背后的理论。如上文所指出的,在根本层面,这门学科始终关注同一问题:何为智能以及是否可能通过像计算机程序那样的人工制品来复制智能?因此,为了回答这一问题,人工智能研究人员或多或少明确地做出一般假设,即智能并非某个神的杰作,而是一种融合了生物性和社会性的复杂构成,这些生物性和社会性的物质性可以通过一种机器来表征和复制(韦尔,2016)。确切地说,这种根本性的假设通过这种方式不啻始终将生机论者和机械论者对立起来的老的智性传统。当然此外,许多哲学家尤其追随伊曼努尔·康德(1869),一直提议将生机论者和机械论者调和起来。

同样,为了检验上述一般假设,人工智能研究人员穷尽了他们在多个学科中的概念的、理论的和方法论的工具，如哲学、逻辑学、语言学、人类学、社会学、心理学、生物学，乃至神经学。我们不应忘记，研究人员关于人工智能的研究活动最终在于借助一些概念研究智能行为的经验表现从而表征其运作，这些概念可以是一种算法形式化的对象（加纳夏，2007）。此外，由于所运用的学科的多样性，要了解科学家为了检验上述一般假设而使用的纷繁多变的理论的和方法论的框架，仍然是异常困难的。然而可能的是，我们归纳了两种有意义的社会历史趋势来掌握这门科学的范式变化。

第一个趋势构成了关于人工智能动态的重大争论之一，将智能的象征主义进路的支持者和联结主义进路的支持者对立起来（见卡东、宽泰和马齐埃，2018；韦尔，2016）。20 世纪 90 年代，人工智能研究开始运用心理学、人类学乃至社会学的概念、理论和方法，将智能描述和理解为一整套认知功能，认为这些认知功能的源头应该去社会中追溯。在这方面，值得一提的是，赫伯特·A. 西蒙（1969）——象征主义进路的最杰出代表之一——一再强调，如果说他可以长期谈论智能而丝毫不提及大脑的物质构造，是因为在他看来，智能的基础是社会学的而非生物学的。自 21 世纪的第一个 10 年以来，情况发生了转变，关于智能的联结主义进路占据了上风（卡东、宽泰和马齐埃，2018；韦尔，2016），这种进路注重建立在神经元基础上的深度学习（deep learning）方法论。因此，今天的人工智能研究人员主要关注源自神经科学的概念和方法。从这一点来看，一切都发生了转变：智能的根源不再是在社会中追寻，它们主要存在于大脑的物质构造中。考虑到近年来在该领域惊人的技术进步，某些往往在私人实验室工作的研究人员[3]甚至得出结论说，在不久的将来会有可能复制活的生物智能。下面我们进而讨论上文所说的第二个趋势。

直到 21 世纪第一个 10 年，大部分人工智能研究人员并非真的对约翰·R. 瑟尔（1999）所称的强人工智能感兴趣，强人工智能这种独特的研究形式旨在复制人类所具有的所有一般智能。例如西摩·佩珀特和杨立昆（Yann LeCun）等研究人员始终致力于向大众说明，他们的研究旨在开发一些计算机程序，这些程序只执行智能的一些有限方面，这些方面只是恰当地在非常具体的活动框架中运作（见弱人工智能；瑟尔，1999）。这让我们想起由安东尼奥·卡西利（2019）提到的艾伦·M.图灵和路德维希·J.J.维特根斯坦之间的论战，一方认为技术性能是一种智能形式，另一方认为技术性能相当于执行由人发出的指令。回过头看我们的论题，一种新近的情况似乎是，某些人今天投入这种准救世主降临说的工程，试图复制和超越人的智能。当然，所有人工智能研究人员都知晓，吕克·朱利亚（2019）和伊夫·金格拉斯（2019）设想的这样的计算机程序是不存在的！因为这些研究人员对他们工作的限度通常具有自知之明。美国伯克利人工智能研究实验室（BAIR）在20世纪80年代所做的研究颇具说服力，因为罗伯特·威伦斯基和他的同事旨在构想一种能够复制共识的计算机程序的项目以失败告终（罗斯，1986［1984］）。然而，技术上的失败并非没有科学意义，因为我们可以从中得出三个主要结论来更好地理解从一般行为角度看的智能。第一个结论是，人的行为，无论它多么平庸，也系统地包罗一些解决问题的形式，这些解决问题的形式即使具有自动的特征，但是在认知的层面上却是复杂的。第二个结论是，这些解决问题的形式与先定存在于行为中的社会惯例不可分割。第三个结论是，在任何（包括最常规的）人类行为的完成中，认知和社会性的接合发挥着作用，包含了一种智能形式，要分辨、描述、理解、形式化和建模这种智能形式是极度困难的。

从一种内在论的观点看，人工智能是一门年轻的科学，它具有一种新奇的特征，这至少是因为人工智能到目前为止致力于测试一种在实际中从未生效的根本假设。但不可否认，这种新奇性并未阻止这一根本假设得出一些有价值的结论来描述和理解何为智能，就像近来引发热议的罗伯特·威伦斯基及其同事的研究所表明的那样。[4]

人工智能的外在论维度

人工智能的独特性并非只有内在论成分：计算机科学的这一子学科的外在论进路同样令人刮目相看。它是那些自诞生便受到政治和经济行为者关注的稀有学术研究领域之一。人工智能的奠基人所开发的计算机程序（逻辑理论家程序；纽厄尔和西蒙，1956）即便存在诸多的不完美，仍然立刻引起了众多能提供雄厚资助的机构的兴趣，如美国国防部高等研究计划局（DARPA）、美国数字设备公司（DEC）以及国际商用机器公司（IBM；克勒维耶，1997［1993］）。人工智能的首批研究人员——大部分时间在高等院校任职——迅速努力接触体制的和商业的行为者。起初，他们所设计的计算机程序不仅可以检验能够从物质上复制活的生物智能这一根本假设，而且也是令决策者感兴趣的技术。

人工智能是一门代价高昂的科学。创立人工智能的科研人员顷刻就认识到，他们所在的高等院校的实验室有意招聘那些在同行中以及关注人工智能的政治和经济代表中均具有崇高声望的科研人员（克勒维耶，1997［1993］；罗斯，1986［1984］）。因此，这些开先河者从一开始就意识到这些科研人员可以是融资的主要因素之一。他们同样也知道，缺乏资助的话很难全身心地投入贯穿人工智能历史的科学竞赛。他们因此努力综合应对基础研究、应用研究乃至操作性研究的挑战，直至有时担任顾问或企业家。总之，人工智能的最重要特征之一乃是，它属于若干学科，自一开始就是政治经济界认为居于现代社会增长核心的科学实践，或者说是他们称之为"进步"的驱动器（韦尔，2016）。对于相当一部分人工智能研究人员来说，人工智能就其第一种词义而言，也是一种经济实践，因为自一开始，这些研究人员往往通过兰德公司等成为政治和经济高级负责人身边的专家，或者自己创立一些旨在将他们的研究的信息化实践商业化的企业，甚至或多或少直接为大的国际公司如IBM效力。

这一结论使我们可以很好地理解为何20世纪80年代初人工智能研究人员频频做出承诺。问题在于，源自他们的研究的计算机程序鲜能达到预想的效能[5]（卡东、宽泰和马齐埃，2018），因此令投资者深感失望。此外，尤其在各种媒体的鼓噪下，公民—消费者逐渐惧怕计算机程序，因为这些程序似乎会将电脑变成一个钢铁大脑乃至一种思考机器（韦尔，2016）。20世纪80年代末至90年代初，像IBM这样的公司因而拒绝使用人工智能概念。尤其是美国帕罗奥图的某些公司，它们甚至不愿意提及"专家系统"一词（克勒维耶，1997［1993］）。但是人工智能并未因此而停止存在！因为，正如帕特里克·温斯顿（时任美国麻省理工学院信息科学和人工智能实验室主任）所指出的，他和他的同事设计的机器像嵌在面包中的葡萄[6]（克勒维耶，

1997〔1993〕）：这些机器寄居于传统的计算机程序，为这些计算机程序增添了有意义的特性而同时又不让投资者和大众真正意识到它们的存在。这种策略行之有效。自 20 世纪 80 年代末以来，几乎所有的经济和政治行为者都不再谈论人工智能。投资者以及公民—消费者遗忘了人工智能概念并在数字化方面重拾信心。事情进展得较为顺利：自 20 世纪 90 年代以来，微信息以及互联网技术在全世界许多社会中较为顺利地传播开来。我们随后所称的新的信息通信技术（NTIC）往往是借助源自人工智能的计算机程序而设计出来的。互联网是这方面的绝佳例证，因为它依赖于存储扩展概念（如"存储扩展器"、麦克斯储存器），存储扩展器概念可能是人工智能最古老的概念之一。[7]

当前，一切都让我们认为，我们正在集体地重新发现人工智能的存在，有点儿类似于十年来我们所认识到的"大数据"运动至少在一定程度上使人工智能所指称的经验现实再次复活（韦尔，2016）。然而我们必须谨记，这种印象很大程度上是一种媒体构建。实际上，从 20 世纪 90 年代到 21 世纪第一个 10 年，人工智能并未消失。在这 20 年中，信息科学的这门子学科继续发展：人工智能教师—研究人员在一些有时在科学和经济层面非常活跃的实验室继续他们的研究生涯，他们继续培养大量博士生，这些博士生的论文得到学术机构的承认，政治和经济行为者不间断地，有时非常慷慨地资助该科学领域的研究。相反，过去 10 年中，人工智能成为决策者关注的焦点，他们投入大量时间、精力和金钱来创建一种创新生态系统，这种创新生态系统有利于源自人工智能科学的技术应用的构思、实施和利用（韦尔，2016）。举例来说，人工智能跨学科研究所的发展乃是这种趋势最近的一种表现，因为这些研究所获得了 2 亿多欧元的经费用来在法国开展人工智能领域的研究、培训与创新。这种现象值得研究和批评，尤其因为它是多米尼克·布耶（2016）所称的金融数字资本主义的核心，这种现象也强烈地浸染着一种被 E. 莫罗佐夫（2013）称为"依靠数字来解决问题的主义"的效率的盲信。

总之，人工智能的外在论历史教会我们，旨在宣称人工智能是不存在的论据具有古老的源头，牵涉一些值得更好地甄别和理解的政治和经济利益（见韦尔，即将出版）。因此，我们主张，总体而言，在我们看来，社会学家的角色与其说是试图捍卫这一不太具有吸引力的论据，不如说反其道去破译人工智能的内在论和外在论的动态,从而更好地把握这些论战中的博弈。

结　论

　　人工智能是存在的!然而,人工智能并非某种能够在硅胶芯片中自动扩大的认知流体,也非一种严格意义上的技术。它是一门通过计算机程序生产知识的科学,自一开始就是市场化的对象。值得一提的是,在为这种观点辩护的同时,我们绝不是要否定那些旨在讨论计算机科学的这一子学科的有效性和价值的规范性认识论领域的研究。断言从科学和社会角度来关注人工智能的构建方式是不无用处的,这并不等于说应该维护人工智能在未来的存在:如果我们认为人工智能是一门从20世纪50年代以来就存在的科学的话,我们同样可以想象几十年后,人工智能不再作为一门科学学科而存在,前提是社会(尤其是学术界)可能无论如何不再像今天这样承认它。此外,我们的论述也不主张该学科所提出的智能建模是正确的:这些建模需要得到批评,不仅因为它们提出了认知论的、科学的和社会经济的问题,而且因为它们作为决策工具被传播给大众。我们的论述在于谦逊地强调,人工智能这门学科的内在论和外在论的动态虽然是新奇的,但值得更好地界定和理解。当前,源自人工智能的计算机程序在社会的众多领域得到广泛传播。正是基于这一点,我们有必要指出宣称人工智能不存在这一激进立场的局限:此种论点看似确实鲜有成效,尤其当人们宣称要阐明源自人工智能学科的技术应用的传播所产生的经济的、社会的和人文的挑战时。在我们看来,更有意义的是努力更好地理解人工智能的存在方式。因为只有做到这一点,我们才能共同对人工智能开展名副其实的批判——要掌握其发展状况,这是必不可少的一步。

Jean-Sébastien VAYRE, Gérald GAGLIO:
L'INTELLIGENCE ARTIFICIELLE N'EXISTE-T-ELLE VRAIMENT
PAS? QUELQUES ÉLÉMENTS DE CLARIFICATION AUTOUR D'UNE
SCIENCE CONTROVERSÉE
(*DIOGÈNE*, No. 269–270, 2020)

注：

[1] 值得一提的是，吕克·朱利亚是三星公司主管创新的副总裁，根据三星公司的经济策略，他重视"智能物品"。

[2] 值得一提的是，会议的组织者有约翰·麦卡锡、马尔温·L.明斯基、纳撒尼尔·罗切斯特和克劳德·E.香农。

[3] 例如来自"开放的人工智能"实验室的山姆·阿尔特曼。

[4] 同为这种情况的还有赫伯特·A.西蒙及其同事艾伦·纽厄尔（1956）的研究，他们的研究使他们能够阐发其有限理性理论，该理论在社会科学领域中的贡献不容否定。

[5] 这就是众多行为者（如乔利，2010）所称的"承诺经济学"，即往往未兑现的承诺同样有助于向这种或那种技术赋予价值。

[6] 具体而言，这一葡萄面包的隐喻是帕特里克·温斯顿提出的（见克勒维耶，1997［1993］：251）。

[7] 值得一提的是，存储扩展器概念是范内瓦·布什率先提出的，后被互联网先锋所引用，这些开先河者至少就大部分而言，是人工智能研究人员（见卡东，2019）。

参考文献：

奥斯汀，J. L., Austin, J. L. (1962) *How to Do Things with Words*, Oxford: Oxford University Press。

巴朗迪耶，G., Balandier, G. (2001) *Le grand système*, Paris: Fayard。

布耶，D., Boullier, D. (2016) *Sociologie du numérique*, Paris: Armand Colin。

卡西利，A., Casilli, A. (2019) *En attendant les robots. Enquête sur les travailleurs du clic*, Paris: Le Seuil。

卡东，D., Cardon, D. (2019) *Culture numérique*, Paris: Les Presses de SciencesPo。

卡东，D., 宽泰，J.-P. 和马齐埃，A., Cardon, D., Cointet, J.-P. & Mazières, A. (2018) «La revanche des neurones: l'invention des machines inductives et la controverse de l'intelligence artificielle», *Réseaux*, 5(211): 173–220。

克勒维耶，D., Crevier, D. (1997[1993]) *À la recherche de l'intelligence artificielle*, Paris: Flammarion。

德赖弗斯，H. L., Dreyfus, H. L. (2019[1965]) *Alchemy and Artificial Intelligence*, en ligne sur dspace. mit. edu: https://www.rand.org/content/dam/rand/pubs/pa-pers/2006/P3244.pdf。

乔利，P. B., Joly, P. B. (2010) "On the Economics of Techno-scientific Promises", 收入 M. 阿克里什、Y. 巴尔特、F. 穆涅萨和 P. 穆斯（主编），in M. Akrich, Y. Barthe, F. Muniesa, & P. Mustar (dir.), *Débordements: Mélanges offerts à Michel Callon*, Paris: Presses des Mines。

加纳夏，J. G., Ganascia, J. G. (2007) *L'intelligence artificielle*, Paris: Le Cavalier Bleu。

金格拉斯，Y., Gingras, Y. (2019) «L'intelligence sociologique confrontée á l'intelligence artificielle», *Ateliers SociologIA*, Montréal: Centre Interuniversitaire de Recherche sur la Science et la Technologie。

格赖斯，P. H., Grice, P. H. (1975) "Logique and conversation", 收入 P. 科莱和 J. 摩根（主编），in P. Cole, & J. Morgan (dir.), *Syntax and Semantics 3: Speech Acts*; pp. 41–58, New York: Academic Press。

朱利亚，L., Julia, L. (2019) *L'intelligence artificielle n'existe pas*, Paris: First。

康德，E., Kant, E. (1869) *Critique de la raison pure*, Paris: Germer-Baillière。

拉图尔，B., Latour, B. (2012) *Enquête sur les modes d'existence. Une anthropologie des Modernes*, Paris: La Découverte。

麦卡锡，J.、明斯基，M. L.、罗切斯特，N. 和香农，C. E., MeCarthy, J., Minksy, M. L., Rochester, N., & Shannon, C. E. (2019 [1955]) *A Proposal for the Dartmouth Summer Research*

Projet on Artificial Intelligence, en ligne sur jmc. stanford. edu: http://jmc.stanford.edu/articles/dartmouth/dartmouth.pdf。

莫罗佐夫, E., Morozov, E. (2013) *To Save Everything, Click Here: The Folly of Technological Solutionism*, New York: Public Affairs。

纽厄尔, A. 和西蒙, H. A., Newell, A., & Simon, H. A. (1956) "The Logic Theory Machine: A Complex Information Processing System", *IRE Transactions on Information Theory* (2): 61–79。

诺伯格, A. L., Norberg, A. L. (2019 [1989]) *An Interview with Marvin L. Minshy*, en ligne sur conservancy. umn. edu: https://conservancy.umn.edu/bitstream/handle/11299/107503/oh179mlm. pdf?sequence=1&isAllowed=y。

佩珀特, S. A., Papert, S. A. (2019 [1968]) *The Artificial Intelligence of Hubert L. Dreyfus: A Budget of Fallacies*, en ligne sur dspace. mit. edu: https://dspace. mit. edu/bitstream/handle/1721.1/6084/AIM154.pdf?sequence=2&isAllowed=y。

罗斯, F., Rose, F. (1986 [1984]) *L'intelligence artificielle: histoire d'une recherche scientifique*, Paris: Payot。

瑟尔, J. R., Searle, J. R. (1995) *The Construction of Social Reality*, New York: Free Press。

瑟尔, J. R., Searle, J. R. (1999) *Mind, Language and Society*, New York: Basic Books。

西·阿穆尔, D., Si Ammour, D. (2019) «L'intelligence artificielle n'existe pas», en ligne sur strategies. fr: https://www.strategies.fr/actualites/marques/4027180W/-l-intelli-gence-artificielle-n-existe-pas-luc-julia.html。

西蒙, H. A., Simon, H. A. (1969) *The Sciences of the Artificial*, Cambridge: M. L. T. Press。

斯佩贝尔, D. 和威尔逊, D., Sperber, D. & Wilson, D. (1989) *La pertinence. Communication et Cognition*, Paris: Minuit。

图灵, A. M., Turing, A. M. (1950). "Computing Machinery and Intelligence ", *Mind*, 59: 433–460。

韦尔, J.-S., Vayre, J.-S. (2016) *Des machines à produire des futurs économiques: sociologie des intelligences artificielles marchandes à l'ère du big data*, Toulouse: Université Toulouse Jean Jaurès。

韦尔, J.-S., Vayre, J.-S. (à paraître) «Intelligence artificielle: entre science et marché. Quelques éléments sociohistoriques pour mieux comprendre une étrange expérimentation scientifique (1956–1990)», *Gérer & Comprendre*。

数字机制的可靠性

雅各布·多梅尼库奇　米拉德·杜埃伊　著
贺慧玲　译

信任卫士（Les gardiens de la confiance）自身也应该值得信任。这是作为合作之基础的社交媒介建立中一个众所周知的结构性问题。[1]为了确立社交媒介和信任卫士的可靠性，还应该正确地厘清一个社会的媒介化分层。在数字技术提供了一些前所未有的互动体验和集体组织的语境下，厘清媒介化分层并非易事。建立联系的平台、协同性维基网站、社交网络、分布式寄存器、远程呈现、数字货币等技术往往被视为回避社交媒介化的工具。相反，在本文中我们建议赋予这些数字技术一种富有深度的社交角色，将它们看作机制。因而在本文中，我们勾勒了我们社会面临的一个重大挑战："数字机制"的突生不断地塑造着我们信任关系的生产和分配，如何确保这种"数字机制"的可靠性？在何种条件下某些数字社交媒介能够构成值得信赖的机制？

一种有影响力的话语认为，数字时代乃是放弃信任卫士的过程，数字转型是社交关系（交流、授权、声誉，等等）的"去媒介化"过程，是放弃机制，从而有利于个体间直接和"透明"交易的过程。首先，我们简要地指出这种话语的局限性。相反地，我们建议将数字转型视为作为社会信任之基础的机制的替换、更新和增长过程。然后，我们概述了新社交媒介（数字技术）的"可靠性"通过哪些方式提出了一些具体的挑战。我们要求新的信任卫士具有可靠性保障，我们当前还不知晓如何向它们问责并将其置于透明和适当监管的层面上。最后，我们概览了当今正在探索的、从个体层面所做的尚不充分的回应类型。

去媒介化？叙事、来源、承诺与幻想

互联网的发展、随后具体而言社交网站使此前的控制论承诺改头换面，数字转型催生了我们社会中信任关系的分配和协商的新方式、共同行动和协调集体行动的新方式以及授权和声誉的新形式。由于数字体验以及行动和情感的新分配方式复杂多样，众多的诠释框架应运而生。这些框架将那些往往来自产业、有时来自诠释者和调节者的知识或对知识的要求具体化了。这些框架最终影响了商业模式和前景预测，以及公共创新和相关部门的调节。我们在此感兴趣的最具影响力的进路之一将数字转型看作一种"去媒介化"进程。这种进路乃是一种叙事和一套承诺，它促使共同认知以及政治的和技术的话语以创新为中心。一种合作语境在数字上的增长被视为对这种语境的结构性机制的一种名副其实的替代办法，这种替代办法简单地清除了社交媒介化分层的厚度。

为了理解这种叙事的吸引力，应该重新将这种叙事置于其语境中：人们对"信任危机"[2]忧心忡忡，至少自20世纪80年代以来，我们对贯穿我们社会的信任危机表示担忧。危机可以具有多种维度（"专门知识"的危机、"社会纽带"的危机、"相互依存"的危机，等等），但危机的一个核心方面一定是对机制的信任的危机。信息机制的获信度降低、自由民主政治制度失信，以及银行的信任危机，是信任危机话语中的主角，这种信任危机话语孕育了政治话语和技术措施，并成为理论研究的对象（赫希曼，2004）。

在经历过上述种种危机、机制性信任危机话语由来已久的社会中，希望很自然地落到了数字技术上。我们希望创建新的合作和协调模式，从而使我们摆脱危机。的确，不可否认的是，特别是自2010年以来，数字技术提供了新的互动体验，对行为和任务授权进行大范围的集体组织也前所未有地成为可能——云计算、协同性维基网站、建立联系的平台、社交网络、远程呈现的高精尖手段、分布式寄存器、数字货币……[3]

正如去媒介化叙事所述，我们的数字社会或将经历一种逐步放弃机制以及清除社交媒介化层次的进程。这标志着信任的构建和疏导结构（如行政官僚机构、银行、公证人、构建联系的服务部门，甚至国家）日渐式微。这标志着一种向个体自由决定的、对信任的直接投入的转变。数字社会中信任的特征是放弃第三方信任机构，促进点对点的信任形式，这种信任形式建立在直接接触和交换、共享评价以及透明的基础之上。这种进程产生的成果是，我们在信任取向方面会有一种更大的自主性：正如蒂姆·伯纳斯-李（2000：136）所说，"自由地选择某人自己的信任标准是最重要的权利之一"。我们的信任关系将是"去媒介化的"，不再求助于机构担保人。我们的信任关系朝着"直接的"信任关系方向发展，后者建立在一种已扩展到我们大部分互动领域的人际间信任的理想化模式上。

这种叙事今天包含了最为多样的授权形式，从顾客体验到积极动员，到社区生活，再到公民参与。商业信任通过一些交流平台在其规范方面得到了更新，这些交流平台似乎无须通过酒店业、交通和某些金融服务行业的专业管理人员就可以交换商品。在政治信任方面，确切地说是在选举信任方面，我们看到集体协商平台和积极投票的发展。这出现在那些既不考虑确切的政治模式也不考虑所采用的数字基础设施而要求"直接"民主形式的群体中。就如传统媒体迅速指出的那样，信息可靠性的意义也以类似的方式被更新：对专业信息媒介和公共话语的传统中介表示不信任，建立一些信息备选平台，无论这些平台是否公然积极的。最后，加密货币的发展似乎表明了前所未有的货币信任的可能性，这些可能性并非由发行货币的国家的可靠性来保证。如果我们看到这些具体情况的话，我们会认为，在某种程度上，数字技术的发展似乎已经伴随着某些传统媒介的衰落。

要对这些承诺的失败及其具体落实进行盘点不免有些不自量力。数字技术似乎有利于摆脱某些传统媒介的危机，尤其通过需求压力以及前所未有的潜在透明度。但是，如果将这种传统的信任机制的危机看作向个体和集体在无须中介的情况下掌权的转变的话，不免有些天真。这可能会使数字技术成为目光长远、完全具有信任授权能力的用户掌握的简单透明工具。

今天，关于去媒介化的假想更多地仍是神话的。在多数情况下，被描述为去媒介化的东西只不过是媒介的更新。我们经历的与其说是媒介的消失（有利于点对点信任和参与性），不如说是新媒介的突现（如"云"平台、"云"应用程序和"云"服务，等等）。这并不意味着要使共享的发展所带来的创新最小化，共享能够评价产品或服务，互帮互助，构建一种共同的经验资本或个体间交流的一些场址。我们要对总态势保持警惕：忽略新数字媒介的出现将不利于我们看到我们正在发展的信任关系、授权关系、信息关系及合作关系的挑战与局限性。

新的社交媒介是可靠的吗？

让我们看看那些作为新机制对我们的互动产生影响的数字技术。这些新机制（即数字机制）目前似乎获得了高度的集体信任。我们可以从民意调查和惯例中注意到这一点，我们观察到，一些任务、数据和物品被委托给这些新的社交媒介，而并未求助于第二种意见或一些保障策略。今天，面对这些新的授权做法，势必提出以下问题：如何构建这些系统本身的可靠性？如何构建这些系统介入我们社交关系的方式的正当性？与那些从传统上改变我们的互动及我们的自主性授权的机制相比，如何评估数字媒介的可靠性？

民族国家的发展（无论是其各种机制、庞大的官僚机构，还是其文化）伴随着透明度标准和账目查询标准的确立，这些标准是在几个世纪中集体制定的，并经过了一系列试验、犯错和协商的阶段。同样的，我们到21世纪初所了解的媒体生态系统（佩特格里，2015）也历经5个世纪的职业道德分层、外部调节、竞争以及生产者和用户的习得。与信任媒介化的经典模式相比，我们的新媒介即便成就斐然，但仍显苍白。我们可以说，新媒介迄今之所以赢得我们的信任，一方面是因为普通用户对新媒介不了解，另一方面是因为新媒介为普通用户提供了最低成本的舒适度。

得益于特别是自2015年以来接连不断的丑闻，这种由于不了解而产生的信任阶段似乎会结束。即便大众开始提出一些关于系统的可靠性和数据捕获及开发中的分寸方面的要求，我们的新社交媒介可靠性的缺乏造成的后果显而易见：我们交流的所有领域优步化、信息领域的污染、从政治上说极端情感的极化损害着公共空间的状况……曾经承诺的透明度和责任感对这些新机制而言是大大缺失的，它们并未受到一种能与其社会重要性和经济影响相匹配的技术的和政治的检验。

这些数字社交媒介表现出对信任卫士问题进行更新的以下三个特征：技

术分层、经济逻辑和社交理解。在这三个层面上，我们大部分数字社交媒介的可靠性今天是不充分的。

代码的可靠性

信息代码与信任概念的确是相容的吗？更确切地说，在面对通过代码进行运转的机制时应该如何调解我们的信任标准，使其恰到好处？一方面，代码以一种特殊的方式处理信息。这里只需援引控制论之父的话："信息就是信息，不是物质也不是能量。今天，不承认这一点的任何唯物主义都难以为继。"（威纳，1961：123）因此要理解一种数字社交人工造物的可靠性，应该考虑信息的这种物质性：我们新媒介的原材料容易遭受空前的干预，这种干预的发生可以不留丝毫痕迹。对于信息完整性的保护问题在"可信计算"（trusted computing）项目中已经提出。然而，在信息的物质性提出的问题之外，代码本身也涉及可靠性问题，因为代码引入了一种未完成形式。代码处理信息的方式就是，我们可以在任何时刻干预，从而破坏代码的可靠性结构："您不能完全信任一种不是由您亲自创设的代码……任何对源码的验证或分析都无法让您避免使用不可信的代码。"（汤普森，1984：763）因此，在力图将既定结构中已存在的现实和功能带给代码的尝试中，存在着一个专门挑战。

经济模式

当我们转向数字机制的经济逻辑时，我们知道今天数字机制是如何从结构上看是不值得信任的。众所周知，某些主要的数字行为者（如五大互联网巨头：脸书、苹果、微软、谷歌以及亚马逊）的经济模式以广告收入为中心。这使网民的关注（其使用时间和参与程度）和对用户的剖析（搜集个人数据、行为数据和环境数据，因为这些数据有助于内容和广告供应的精准定位）具有了价值。如果说对于这些平台来说，用户首先是一个其关注度和数据被捕获的人质的话，那么用户和平台之间的利益分歧和信息不对称是巨大的。在这一层面上，挑战在于将用户的利益（个人和集体利益）与发展和实施新数字机制的行为者的利益统一起来。

社交理解

数字社交媒介的可靠性面临的另一类挑战在于，用户在理解方面存在困难。用户尤其不理解被我们的数字媒介所更新的授权做法。这里只需说一下推荐系统,这种系统有助于数字环境的个性化(如个性化的新闻推送),有助于在用户行为数据库的基础上从商业上和政治上对用户精准定位。这种行为推荐与授权和满足需求的经典模式截然不同,它能够根据基于用户行为的推论,预知用户的动议。当用户想通过像谷歌这样的搜索引擎进行一个简单的搜索时,他们往往继续将搜索引擎看作某种索引,却忘记了谷歌搜索事实上将用户置于一种推荐进程之下,在这种推荐进程中纳入了一些根据他们的行为、数据、浏览历史记录和位置而提取的一些标准。这还是一个搜索吗?抑或这已经是一种要求建议的形式?关于个性化,我们看到,它不仅是一个被许多用户忽视的过程,而且它是未经用户检验和同意的。

构建可信赖的数字机制

去信任

试图消除信任卫士的可靠性问题而不是试图解决这个问题,也即消除信任需求而不是试图回应这种需求,在率先提出比特币概念的文章中就明确出现过:"我们需要的是一个电子支付系统,这种电子支付系统建立在密码证明而非信任的基础上,使得任何有意向的双方可以在互相之间直接交易而无需一个可信赖的第三方。"(纳卡莫托,2008:1)电子支付系统从此成为区块链(Blockchain)项目承担者的理想的调节者。但我们注意到,从我们今天所见来看,这也只是停留在口号上:在区块链基础上的具体落实情况(如比特币、以太坊……)却难以让人产生信任,无论从这种电子支付系统的能量的和技术的基础设施层面上说,还是从它们对现存机制——市场、政府部门、调节者,等等——的必要移植层面上说,都是如此(梅亚代尔等,2017)。

调　节

调节路径重申传统的主权形式,这种路径通常为国家所采用,有趣的是,欧盟也采取这种路径(譬如《欧洲通用数据保护条例》)。这种路径是不可或缺的,但同时也是不充分的,因为在实施方面存在一些困难,调节者与被调节者之间经常存在信息不对称。近来的研究路径之一从诚信[4]方面来提出调节视界。即便我们高兴地看到,诚信这一术语开始代替具有局限性的信任构建这一简单观念,但我们的确不知道这一术语是否宣告了一种其技术的实施仍待厘清的伦理和政治选择；我们也的确不知道人们是否只是简单地没有花时间来研究信任概念本身。

自动调节

自动调节路径经常被主要的数字行为者提起，这些数字行为者增加了话语和伦理委员会。显而易见，自动调节路径是不充分的，我们当前还不知道如何采取一些能够确实促使产业投入自动调节路径的刺激措施。

习　得

习得是指促使用户在基本读写能力之外掌握一种数字技能，从而得心应手地使用一些装置。一方面，普通用户应该达到恰当的理解水平，特别需要理解对其数据的使用以及其可能遭受的推断（inference）类型，这会促使用户在使用数字技术时保持某种形式的谨慎，这种谨慎在当前的"同意"模式中极度缺乏。另一方面，在读写能力和在信息谨慎问题之外，是时候唤起用户的反思了，用户应该反思，接受他们所依赖的数字基础设施会产生怎样的社会和政治后果。

公　有

构建可信赖的数字机制的间接路径由公有运动开启。数字化更新了公共善的概念和实践，为当前商业媒介的经济和司法结构带来了某种选择（博伊尔，1997）。公有运动所提议的治理模式是集体的模式，通过参与而获得信息，并不源自既定的第三方。公有运动为关于数字社会基础设施可靠性的反思所带来的有意义要素之一，在于它的运转需要一些互动形式，并通过一些不仅是经济的动机来动员能动者。

结　论

在数字技术不断扩张的社会中，人们扩展信任和回应信任的做法经历了许多重构。在数字时代，关于信任重构的研究往往从两个角度开展：一是不断扩大的数字环境（或完全数字化的环境）研究，二是数字能动者研究。我们在各种环境（平台、共享、应用程序、充满互联物品的空间）中不断变迁，这些环境既为信任设置了限制，又提供了独特的可能性。在这些环境中，信任关系既能得到发展，也可以相反产生问题，信任可以被证成也可以被证明是不合时宜的。同样，我们遇到一些新的能动者：有助于决策的算法、越来越自主的人工能动者、推荐系统，等等。我们或多或少准备信任这些新的能动者，无论从个体还是集体层面而言。[5]

在本文中，我们快速地勾勒了一种视角。这种视角不囿于数字环境和能动者在地方上的突现及其对不同的信任形式造成的影响。这种视角不仅在于理解例如我们在网络上是如何行为的以及尤其我们是如何与一个习得系统相关的，也在于将数字技术视为新的社会基础设施并研究数字技术的影响。当我们使这些社会基础设施成为值得信赖且能够支持惠及我们社会的合作动态的机制时，它们提出了一些具体的挑战。

Jacopo DOMENICUCCI *et Milad* DOUEIHI:
UN VOCABULAIRE DES INSTITUTIONS NUMÉRIQUES?
(*DIOGÈNE*, No. 261–262, 2018)

注:

[1] 关于这一"悖论"的不同版本,参见夏皮罗,1987;尼森鲍姆,2001;韦克特,2005;辛普森,2011和2014;雅弗罗,2017。

[2] 在此我们不能自问是否真的有一种总体的信任危机——这将意味着什么?——或者仅仅有一些部门危机,或者只是一些重组(伴随着向新的行为者的再投资而局部地丧失信任)。我们也不能停留于对信任危机的担忧与新自由主义发展模式(其中出现了信任危机)的突现之间的关系。无论如何,一系列民意晴雨表(法国政治生活研究中心等)似乎揭示了这种危机,专家和决策者对此表示担忧。在与这种担忧相关的细致分析之外,信任危机至少是一种话语对象和行动模板。因此,如果我们试图理解人们对数字技术如何影响信任的看法时,我们不能忽略信任危机。

[3] 协同性维基网站在这张单子中值得特别关注,因为它因一种建模于公有、特殊的治理模式而与其他几项不同。

[4] 见2019年8月4日欧盟委员会专家组发布的报告《可信赖的人工智能道德准则》,https://ec.europa.eu/newsroom/dae/document.cfm?doc_id=58477(consultéle19/05/19)。

[5] 划分是分析性的,因为这些环境今后是由一些专门的能动者创造和组成的,因为这些能动者反过来也会作为一个系统的要素得到理解,而采取的视域是互操作性视域,这种互操作性视域最终使该系统成为一种名副其实的环境。

参考文献：

伯纳斯-李, T., Berners-Lee, T. (2000) *Weaving the Web: The Original Design and Ultimate Destiny of the World Wide Web*, San Francisco: Harper Collins。

博伊尔, J., Boyle, J. (1997) "A Politics of Intellectual Property: Environmentalism for the Net?", *Duke Law Journal* 47, n°1: 87–116 [http://www.environmen-tandsociety.org/node/3893]。

赫希曼, A. O., Hirschman, A. O. (2004) *Exit, Voice and Loyalty: Responses to Decline in Firms, Organizations, and States*, Cambridge (Mass.): Harvard University Press。

雅弗罗, L., Jaffro, L. (2017) «Interactions en ligne et concept de confiance», 收入 J. 多梅尼库奇和 M. 杜埃伊（主持）, dans J. Domenicucci et M. Doueihi (dir.), *La confiance à l'ère numérique*, Paris: Éditions Berger-Levrault et Éditions Rue d'Ulm, pp. 33–62。

梅亚代尔, C.、马拉尔, A. 和穆夏尼, F., Méadel, C., Mallard, A. et Musiani, F. (2017) «Les Paradoxes de la Confiance distribuée: l'architecture pair à pair et la confiance des utilisateurs en bitcoin», 收入 J. 多梅尼库奇和 M. 杜埃伊（主持）, dans J. Domenicucci et M. Doueihi (dir.), *La confiance à l'ère numérique*, Paris: Éditions Berger-Levrault et Éditions Rue d'Ulm, pp. 113–140。

纳卡莫托, S., Nakamoto, S. (2008) "Bitcoin: A Peer-to-peer Electronic Cash System" [en ligne: http://bitcoin.org/bitcoin.pdf]。

尼森鲍姆, H., Nissenbaum, H. (2001) "Securing Trust Online: Wisdom or Oxymoron?", *Boston University Law Review* 81, n° 3: 635–664。

佩特格里, A., Pettegree, A. (2015) *The Invention of News: How the World Came to Know About Itself*, New Haven, Conn.: Yale University Press。

夏皮罗, S. P., Shapiro, S. P. (1987) "The Social Control of Impersonal Trust", *American Journal of Sociology* 93, n° 3: 623–658 [en ligne https://doi.org/10.1086/228791]。

辛普森, T. W., Simpson, T. W. (2011) "E-Trust and Reputation", *Ethics and Information Technology* 13, n° 1: 29–38 [en ligne: https://doi.org/10.1007/s10676-010-9259-x]。

辛普森, T. W., Simpson, Thomas W. (2014) "Computing and the Search for Trust", 收入 R. H. R. 哈珀（主持）, dans *Trust, Computing, and Society*, R. H. R. Harper (dir.), pp. 95–119, New York: Cambridge University Press [en ligne: ht-tps://doi.org/10.1017/CBO9781139828567.009]。

汤普森, K., Thompson, K. (1984) "Reflections on Trusting Trust", *Commun. ACM* 27, no. 8: 761–763 [https://doi.org/10.1145/358198.358210]。

韦克特, J., Weckert, J. (2005) "Trust in Cyberspace", dans *The Impact of the Internet on Our*

Moral Lives, pp. 99–120, Albany: University of New York Press, 2005。

威纳, N., Wiener, N. (1961 [1948]) *Cybernetics: Or Control and Communication in the Animal and the Machine*, Cambridge, MA: MIT Press。

对自然科学发展的几点见解

热拉尔·图卢兹　著
贺慧玲　译

2006年年初，当莫里斯·艾马尔在联合国教科文组织法国国家委员会（CNFU）的全会上提出此次研讨会*的初步规划时，他的选题在我看来简直是一个天才的动议，我并非是草率地使用"天才的"这个形容词，"天才的"是因为该选题不论是从当前来看还是从长远来看都是切合实际的。"天才的"是因为这一选题必定是硕果累累，为诸多建议提供了契机。

根据我在人才济济的机构（巴黎高等师范学院、国家科学研究中心、法兰西学院）的工作经验，我敢说这些机构中的任何一所均不能提供适宜这种会议的环境，只有联合国教科文组织法国国家委员会能胜任。我很高兴地再次向人文与社会科学委员会及其主席安德烈·布尔热先生表达敬意，对他们的才智和光辉业绩表达敬意。

我并非是无缘无故地建议将阐明精确科学和自然科学本身的发展的两篇稿件包括进来作为该方案的补充。我知道法国数学学院延续了悠久的教学历史，并在几个世纪中能够将频繁的国际交流与生机勃勃地保持独特的文化传统，特别是独特的语言文化传统相结合。皮埃尔·卡蒂埃**描绘的全景是出色的和巧妙的、清晰的和精确的：在我的学生时代，我是多么希望我们的老师能不时地考虑一下提供类似的可以促使多种提问接踵而至的总览！

显而易见，自然科学领域过于宽泛，很难做一个类似的总览，我将下功夫做一些补充。我仅仅发表与本研讨会的中心论题直接相关的几点见解。在此一个隐含的问题不断地冒出来，即在社会科学庞大工程旨在摆脱还原的欧洲中心主义而试图达到被更新的普遍主义时，精确科学和自然科学的某些实践者为何以及如何为其做出（适度的和深思熟虑的）贡献？

我的历史分期尤其关注过去 50 年，此外也关注四个世纪的西方现代性。

在此之前最好回想一下，在 20 世纪的灾难（战争与极权主义）之后，我们的科学和文科前辈被冠以何种尖锐的措辞，并被置于被告或同谋（或至少是嫌疑人）席之上。

> 我们曾经见到，我们曾经亲眼见到了认真完成的工作、最坚不可摧的教育、最严格的纪律以及为了达到不轨的图谋而实行这种纪律。……还有对于欧洲文化的迷失的幻觉，以及知识被证明无力拯救任何事物；还有道德目标败坏的科学因其残忍的实践而名誉扫地。……航船的颠簸是如此剧烈，以至于悬挂得最牢靠的吊灯也最终翻转过来。（瓦莱里，1919）

> 我坚持认为，某些不人性的病原体以及当代危机（这种危机迫使我们重新定义文化）的某些诱因……隐藏于复杂的文明之网中。……艺术、知识关注、自然科学、多种学问形态在非常接近屠杀场和刑场的时间和空间中绽放。值得我们考察的是这种接近性的性质与意义。人文主义行为的传统和模式为何在抵制政治暴行方面如此糟糕？这些传统和模式难道事实上构成了一道樊篱吗？抑或更明智地是承认在人文主义文化中存在着对极权主义和残忍暴戾的迫切诉诸吗？……我无法想象围绕文化定义以及围绕道德价值概念的存续而展开的争论可以忽略这些问题。（乔治·斯坦纳，1971）

回过头看看现时代的初期。自那时起，从科学革命（T. S. 库恩，1962）的角度来分析自然科学的发展是不无用处的。我们可以列举出二十余次科学革命。这些革命有时主要是概念革命，有时主要是工具革命（工具革命更为常见，几乎是概念革命的两倍）。我们注意到在学科之间存在趋异（通过分支）现象或趋同（通过合并）现象。以下两例足以说明这些概念。

关于物质动力的牛顿革命将地球力学和天体力学结合起来，这样拉近了从前截然不同的两门学科的距离。一种强大的（数量的、数学的、决定论的、预言性的）科学理论模式得以产生。理论论证的牢不可破以及实用预言的坚不可摧有利于鼓励当代人占有提供全新的可靠知识形态的另一种框架，而放弃固守之前的信仰（已揭示的真理、《圣经》）。

然而，古典力学范式的统治是如此根深蒂固，以至于许多物理学家因而拒斥其他类型的科学理论，尤其对达尔文关于生物进化的理论不屑一顾。事实上，达尔文这一理论的一些特征（缺乏预测能力、去数学化）似乎使人头晕目眩。因为在这些流于形式的外表之外，这一理论从根本上说是将永恒的秩序（天体或生命周期）给予不可逆转的进程，并且不仅是我们地球上的，不久甚至将远到整个宇宙（宇宙的扩张、创世大爆炸以及星辰的发生与消亡）的不可逆转的进程。今后要做的就是调和我们生存于其中的世界的这种奇异的双重性，即物质基本规律的普遍性以及处于不可逆转的进化中的世界的历史偶然性。

如果说科学革命的概念对于参透长时段里自然科学的发展弥足珍贵，科学革命的概念对于社会科学的作用却更多的是无关紧要的，因为社会科学更强调个体贡献的独特性，而不太重视学科内部紧密相关的累积性，虽然许多社会科学学科（经济学、人口学、语言学、考古学，等等）也采用了一些策略来仿效诸多精确科学和自然科学或与其共生。

下面我们将着重考察其他两种关系，一是通过科学革命与道德重估之间的类比和对照，二是通过从精确科学和自然科学到道德科学和政治科学的循环的、多元的方法的连续性。

大约在 1955—1960 年，人们能觉察到在科技发展中、在科技发展与社会的关系中有一种转向：

——技术起飞：征服太空（苏联发射的第一颗人造卫星"斯普特尼克"，1957）、微型化进程的开端（范曼，1959）；

——预警和觉识：《罗素—爱因斯坦宣言》（1955）、约翰·冯·诺伊曼（1955）、汉娜·阿伦特（1958）、C. P. 斯诺（1959）以及艾森豪威尔（1961 年 1 月）。

在一篇题为"我们能在技术中幸存吗？"的文章中，冯·诺伊曼给出了这一诊断：对于进步我们束手无策。任何试图找到自动的途径以预防当前的狂轰滥炸似的进步的企图注定会失败。唯一可能的安全是相对的，并且这种安全在于日复一日的明智判断。

阿伦特提出的问题是：在何种条件下非极权的世界是可能的？并给出了入木三分的看法（见《人的境况》）：

> ……科学的凯旋高歌的自食其果的初步效应在自然科学内部突然出现的危机中被感觉到。问题在于现代科学认识世界的"真理"虽然可用数学公式论证，可能有技术上的证据，但是这些"真理"不再适合于言语或思想的普通表达。
>
> ……我们只是地球生物，但我们已经作为宇宙的居民在行动，可能的情况是我们不再能够理解（即思考和表达）我们反而能够做到的事情。
>
> 如果说最好是不要相信作为科学家的科学家的政治判断，这不仅是因为他们缺乏"志气"（因为他们没有拒绝制造核武器）以及他们的"天真"（因为他们不懂一旦这些武器被发明，他们将是最后被咨询该如何使用这些武器的），而且恰恰是因为他们在言语已丧失权力的世界中活动。人的任何行动、任何知识、任何经验只有在人们能够谈论它时才具有意义。……复数的人，即在世界上生存、活动、行为的人能体验到可理解性的唯一原因是他们言说，互相理解，并且理解他们自身。

技术发展可用两种方式来分析，巨大化与微型化（庞然大物和集成电路片）。追随着旧有的趋向（艾菲尔铁塔、泰坦尼克号，等等），巨大化在两次世界大战之间随着目标在于作战、统治和掌控的强大国家（与马克思主义或自由意识形态背道而驰：国家的衰亡或最小国家）的建立而愈演愈烈。冷战掀起了新一轮的人工制品和大工程（水坝、高炉、氢弹、太空飞船）的巨大化，同时也掀起了长期的微型化（晶体管、激光、电路元件）进程，这种微型化自那时起就一直不间断地继续着，市场证明了这种微型化的效率（由消费推动的创新与投资），并证明了其在经济竞争（并最终在太空领域和军事领域）中的优势。

如果说冷战结束后，世界的和平化希望被挫伤的话，很大程度上是因为武器的不断精确化（激光导航、全球定位系统），这些武器使得美国可以通过一支职业军队（征兵被取消）更加节省费用地在世界各地实施打击。如此，称霸全球的美国借助于技术进步，能够克服其之前在越南失败的两个内因吗？

我们可以顺便提到的是，在当前关于知识产权的激烈争论中，不论是赞同还是反对专利的双方拿出的论据均宣称具有同一个目标：使知识生产率最大化。通盘考虑一下，这确实是绝对的重点吗？

最后一点意见是关于学科之间的趋异/趋同现象。过去半个世纪的微型化进程提供了两个值得注意的趋同的实例。首先是微电子、信息和电信的趋同，这种趋同是地缘战略和社会重大动荡的根源。而后是更为新近的纳米技术的趋同，纳米技术把物理学、化学和生物学汇集在尺度上，从而使死气沉沉的和生动活泼的、人和机器之间的区别消除了，开启了比想象的领域大得多的可能性领域。

道德重估概念的定义是为了说明和展望"科学中的道德运动"（图卢兹，2004），特别是为了惠及我的自然科学同行，这一概念与更为古老并在现在被广泛接受的科学革命（图卢兹，2006）概念具有相似性—反差的关系。最简单和最直接的关于道德重估（注意该词独特的写法[1]）范畴的说明是列举一系列例子，如奴隶制的废除、妇女的解放、去殖民化、战争被法律所代替、科学中的道德运动。

自美国在广岛投掷原子弹以来，科学家角色有了集体意识的迹象。创立于1957年（《罗素—爱因斯坦宣言》发表后两年）的帕格沃什科学与世界事务会议的目标是体现科学家的社会与道德意识，该会议在1995年荣获诺贝尔和平奖，获得了应有的知名度。此外，在2001年的诺贝尔奖百年纪念宣言中，有百余位签名者（各种奖项获得者）庄重地重申了用法律代替战争的目标（科克-米拉蒙和图卢兹，2003）。因此不可否认的是众多的科学家参与了这场运动，同时还有其他角色（外交家、政治家、记者、法学家，等等）的参与者。

广义上的科学中的道德运动有众多的构成要素，其中可以区分出三条主线：

——科学与战争，是用法律代替战争运动的构成要素，上文已经提及；

——地球的未来（可持续发展）；

——生物伦理学（生物医学实践、对生命的应有尊重）。

在过去几十年中，联合国教科文组织发挥了杰出的先锋作用，通过其环境项目、国际生物伦理学委员会以及世界科学知识与技术伦理委员会的活动，对这后两者进行了协调并为其树立声望。

对于核设施、卫生危机、遗传改变的有机体，以及纳米技术等的社会抗议日趋更甚，一般来说，科学界内部对于这些抗议的反应各不相同甚至对立。因此将"科学家"看作普遍地相似经常是不合适的，有时甚至是产生相反效果的。因此笔者试图在此描绘一种阶梯形的类型学，这一类型学包含四级阶梯，即四种态度，即从傲慢到公平的态度。

第一种态度（按照惯例是最高级阶梯）是狂妄的傲慢，认为这种社会抗议从根本上说是非法的，是蒙昧主义、非理性，所以应该原原本本地被谴责；那些不站在我们这边的人是反对我们的；科学家应该再次紧密团结与反科学的威胁做斗争并将现代文明从其贬损者中拯救出来。

第二种态度是逃避，认为这些抗议只是众多危害中的一种；随它们自生自灭；我们一如既往地继续我们的活动，对此焦虑担心只是浪费时间；总之，保护我们免受社会动荡的危害是政治家的责任；如果形势恶化，我们将去一个更为热情周到的国家工作。

第三种态度是宽容，认为这些抗议确确实实属于社会对于新技术的接受性问题；众多相关行业需要努力以重新获得居民的信任；尤其是研究人员应该为此做些最起码应该做的事情；如果这种不满归于平息，我们可以重回我们之前的习惯，直到下一次警报发出。

第四种态度（按照惯例是最低级阶梯）是公平，认为这些社会抗议情况比头脑发热的非难更加意味深长；技术的大张旗鼓的招摇、经济增长的竞赛以及经济竞争是所有人担心的理由；为避免可预见的灾难（在源自地球的有限性的自然屏障前碰壁），科学家们应该真挚地、诚心诚意地投入到社会共建进程之中，同时允许对各种选择做严肃认真的商议。

政治家群体对印度的民主（平等观念与世俗社会观念）特性采取了接连不断的多样的态度，我们的同事巴尔维尔·奥萝尔就此绘制一个类似的图表，这一图表事实上是如此地具有可比性，以至于它促使我叙述我自己对于我这一行的直觉。从我们的同事的评论中可以看到正统观念针对扰乱它的歪理邪说的各种反应方式。他的口头报告使我确信将来在说明第四种态度时，在所用的"公平"之上再加上东方字眼"和谐"。

处于这一层级（公平、和谐）的这些科学家可算作道德重估（上文所提到的"科学中的道德运动"）的推进者。

过去一些重要的研究（蒯因、罗尔斯、弗勒斯达尔）阐明了假言演绎的、推论的方法的概括性，并为其扩展至社会科学和政治科学鸣锣开道。这种方法的连续性倚仗的是科学出版和科学交流的多种实践。

科学建立在信任基础之上。甚至可以这样想，即科学事业的成功建立在同行团体的"具有犯善意的错误的权利"的基础之上。

在精确科学和自然科学的活动框架之外，在科学界的内部和外部存在一种广为传播的愿望，这种愿望旨在开启善意的空间，以产生可靠的知识，这种可靠知识是通过达到思考的平衡（这一平衡可被新的事实和论据完善）而获得的。同样的愿望表现在科学中的道德运动的构成要素（伦理委员会、伦理空间、"坦率与互相尊重"——帕格沃什科学与世界事务会议——的领域，等等）的众多创新实践中。旨在对科技抉择做出商议和共建的众多形式的参与民主（公共辩论、公民会议、指导委员会）中[2]也表现出这一愿望。

人们越是远离由数学论证和实验测试加固的坚强扶手，对于多样性的优势和资源的诉求就越是增加。这种增加的诉求促进了对善意的更为强烈的要求。这就是探索的路径之所在，由此去发明创新实践从而使得约翰·罗尔斯的正义理论及其使最贫穷人口的命运达到优化的基本标准更加有效。

最后还需中肯地提到文化多样性与生物多样性之间的联系。为此这里必须提到克洛德·列维-斯特劳斯在联合国教科文组织60周年庆典（2005年11月16日）上的开幕词中有说服力的措辞：

……我们不断地意识到，在人类范围内文化多样性问题反映出一个更为宽泛的、更亟待解决的问题，即人类与其他物种的关系问题；如果我们试图仅从人类层面入手而不管其他物种层面去解决这一问题的话是不可取的，因为确确实实我们所希望的、每个人对于与之不同的文化的尊重只不过是每个人应该对所有生命形态的尊重的一个个案。与古代和文艺复兴一脉相承的西方人文主义将人与所有其他生物孤立开来，过于狭隘地界定将它们分离的界限，使得某些越来越邻近人类的生物被拒绝在武断地划分的边界之外，人们会轻易地拒斥给予人类以与其他生物相同的尊严，因为人们忘记了一点，即人类首先是作为生物而不是作为生物之王或生物之主而是可受尊重的，对于人类是生物之主或生物之王的最初承认阻碍了人类对于所有生物表现出尊重。（列维－斯特劳斯，2007：9）

以上是一个简要的总览，旨在标明多条趋同的途径、开放的道路以及探索的轨迹，这些使我们能够希望，对于你们的可被看作是科学革命与道德重估的独特融合的社会科学深层创新工程，部分自然科学爱好者不仅是关切的、善意的观众，而且有时甚至是建设性的合作伙伴。

Gérard TOULOUSE: L'ÉVOLUTION DES SCIENCES NATURELLES
(*DIOGÈNE*, No. 219, 2007)

注：

　　* 2007年6月21—22日，联合国教科文组织法国国家委员会的人文与社会科学委员会在巴黎举办了主题为"科学普遍主义与文化多样性"的研讨会。——中译者注

　　** 皮埃尔·卡蒂埃在此次研讨会上发表了题为《数学的普遍性》的论文。——中译者注

　　［1］"révaluation"（重估）这一多年来常用的词的写法有双重优势：即一方面强调与"révolution"（革命）一词的类似，另一方面避免与货币的升值（réévaluation）产生混淆。

　　［2］此次研讨会结束后，我们的同事贝内迪特·福克瓦－科松执意要和笔者进行一次访谈，该访谈很快就发表于一本法律杂志（图卢兹，2007，p.1856）。

参考文献：

阿伦特, H., Arendt, H. (1958) *The Human Condition*, Chicago, IL: University of Chicago Press。

艾森豪威尔, D. D., Eisenhower, D. D. (1961) "Farewell Radio and Television Address to the American People", January 17, 可见网址：http://www.eisenhower.archives.gov/speeches/farewell-address.html。

范曼, R., Feynman, R. (1960) "There's Plenty of Room at the Bottom. An Invitation to Enter a New Field of Physics", *Engineering and Science Mag* 23 (5): 22–36, 可见网址：http://nanoparticles.org/pdf/Feynman.pdf。

科克-米拉蒙, L. 和图卢兹, G., Koch-Miramond, L. and Toulouse, G. (2003) *Les Scientifiques et les droits de l'homme*, Paris: Editions de la Maison des Sciences de l'Homme。

库恩, Th. S., Kuhn, Th. S. (1962) *The Structure of Scientific Revolutions*, Chicago, IL: University of Chicago Press。

列维–斯特劳斯, C., Lévi-Strauss, C. (2007) "Unesco at 60", *Diogenes* 54 (3): 5–10。

斯诺, C. P., Snow, C. P. (1959) *The Two Cultures and the Scientific Revolution,* New York: Cambridge University Press。

斯坦纳, G., Steiner, G. (1971) *In Bluebeard's Castle: Some Notes Towards the Redefinition of Culture*, New Haven, CT: Yale University Press。

图卢兹, G., Toulouse, G. (2004) "Le movement éthique dans les sciences: pourquoi maintenant? pourquoi si tard?", in *Les Origines de la création*, Paris: Editions de l'UNESCO。

图卢兹, G., Toulouse, G. (2006) "Scientific Revolutions and Moral Revaluations", in *Science and Society. New Ethical Interactions,* Milan: Fondazione Carlo Erba。

图卢兹, G. Toulouse, G. (2007) "Ouvrir des espaces de bonne foi", *Recueil Dalloz* 26 (5 July)。

瓦莱里, P., Valéry, P. (1957 [1919]) "La Crise de l'esprit", pp. 988–1014, in *Œuvres I*, 让·伊捷（编）, Jean Hytier, ed., Paris: Gallimard。

冯·诺伊曼, J., von Neumann, J. (1955) "Can We Survive Technology?", *Fortune,* June: 33–48。

是一部世界宗教史还是多部世界宗教史？

莱昂内尔·奥巴迪亚　著

马胜利　译

"全球转向"与世界历史

一个世纪以来，人文与社会科学发生过数次转向，每次转向都是决定性的并彻底改变了全部知识。在这方面，除了被提到过的其他学科外，语言学、文学、语用学、认知学、空间学和经济学的转向最为明显，也备受争议。目前，引发最大争论的最新转向是全球转向，和以往的转向一样，它同样能深刻影响，乃至彻底变革有关社会、文化、政治、经济和空间活力的知识领域。若要详细阐述这些转向对各个学科产生的可能的或实际的、暂时的或长期的、表面的或深层的影响，以及这些学科以何种方式接受或拒绝加入世界主义行列，这必然会花费太大的篇幅。所以，遵照本期专辑（《第欧根尼》第 256 期）确定的主题框架，我们把焦点集中在宗教科学或宗教现象方面，并围绕有关历史和地理性质的问题展开分析，以免脱离"全球化"主题所包含的时间和空间总体性。始于 20 世纪 90 年代初的"全球转向"代表了什么征兆？全球性的转向把有关神圣信仰体系的认识引向了何方？

还需指出，全球化概念的含义极其广泛（"全球化与发展研究组"，1999），它涉及不同的表象类别（范德利，2005），有时近似一种"时髦术语"或口号（沃特，2001），所以有半数以上的研究人员对其解释独立现实的能力提出质疑（吉伦，2002）。但无论怎样，全球化一词从 20 世纪 90 年代初起在社会科学界广泛出现，从 21 世纪 00 年代起在宗教学界大量使用。各种有关的形容词或形容词化变体（全球的、全球化的、全球主义的）在"全球化研究"领域被广泛使用，并且扩展到其他方面。

"世界史"并非就是全球化的历史或全球主义视角下的历史,它的发展性质体现为:目前兴起的广泛研究进路促进了社会和人文科学思考领域的多样化,但这些研究进路是平行发展的,相互之间并无必然联系。尽管人们发现"全球化研究"最初是从政治科学、国际关系学、历史学、经济学和社会学汲取了多样化资源,但"世界"史学始于21世纪00年代初这一说法却始终受到争议:人们或是认为它主要是受到史学活动转变的启发,或认为它受到了外部的影响,是美国(莫雷尔,2009)或德国(米戴尔,2004)的舶来品。总之,世界史学或全球史学的特点是承认多种历史叙述,因此也认为普遍历史不能由一国强加,因为各国和各地的历史是错综复杂的(泰斯托、诺雷尔、卡普迪皮,2012)。另外,"全球化研究"还以较广泛的规模推出一些(全球化的和正在全球化的)历史模式,尤其是得出一些不同的结论:让多种独特历史汇入一条轨道(仿照普遍史),使个别的历史大量增加(近似于在"全球"史学框架中的做法,安格勒贝尔,2014)。20世纪上半期,在法国的年鉴学派(主要由费尔南·布罗代尔推动,经常被"全球化研究"所提及)、德国(施本格勒)和英国(汤因比,1972)的重要历史哲学(在法国受到费弗尔的严厉批判,1992)之后很久,这种大范围史学才形成强劲回潮,它主要涉及的是经济史和政治史。那么,同样会受全球主义转向影响的"宗教史学"在其中享有何种地位呢?

批判性和去中心化的世界史

经过简单回顾了"世界史"的概念和一般被归入此类的概念,看来这种提法含义广泛但缺乏一致认可。世界史的研究进路拥有一套国际研究网络(2002年建立的普遍和全球史欧洲网络,ENIUGH)。与其名称给人的印象相反,它并非简单地在广度和长度上扩展普遍史,而是关注全球史在转移、衔接、流动、互通等方面的复杂性。这种"世界"史也可以被看作全球化的或全球化中的历史(严格地说是"多部历史"),因为它认识到一个历史领域的多种记述,揭示出相关叙事中的表象和关键所处的范围。从某种意义上讲,这属于人类史学的研究方法和理由,因为这种历史负有普遍使命,能以杂交和跨文化连接的方式容纳各种文化和社会的独特历史(米戴尔,2004)。这当然也是一部"政治"史,其主题使历史解读变得复杂起来,因为它承认境遇的多极性,认为针对西方的霸权叙事,即杰克·古迪所说的"偷窃历史"(杰克·古迪,2006)的抗议运动是正当的。总之,这是一种大范围的史学,它超出了传统的国家框架和文化场域,但并不将其从分析中排除(莫雷尔,2009)。本专辑思考的理论框架力求兼顾两个方面,一方面是目前成为史学研究新方向或新方式的"全球史学",另一方面是从整体角度研究历史事实的进路,该进路不局限于专业史学家的实践领域。

实际上,我们一方面看到,这些"新史学"主张多种理论路线和方法定位,其中包括在法国发展起来的"交叉"史学(沃纳和齐默曼,2003)、德意志学派提出的"关键节点"(米戴尔和瑙曼,2010)、转移和文化互化过程(与其术语给人的印象相反,米歇尔·埃斯帕涅并没有借鉴人类学,埃斯帕涅和沃纳,1988),以及反映被压迫人民历史叙事和抵制国家和帝国霸权性解读的"庶民研究"(普什帕达斯,2000);我们另一方面也看到,正在展开的"全球化研究"在视角和方法上显然更具跨学科性,但也对历史学进行了理论化,尽管全球化更涉及"地理学"的进路而不是"历史学"的进路。因为它表明发生的变化与多种文化相互连接和杂交有关,彼得·范德威将此列入他所称的"互动历史"(2001),这不同于"全球化研究"塑造的其他历史模式,即把各个社会都汇入一个"世界体系"(拜尔,1994;弗里德曼,1994),受潮流和传播影响的社会和文化多样化(罗伯逊,1992;阿帕杜莱,1999),或"跨国世界主义"(汉纳兹,1996)。

宗教在全球史中的作用?

从理论角度看,宗教过去和目前在全球史中占有何种位置?由于全球主义理论从时间上属于现代化理论的延续,但从观念上是同现代化理论的决裂,所以应当简单回顾一下现代化论点曾讨论过的模式。在几个最突出的模式中,对宗教的思考是基于其社会和伦理功能(迪尔凯姆,1912)、文化和身份功能(格尔茨,1973 和 2000);宗教被视为历史进程中人类行为不断展现的美学创造性的主要源泉(里斯,2012);它是体现在历史层面的神圣事物本体论(伊利亚德,1979),是基本认知功能(如观念)或派生认知功能(如社交性)

的产物（阿特朗，2002）。各种全球化理论的框架都对宗教赋予了其他角色：它在全球化的各种"浪潮"中参与文化和文明的扩张（瑟伯恩，2001），它一方面把和平全球主义的理想塑造成人类最终成果（冯巴洛文，2003），另一方面又助长了社会内部和社会之间的冲突（尤尔根斯迈耶，2010）。

人们是否看到宗教学也像其他人文与社会科学领域那样发生了"全球转向"？"全球转向"首先出现在社会学、国际关系学和政治学中，然后才出现在人类学、历史学和宗教科学中（奥巴迪亚，2010）。在所有这些知识领域，世界主义（或全球主义）既属于一种地理视角，也属于一种旨在超越地区或国别进路的方法论选择，以便从跨国家/超国家的角度思考宗教现象（库尔茨，2007）。这种视角可促使研究工作领会（社会、文化和宗教等）多种形式之间的关系，而不局限于各种形式自身，并注重由宗教间接触所导致的上述各种形式的超本地连接。这也说明了有关传播/流动和有关体系的进路后来为何发生演变（拜尔，1994）。所以应当想到的是，这些既较为突出也相对局限的方面至少说明，全球化的视角确有"某些"独到之处，它为研究宗教活力提供了一种新进路。但"确切地讲"，它为哪个领域提供了研究途径呢？由于这里谈的是历史学，所以涉及的是宗教史。但它涉及的是怎样的"宗教史"？是一种宗教（基督教）的历史，是多种宗教的历史，还是普遍性的宗教史？多种宗教的历史到底是跨学科的知识领域（朗格卢瓦，1994），还是一种乐于提醒或回顾其渊源和方法的学科呢（博尔若，2010）？那些从长时段和广地域角度思考宗教的著名学者（米歇尔·伊利亚德、乔治·杜梅齐尔、尼尼安·斯玛特和法国的米歇尔·梅兰）已经不在人世。他们的消失是否意味着创建一个以广泛视野为特征的知识领域这一伟大志向也宣告终结了呢？可以肯定的是，在宗教史方面，"不断地总结"是一种持久欲望（德迪埃纳，2000），一些并非历史学家的人重新重视起宗教行为的历史深度，他们对宗教史进行了大量研究。这种大规模分析研究的回归是由于人们对宗教现象再度产生兴趣（通过社会学或政治学），它也显示出在宗教史的某些领域，富有生命力的思想传统仍在延续；宗教史被纳入了极长时段生成过程的尺度（从旧石器时代起，里斯，2012），甚至与被认为丧失理智信誉的雅斯帕尔斯历史哲学重新建立起联系（朗贝尔，1999）。可以肯定的是，全球宗教史的新进路源于历史性状态的变化（引自 F. 哈托格，2003）：如果说在 19 世纪（也包括 20 世纪初的一些作者），关于宗教的讨论主要是其"根源"（弗雷泽、缪勒、迪尔凯姆等）和追溯其以往的"演变"，而到了 20 世纪，思想家们所关注的似乎是宗教的"未来"了（J.-Z. 史密斯、伊利亚德、坎特韦尔 - 史密斯等）。

重新创立宗教史？

世界历史是否如宗教史的创立者和著名专家所梦想的，体现为一种"新的""全世界史"或"大历史"？它基于各种方法论的综合，因而属于跨文化和跨时期的比较研究法，正如 20 世纪 50 年代米歇尔·伊利亚德的研究或米歇尔·梅兰（1973）更近期的著作所体现的。因此，这种趋向于大幅度分析的运动也意味着现象学意图和普遍史的回归。这种普遍史的灵感来自阿诺德·汤因比所代表的历史哲学学派，并得到一些全球史学代表人物的追捧（莫雷尔，2009）。上述全面性模式的诱人之处在于能够囊括文化和宗教的广阔历史与地理层面，但其问题在于不能深入到历史和宗教的复杂性当中：从汤因比到亨廷顿的"文明论"研究进路都受到这样的批评（费弗尔，1992）。目前，"大模式"的回归显而易见，与之相伴的丰硕分析并不一定限于历史学（奥巴迪亚，2013）。如果是这样，研究人员便有了多种选择：大量事实背后的深刻逻辑既可记录在长时段和延续性的历史中，也可记录在间断性的特殊历史之中。但仍需指出的是，对大规模模式的偏好也会使分析面临风险，即酿出新的雅斯帕尔斯式的历史哲学。该哲学的简化论长期以来受到年鉴学派的批评。但是，"新史学"是否适合研究全球化的进路？这很难断言，因为全球化源于社会空间化制度的改变（米戴尔，2010），这种改变比史实性制度的改变更为突出（谢柏德，2002）。

那么，"视角"或"程序"的变化又当如何？在这个思考层面占主导的是两种态度：谨慎和谦逊。因为全球主义无疑算不上一种范式（尽管其捍卫者声称它是范式），但显然又超过一种程序。在其较短的生存期中，"全球化"概念已引发出众多口号，并激起了排斥和拥护的双重反应。较晚出现的"世界史学"似乎也在保留态度与更新希望二者之间经受过波折。很少有宗教史学者站出来严肃评价全球性的研究进路，因为人们还看不出它是否会与旧方法实行真正的决裂或何种程度的决裂。为避免使分析陷入简化论，我们应当在新的理论和方法论背景下，对各种宗教做出逐一评估，这也正是本专辑的目的。另外，还有人持一种谨慎态度，他们从认识论上怀疑"任何全球化"或"全球思维"律令，总的来说就是分清"全球化"的地位，明确指出它是研究的"背景"还是"对象"。因此，这也涉及在历史中重新思考宗教，但同时不否认方法论的传统（比较研究法）和研究材料的特殊性（信仰、惯例、符号）。这些研究材料是通过特殊路径融入各个社会的，但其所有界面都已全球化。与此同时，还应当明确评估世界史在修正知识制度方面（把空间性纳入历史性）为宗教史做出的贡献，同时继续削弱一神中心论的主导地位。目前，宗教学日益认识到信仰世界的复杂性并正在实施上述做法（奥巴迪亚，2013）。最后，我们还应指出一个至今尚未完全解决的认识论终极二难推理：世界宗教史到底属于服务于全球化理论的宗教现象研究，还是能够革新宗教科学的全球主义研究进路？

Lionel OBADIA: HISTOIRE MONDIALE DE LA RELIGION,

HISTOIRES MONDIALES DES RELIGIONS?

(*DIOGÈNE*, No. 256, 2016)

参考文献：

阿帕杜莱，A., Appadurai, A. (1999) "Disjuncture and Difference in the Global Cultural Economy", pp. 295–310, réédité in M. Featherstone (éd.) *Global Culture. Nationalism, Globalization and Modernity*, 8th edition, Londres, Thousands Oaks, New Delhi: Sage Publications。

拜尔，P., Beyer, P. (1994) *Religion and Globalization*, Londres: Sage。

博尔若，P., Borgeaud, P. (2004) *Aux origines de l'histoire des religions*, Paris: Le Seuil。

德迪埃纳，M., Detienne, M. (2009) *Comparer l'incomparable. Oser expérimenter et construire* [2000], Paris: Le Seuil (Points. Essais)。

迪尔凯姆，Durkheim (1912) *Formes élémentaires de la vie religieuse*, Paris: Puf。

伊利亚德，M., Eliade, M. (1979) *Aspects du mythe*, Paris: Gallimard。

埃斯帕涅，M. 和沃纳，M., Espagne, M. & Werner, M. (1988) (éds.), *Transferts. Les relations interculturelles dans l'espace franco-allemand (XVIIe–XIXe siècle)*, Paris: Le Cerf。

费弗尔，L., Febvre, L. (1992) «Deux philosophies opportunistes de l'Histoire: De Spengler à Toynbee», pp. 119–143, Dans *Combats pour l'histoire*, Paris: Armand Colin/Agora。

弗里德曼，J., Friedman, J. (1994) *Cultural Identity & global Processes*, Londres, Thousand Oaks, New Delhi: Sage。

格尔茨，C., Geertz, C. (1972) «La religion comme système culturel», 收入 R. E. 布拉德伯里（主编），in R. E. Bradbury (éd.), in *Essais d'anthropologie religieuse*, pp. 19–66, Paris: Gallimard。

格尔茨，C., Geertz, C. (2001) "The Pinch of Destiny. Religion as Experience, Meaning, Identity, Power", 收入 C. 格尔茨，in C. Geertz, *Available Light: Anthropological Reflections on Philosophical Topics*, pp. 167–186, Princeton: Princeton University Press。

全球化与发展研究组，GEMDEV (1999) *Mondialisation. Les mots et les choses*, Paris: Karthala。

古迪，J., Goody, J. (2006) *Le vol de l'histoire. Comment l'Europe a imposé le récit de son passé au reste du monde*, Paris: Gallimard。

吉伦，M. F., Guillén, M. F. (2001) "Is Globalization Civilizing, Destructive or Feeble? A Critique of Five Key Debates in the Social Science Literature", *Annual Review of Sociology*, 27: 235–260。

汉纳兹，U., Hannerz, U. (1996) *Transnational Connections: Culture, People, Places*, Londres: Routledge。

哈托格，F., Hartog, F. (2003) *Régimes d'historicité. Présentisme et expérience du temps*,

Paris: Seuil。

安格勒贝尔, H., Inglebert, H. (2014) *Le Monde, l'Histoire. Essai sur les histoires universelles*, Paris: Puf。

尤尔根斯迈耶, M., Juergensmeyer, M. (2003), *Terror in the Mind of God. The Global Rise of Religious Violence*, third edition, Berkeley, Los Angeles, Londres: University of California Press。

库尔茨, L. R., Kurtz, L. R. (2007) *Gods in the Global Village. The World's Religions in Sociological Perspective,* Second Edition, Thousand Oaks: Pine Forge Press。

朗贝尔, Y., Lambert, Y. ([2007] 2009) *La naissance des religions. De la préhistoire aux religions universalistes*, Paris: Armand Colin。

朗格卢瓦, C., Langlois, C. (1994) «Un historien devant la théologie», 收入 J.-D. 杜朗（主编）, in J.-D. Durand (éd.), *Histoire et théologie*, Paris, Beauchesne/Université Lyon 3, p. 18。

莫雷尔, C., Maurel, C. (2009) «La World/Global History: questions et débats», *Vingtième Siècle*, 104: 153-166。

梅兰, M., Meslin, M. (1973) *Pour une science des religions. L'homme et le sacré*, Paris: Le Seuil。

米戴尔, M., Middell, M. (2004) «Histoire universelle, histoire globale, transfert culturel», *Revue germanique internationale*, 21: 227-244。

米戴尔, M., 瑙曼, K., Middell, M., Naumann, K. (2010) "Global History and the Spatial Turn: From the Impact of Area Studies to the Study of Critical Junctures of Globalization", *Journal of Global History*, 5(1): 149-170。

奥巴迪亚, L., Obadia, L. (2010) "Religion and Globalization", 收入 B. 特纳（主编）, in B.Turner (éd.), *The New Companion for the Sociology of Religion*, pp. 477-497, Oxford: Blackwell。

奥巴迪亚, L., Obadia, L. (2013) «Désoccidentaliser encore les sciences des religions? La modélisation des "spiritualités asiatiques" en France et en Europe», *Revue des Sciences Sociales*, 49: 122-129。

普什帕达斯, J., Pouchepadass, J. (2000) «Les *Subaltern Studies* ou la critique postcoloniale de la modernité», *L'Homme*, 156: 161-186。

里斯, J., Ries, J. (2012) *Les origines des religions*, Paris: Le Cerf。

罗伯逊, R., Robertson, R. (1992) *Social Theory and Global Culture*, Londres, Thousand Oaks, New Delhi: Sage。

斯科特, A., Scott, A. (2002) *In Gods We Trust. The Evolutionary Landscape of Religion*, New York: Oxford University Press。

谢柏德, E., Sheppard, E. (2002) "The Spaces and Times of Globalization: Place, Scale, Networks, and Positionality", *Economic Geography*, 78(3): 307–330。

泰斯托, L., 诺雷尔, P., 卡普迪皮, V. 主编, Testot, L., Norel, P., Capdepuy, V. (éds) (2012) *Une histoire du monde global*, Auxerre: Sciences Humaines Éditions。

瑟伯恩, G., Therborn, G. (2000) «Globalizations. Dimensions, Historical Waves, Regional Effects, Normative Governance», *International Sociology*, 15(2): 151–179。

汤因比, A., Toynbee, A. (1972) *A Study of History*, abridged edition, New York: Weathervane。

冯巴洛文, B., Van Barloewen, B. (2003) *Anthropologie de la mondialisation*, Paris: éd. des Syrtes。

范德利, M., Van Der Bly, M. (2005) "Globalization: A Triumph of Ambiguity", *Current Sociology*, November, 53(6): 875–893。

范德威, P., Van der Veer, P. (2001) *Imperial Encounters: Religion, Nation, and Empire*, Princeton: Princeton University Press。

沃特, M., Waters, M. (2001) *Globalization*, second edition, New York: Routledge。

沃纳, M. 和齐默曼, B., Werner, M. & Zimmermann, B. (2003) «Penser l'histoire croisée: entre empirie et réflexivité», *Annales. Histoire, Sciences Sociales*, 58e année (1): 7–36。

卡迪·西拉和查利·范达默的影片《无声的独白》：有关女性全球化的（不那么新的）故事

奥迪勒·卡泽纳夫　著
贺慧玲　译

塞内加尔作家布巴卡尔·鲍里斯·迪奥普在其 2007 年出版的随笔集《镜像之外的非洲》中收入了此前创作的《非洲认同与全球化》一文，他在该文中以一种批判的眼光研究了全球化对包括电影在内的艺术表达的影响。在分析非洲电影生产的现状时，他特别提道：

> 非洲电影今天几乎完全受国外利益左右……这彻底改变了当前最受媒体追捧的非洲电影艺术家的主题与审美方式。他们拍摄的为了在西方电影节上放映的影片，几乎从来不在雅温德和利伯维尔播映。这些影片虽然由非洲人署名，但是却将一种异域目光投射于非洲大陆。在某些情况下，我们可以说这是对想象的剥夺，因为导演逐渐被剥夺原始电影脚本而最终沦为纯粹的托词，甚至于"他的"拍摄团队往往大多是由制片人强塞进来的欧洲技术人员。
>
> 这种尴尬状况并不是非洲导演所特有的，但是在非洲，文化挑战大于商业挑战。通过对一个大陆的种种形象的操纵，能够达到对该大陆的政治和社会控制。（迪奥普，2007：204–205）

迪奥普认为音乐和图书的情况同样如此，但他在结论中探讨了全球化的可能影响，即全球化的挑战、对全球化的抵制以及全球化对艺术创造力的影响：

> 真正的文化乃是人类精神对于政治或经济独裁盲目性的一种回应。它跟喧嚣和浮华毫不相干……如谢赫·哈米杜·卡内所言，创作家只有"坚持自己的存在"，而不是否定自己，才能应对来自一个越来越复杂和冷酷的世界的挑战。艺术家如果不首先做自己的话，那么就什么也不是，而且无话可说。（迪奥普，2007：208）

在《21世纪头十年的非洲电影——批判视角》（2012年）中，奥利维耶·巴尔莱讨论了在21世纪头十年中影片如何应对全球化、经济市场的期望以及影片不叫座等挑战，讨论了非洲的男女导演如何试图通过新的审美形式激发新的动力，这种新审美形式挑战了作为电影类型的纪录片的目标及真实性。

在探讨全球化问题并采用各种表现形式的影片中，某些影片不得不提。特别是阿卜杜勒－拉赫曼·西萨科的《巴马科》（2006年），该影片运用了戏剧化表现形式。笔者在当时撰写的一篇报告中提到导演在天亮时怎样布景：

> 借用贾布里勒·迪奥普·曼别蒂的影片《卖太阳的小女孩》的长镜头，夜色褪去，天空泛白，一个身影在空荡荡的街上缓慢前行——而此时在远景中是一个脚手架——西萨科直接将我们带到了面向巴马科一个居民区众多居民楼的一个院子。当人们清晨醒来奔赴日常工作时，场地立刻变成了起诉全球化的法庭。（卡泽纳夫，2007）

卡迪·西拉和查利·范达默的影片《无声的独白》（2008，45分钟）的开头也有许多异曲同工之处。当镜头缓缓地沿着街道往下走，然后停在门口，停在正在门前打扫卫生的年轻女性身上，随后我们看到阿米，她也正在自家门前打扫，一会儿她将奔忙于别的活，开始"阿米，拿这个""阿米，干这个"的漫长一天。

虽然《巴马科》和《无声的独白》这两部影片旨在强调全球化的负面影

响并因此运用戏剧化手法，但是二者的风格均是独特和独树一帜的，均致力于一种形式上的追求和一种审美方面的探索。例如，卡迪·西拉着力于构建一种依托回声效果的文学和电影文本，某些回声是内在于作品的，其他回声具有电影的转瞬即逝和电影互文性的性质。以下我们将阐述这一点，并探讨影片《巴马科》的影响。

戏剧化手法的地位：全球化的故事

这两部影片均从戏剧化效应出发来探讨其关注的问题：在《巴马科》中，马里文化与旅游部原部长（1997—2000年）阿米娜塔·特拉奥雷在其中出演一名作家，被传讯到庭做证。她的出演改变了影片的性质和目标。特拉奥雷曾任联合国发展项目协调人，著有《亵渎想象》（2002）等多部文集，是"建设另一个马里论坛"协调人，与布巴卡尔·鲍里斯·迪奥普合著了《伪善者的荣耀》（2014）。在探讨非洲的可能发展形态时，特拉奥雷是论述非洲大陆的一个占主导地位且不可回避的声音。在那些一番更比一番感人至深的证词之上，甚至还在沉默与保留之上，出庭做证的特拉奥雷发出了她的声音。当然戏剧化不止于此。[1]

如果说电影的主要场地是面向许多居民楼的内院，并很快就变成审理全球化案件的法庭，电影却赢得了一个双重赌注：一方面避免了说教，另一方面并未固守审理案件的一个静止和封闭的空间。除了戏剧化之外，该影片还体现了《地球上的生活》（A.西萨科，1998）中已有的悠闲风格。这里，影片通过一系列连续的特写镜头，向我们呈现了日常生活的普通时刻：一名男士正在享受他那很俭朴的早餐，几名妇人正在染布，一个年轻姑娘在照料婴儿，一名穿着尿布的儿童把他的篮球鞋踩得吱吱作响，一名长期卧床病人正在接受静脉注射，歌手梅莱，她的丈夫沙卡幻想着在可能会落地该城市的以色列使馆谋一个警卫职务因而正跟着录音带学希伯来语。每个镜头再现了日常现实生活的诸多侧面以及在各处捕捉到的快照，而与此同时，摄影机取了一个远景，让我们看到地方的与全球的是如何相互渗透的。

奥利维耶·巴尔莱对《巴马科》和《克里夫兰对抗华尔街》（瑞士导演让—斯特凡纳·布龙执导）做了比较研究后指出，一方面两部影片强调贫困社群的痛苦，另一方面对痛苦的参与和感受是电影试验的驱动原则：

> 两部影片都涉及虚构的案件，却上演了真实的证人、法官和律师。两部影片中，小人物的尊严比事实本身还更暴露了强权者的厚颜无耻。（巴尔莱，2012：62-63）

《巴马科》包含一个仿照意大利式西部片的剧情，而该西部片其中一位制片人是丹尼·格洛弗，导演是巴勒斯坦人埃利亚斯·苏莱曼。影片中牛仔杀死过往的妇女儿童，所有这些属于对全球化进程的戏剧化，而该进程在某种程度上被提升为名副其实的人物角色。院子里一些人聚拢在电视机旁观看美国西部片并发出阵阵笑声，这说明美国西部片在非洲大陆所占的分量及其风靡程度，说明美国西部片滋养着非洲大陆的想象，因此对广大观众来说，他们更熟知美国西部片，而不是在当地拍摄的诸多影片。西方的西部片想象占据了上风。总之，电视上播映的这些西部片间接地表明，在电视节目和影院中，人们看到更多的是美国节目和电影，而不是当地的艺术电影和节目。实际上影院和国家电视台播放西方电影电视节目更有收益。在西方制作和发行公司的进攻型政策背景下，对非洲导演来说，做电影不啻于下一场赌注。

晚上在夜店唱歌的梅莱的痛苦将我们带到了《巴马科》的核心主题：梅莱含着眼泪，她丈夫失业，丧失了尊严因而放弃了婚姻；梅莱独自一人重新回到她的出生地达喀尔，对其女儿不管不顾；梅莱的眼泪象征着一个大陆的痛苦，这种痛苦也通过一个打断案审过程的妇女的怒吼声体现出来："够了，这种痛苦！"

法庭始终未宣判，沙卡的自杀刚刚打断了诉讼。观众保持不变，律师福尔搀扶着梅莱，镜头转位；刚才拍摄婚礼的摄影师现在开始拍摄沙卡的葬礼，同时法庭空了，从荧屏上渐渐隐去。虽然西方权力的象征物丝毫未损，但是《巴马科》的观众却并非未受触动：影片留在我们心中，每个细节和快照构成了一个整体，勾画出了一个更完整的形象，显现出全球化对当地人有何意味。

贯穿《巴马科》的题外话也体现了一种分享的观念，如巴尔莱分析道

（2012：63）：

> 将我们带离《巴马科》诉讼案件的题外话，目的只是促进对证人所表述的东西进行感知。这些题外话不是对影片的说明，而是一些非常短的、有时空距离的（甚至是像西部片故事的戏仿的）背景介绍，以方便对《巴马科》的鉴别。这些间离效果（distanciations）使得艺术家对生活亲历的移情并不排斥批判感受。艺术家的深入现实以及他们诗意的剧情处理产生的情感反而有利于一种直接的理解。持批判态度的艺术家不再是观察现实的人，他要推动观众去分享植根于自身经验的一种体验。

在《无声的独白》中，卡迪·西拉大大运用了戏剧化效果和个体化效果来向我们讲述一个关于全球化现象的故事。全球化现象体现在故事主人公塞内加尔女孩儿阿米的日常生活中，她从出生地卡萨芒斯来到达喀尔工作。

卡迪·西拉于2013年10月去世。曾著有多部中短篇小说，两部长篇小说，其中一部长篇小说是《大海的游戏》（1992），如同其他几位女导演，如齐齐·丹加伦布加、伊萨贝尔·博尼-克拉弗里或莫妮克·阿热诺尔，她从文学写作转到电影创作，执导了一部短片——《珠宝》（1997）和三部纪录片：《可洛巴尼快车》（1999）、《一扇开启的窗》（2005）和《无声的独白》（2008）。在2000年与詹姆斯·加阿什的访谈中，当被问及她如何从事这两项创作活动以及如何将想象与现实联系起来，卡迪·西拉回答说：

> 写作是一项孤独的活动，而做电影则是一个团队的事。有很多很多的事物，我们可以通过写作来表达，并且不用将其转变为影像。反之亦然。写作更贴近人，贴近人的内在性，而电影贴近人的表象生活。写作和电影是理解现实的两种不同方式。

它是理解现实的方式——通过将"我"置于摄影机前面或后面，存在权威问题，每名导演都需要解决主观性的比重问题，因为主观性有时大得可以直接达到自传程度，对于卡迪·西拉，主要涉及《一扇开启的窗》和《无声的独白》。还存在不可再现性问题,还存在她的"内心体验——以及作为观众的我们的内心体验"问题。奥利维耶·巴尔莱在论述 D. D. 曼别蒂的"理解世界"(1996:142)必要性时所提出的观点也适用于卡迪·西拉。

在《无声的独白》中,卡迪·西拉继续这种探索,将自我再现与个人反对社会集体弊病的声音结合起来。她通过诗歌来表达这一点。不同于《巴马科》中梅莱的歌唱,这部影片采用了诗喃(Slam)的形式,诗喃这种即兴诗歌由诗喃者法蒂姆·普洛·西表演,以表现"小"女仆爆发的过于强烈的不满情绪。

吉勒·德勒兹的论述切中要害〔巴尔莱在2012年(169页)分析有利于抓住现实的新张力和能量时做过引述〕:

> 在影像中,重要的不是贫乏的内容,而是所截获的随时就会爆发的疯狂的能量,这使得影像从来不会持久。影像与它们那被压缩能量的爆炸、燃烧和消散融为一体。(德勒兹,1992:70-71)

诗歌创作首先是对一个具体主题的质询,即对塞内加尔家庭中女仆的剥削——但是,正如西拉以画外音明确指出的,在西非这种情况比比皆是——的质询,诗喃在所说/唱和所表现之间的博弈中使影像的能量倍增。

布朗温·帕格斯利在对《一扇开启的窗》的研究中指出,西拉和阿明塔之间的互动属于雷诺夫所说的家族民族志概念:

> 采用自我询问和民族志关注相结合的自传方式记录他人的生活,其中主体的作用不在于为一种利益无涉的学术研究提供资料来源,而在于充当镜像或对自我的反省。(帕格斯利,2004:216)

《无声的独白》传达了一种类似的进路,因为它给予"我"和主体的某种编舞以一定的地位。与萨菲·法耶《塞尔贝及其他许多人》(1982)中的配音复制相反,也与为了重构塞尔贝一天生活的民族志观察相反,《无声的独白》的导演采用的画外音不是个人的,而是多人的:

> 我们是少数派。
>
> 我们是边缘人……但这个春天将是我们的春天。

这是一种多人的声音，它小声传播着并逐渐强行确立起来，然后爆发为女诗喃者法图·西的嘶唱中词语的阵阵奔流。它同时也是个人的声音，发自内心，说出了影像和声音之间的差距，以及所激发的回忆，温润的声音提到童年、妈妈的茅草房，这与影像中呈现的现实的贫瘠形成反差。由此，卡迪·西拉推翻了文学写作与电影创作之间的规范与边界，断然拒斥沉默不语并倾向于一种诗意创作：通过糅合痛苦、反抗或沉默来创造美。"影像所产生的情感不是感官的，而是诗意的"（巴尔莱，1996：158）；这种诗歌产生于影像与文本之间的距离。当卡迪·西拉说着半透明的水以及多彩的缠腰布的时候，影像（摄影机）展现了荒凉的风景、干旱以及干涸的河床：

> 我的身体完全在这，但是我的思想却在那。
>
> 这里是牢狱，我在这里只是做着同样的采买，集市，商铺，集市，商铺。

阿米使我们听到这些来自内心的言语。她处于一种异质时间性中，就谱系而言与奥斯曼·森贝内执导的影片《黑女孩》中的年轻女主角迪乌阿娜是一脉相承的（威廉斯，1993）。因此，在影像的互文性与类文性中，呈现在我们眼前的故事是阿米的故事，同时也是一代又一代进城当女仆的所有年轻女性的故事。《黑女孩》中迪乌阿娜所经历的归属和背井离乡问题[2]以及双重的人口迁移（从乡村到城市，从塞内加尔的达喀尔到法国的昂蒂布）问题，首先随着国家内部的城市化和人口外迁而变化。剥削状况在全球经济背景下变本加厉（见马兹乌伊，1999）。

从迪乌阿娜到阿米，这些年轻女性缺乏教育（不能上学）而被迫陷于沉默的状况反复出现，这暴露了对女性的剥削形式的永久性。图里亚·卡努斯（2013）考察了非洲女性艺术家的代际变化，特别是对待女性主义方面。卡努斯在导言中也强调了某些倾向，如强制女性保持沉默。

> 非洲女性被强制保持沉默的历史与殖民化的历史混杂在一起，其中女性不仅被她们自身文化中的家长制，而且被欧洲殖民者剥夺了话语权。……女性被剥夺了话语自由这一点，揭示了语言如何被用来作为家长制的武器。（卡努斯，2013：XVIII-XIX）

同时，卡迪·西拉探讨了年轻一代以及全球化观念今天是如何影响非洲年轻人的。卡努斯对利拉·马拉科西的电影《马洛克》（2005）的评价同样也适用于《无声的独白》：

> ……揭示了全球化是如何改变当代塞内加尔年轻人的生活的……全球化通过改变人们的身份认同而对其施加影响，这种现象在年轻人中更为明显，年轻人暴露于外国文化趋势和外国媒体之下。……在影片中纳入社会性别问题有助于研究和了解全球化备受争议的意义以及全球化对女性生活造成的影响。（卡努斯，2013：XX-XXI）

同样的，下一个镜头更有表现力，它将我们带到诗喃者这里，她怒问："你们为什么希望我们是黑女人，丑女人，小女人？为什么？为什么？"与此同时她的身体却展现了美。一遍又一遍地重复该问题，而不仅仅是一种喋喋不休的抱怨，就变成了一种连续的炮轰和反抗的呐喊。这种呐喊中气十足，重复的语句铿锵有力，这反抗的诗喃的强大力量来自那一道直视摄影机的目光，它也在艺术家走向镜头的同时根植在了我们心中。目光和身体承载着张力、愤怒以及拒绝屈服和剥削的决心。女导演卡迪·西拉把自己抹却在镜头后面，不仅是为了把针对影像的愤怒录下来，也是为了使这种愤怒溢出，跳出摄影画面，直接击中我们并向我们质问。

奥利维耶·巴尔莱对阿明塔这个人物及影片《一扇开启的窗》所做的几点批判性分析同样也适用于阿米或这位年轻的女诗喃者：

> 卡迪聚焦于阿明塔，聚焦于她的不幸、她的遥望的目光、她的憎恨、她被家人关闭在院子里不让外出、她自身的生存困难。电影直接用中景

来表现这些场景，这些场景既互相平等，又相互联系，既能获得认同分享，又有共同的不可交流性，而阿明塔的微笑凝固成了内心的自我反省。但是，阿明塔虽然占据了银幕，却处于一种极端的张力中。由于我们生存于世的焦虑投射在了她身上，她因而更富有吸引力，她同时也是阻碍情感表达的精神创伤。卡迪很明白，任何阐释都将抹杀视像，而卡迪落在阿明塔身上的视线并不是解释。（巴尔莱，2005）

这里，通过凝视以及夺得影像和媒介效果等挑战行为，这位年轻的诗喃者指涉非洲新一代女性主义者的活动。正如图里亚·卡努斯所指出的：

> 全球化同样也促进了女性的行动自主性，因为全球化使得女性进入到公共空间，女性主义活动分子可以通过一些呼吁权利平等的世界性论坛和跨国网络聚集起来。第四代女性主义活动分子利用博客和脸书等社交网络掌握了即时通信群体，目的是将女性主义目标纳入当地的动态发展中。她们在表达关切的同时，使女性主义适应她们那一代所面临的挑战。她们运用新的女性主义话语形式和技术，来充实她们的话语，并推动内心的改变。（卡努斯，2013：xxi）

女诗喃者眼睛一眨不眨，眼神中充满了愤怒，随后紧接而来的一连串证词干净利落，几乎使人们不可能紧盯摄影机。这些年轻女性，有的刚进入青春期，她们双眼低垂，以一种屈从的、被主导的姿态，一个个来讲述她们的故事，讲述她们成为女仆的过程：从母亲到女儿都是女仆，母亲不让女儿上学。

在萨菲·法耶执导的电影《塞尔贝及其他许多人》过去大约二十五年之后，同样的问题提出来了：为什么这么小的女孩儿不能上学接受教育？她们为什么要流落到城市，来到科特迪瓦女小说家伊萨贝尔·博尼—克拉弗里的小说标题所称为"饕餮大怪"的地方？这个塞内加尔年轻女孩儿在银幕上所提出的问题，在科特迪瓦的阿比让、多哥的洛美以及贝宁的波多诺伏均有可能提出，因为这些女孩儿的情况就意味着卖淫或者乞讨（巴利亚穆内—卢茨，

2005）。因此女孩儿被迫小心谨慎，决心宁愿去当女仆而不去乞讨或卖淫：另一个年轻女子问道："为什么一些女性得到解放的代价是其他女性遭受奴役？"

在没有发言权的阿米的内心独白之上，迅速叠加了其他的女人声音："看到一个女仆遭受虐待，我感到愤怒。我们和其他人一样也是人，但是他们对我们没有半点儿尊重。"这里对某种独白进行了叠印（surimpression），这是影片《黑女孩》中迪乌阿娜的当代版本，迪乌阿娜不仅承担了她自身的痛苦，而且承担了同她一样受到剥削的其他年轻女子的痛苦。这种手段重申了行动素（l'actant）（行动主体性，agency）问题，即谁以谁的名义来谈论，恰如 G. C. 斯皮瓦克在《庶民能说话吗？》（1988）一文中所提出的那样。

在这种对痛苦的表达中，在这种面对沉默的提问中，在由此导致的沉默与言语之间的、肉体表示服从与内心逃避桎梏之间的动态紧张关系中，西拉创作了一种新的编舞：表现痛苦与愤怒，而不是愉悦。通过将充满声音空间的诗喃和占据整个摄影机空间的女诗喃者的身体结合起来，戏剧化逐渐滑向一种"成就"的戏剧时刻，其中舞蹈作为抵抗行为重新发挥能量，将"社会表演者"（social performer）行为重新纳入质疑政治的行为，这种政治行为"暗示着冲突和一种严重的社会失序"（特切乌亚普，2011：71-93）。舞蹈和动作重新找到了它们的社会赌注：它们不再是消费和愉悦，而是政治行为。

"我进入父亲的花园"：回家还可能吗？

阿米展现了侧脸，什么也没说——侧脸后面是白色的背景，一些蚂蚁沿着墙面垂直爬行。我们是否能从中窥见法国导演萨拉·马尔多罗纪念圭亚那诗人莱昂·贡特朗·达马斯的影片（1995，23 分钟）中向各个方向爬行的蚂蚁？

透过各种证据，我们似乎又看到了萨菲·法耶的主人公塞尔贝：阿米是当今的塞尔贝，她试图为身边的家人和留在村里的家人提供生活必需品。她过着拮据的生活，而村里的家人并不理解她。通过阿米以及跟她有同样处境的其他年轻女性的声音，人们希望看到儿童反过来照顾她们。与迪乌阿娜相反，阿米挺住了，什么也没说，她"不在乎"。阿米继续制订未来的规划：

成为一名专业女仆，也就是厨师，然后有一天开一家餐馆。这些未来的梦想却伴随着一种可怕的考虑："我再也回不了村里了；父亲的花园不再存在。"文学文本与影像又一次不同步：影像是一匹瘦骨嶙峋的马穿过村庄。电影也正是从这种不同步中获得力量。

因此，卡迪·西拉不赞成回不了家这一观点，她反驳道："回不去村里是不可能的；所有女性都能回去。"让我们再次回到影片《塞尔贝及其他许多人》；她们是城市与乡村之间的纽带，保障了乡村的存续；如果说这些女性今天具有了她们未曾想过的名气，那么乡村对她们来说还是太小了；如同我们听闻其嗓音的卡迪·西拉所认为的那样，她们感到在乡村生活很拮据。这些女性在城市和乡村两个空间之间被城市化了。让我们转过来再回到《黑女孩》中的迪乌阿娜：阿米像她一样，也出生于卡萨芒斯。

年轻男子奥马尔对阿米说他爱她，这使她表达出很想与奥马尔一起制订未来的规划，但她同时又担心他也会离开。卡迪·西拉在结论中对当今的塞内加尔做了一番描绘：当地只剩下老人和小孩儿；劳动力都去了城市，去了达喀尔，甚至走得更远，去了大西洋的彼岸。我们再回到迪乌阿娜和《黑女孩》，在全球化经济背景下，我们在塞内加尔作家布巴卡尔·鲍里斯·迪奥普的短篇小说例如《黑人与布鲁斯音乐》（2011：63）中再次看到："恩戈尔村庄空荡荡的，堆满了物品……在恩戈尔，只剩下老人和小孩儿。我们可以说小妹妹们从来没有哥哥，妹妹无亲无故。"

通过借鉴非洲电影，西拉在她的每部影片中都能够将诗歌或文学写作与电影写作结合起来，将自动再现与塞内加尔社会的社会文化编码进路结合起来。在阿米的背后是许多世代的整整一大批年轻女性：那些迪乌阿娜、那些塞尔贝、那些被遗忘的女人、没有发言权者、无法受教育的女性。这使得她们的故事在全球化背景下复杂化了，但从根本上说都具有剥削的形式。

卡迪·西拉通过一种将文本和影像结合起来的戏剧化，即诗喃这种创作方法，展示了日常生活的全球化。女导演出现在影片中，透过她的低声细语和诗意的视域，观众充分意识到了导演想向他们诠释的东西。巴尔莱写道："只有当影片作者的身份在陈述中是清晰可辨时，观众才会对影像的根源放心。"（2012：63）这种声音和这种视域除了表现真实性或本真性或者意识的唤醒之外，还成为卡迪·西拉的审美标记：即诉说痛苦，通过个别性，通过多样性的个体化，使人感受到这些女性的遭遇，表现当全球化渗入日常生活中时，它对阿米，以及透过阿米对世界上其他女性大众究竟意味着什么。

Odile CAZENAVE:
LE MONOLOGUE DE LA MUETTE DE KHADY SYLLA ET CHARLIE VAN DAMME. HISTOIRES (PAS SI NOUVELLES) DE MONDIALISATION AU FÉMININ
(*DIOGÈNE*, No. 245, 2014)

注：

［1］下文中对《巴马科》的分析再现了卡泽纳夫 2007 年文章的观点。
［2］关于这一论题，见布瓦斯·戴维斯分析的社会性别和移民问题。

参考文献：

巴利亚穆内－卢茨, M., Baliamoune-Lutz, Mina (2005) "Globalization, Economic Growth and Gender Inequality: What Fate Awaits Women?", 收入 S. H. 博科、M. 巴利亚穆内－卢茨和 S. R 基穆纳（主编）, in S. H. Boko, M. Baliamoune-Lutz et S. R. Kimuna (éds) *Women in African Development. The Challenge of Globalization and Liberalization in the 21st Century*, pp. 13–32, Trenton, NJ: Africa World Press。

巴尔莱, O., Barlet, Olivier (1996) *Les Cinémas d'Afrique noire. Le regard en question*, Paris: L'Harmattan。

巴尔莱, O., Barlet, Olivier (2005) «Une Fenêtre ouverte de Khady Sylla», www.africultures.com/php/?nav=article & no=3960。

巴尔莱, O., Barlet, Olivier (2012) *Les cinémas d'Afrique des années 2000, Perspectives critiques*, Paris: L'Harmattan。

博伊斯·戴维斯, C., Boyce Davies, Carole (1994) *Black Women, Writing, and Identity: Migrations of the Subject*, London: Routledge。

卡泽纳夫, O., Cazenave, Odile (2007) "Bamako by Abderrahmane Sissako (2006)", WARA Newsletter, www.bu.edu/wara/files/pdf/WARA-NL-Spring-2007.pdf。

德勒兹, G., Deleuze, Gilles (1992)《L'épuisé》, 收入 S. 贝克特, in S. Beckett, *Quad et autres pieces pour la télévision*, Paris: Minuit。

迪奥普, B. B., Diop, Boubacar Boris (2001) «Identité africaine et mondialisation», www.africultures.com/php/index.php?nav=article&no=5。

迪奥普, B. B., Diop, Boubacar Boris (2007) *L'Afrique au-delà du miroir*, Paris: Philippe Rey。

迪奥普, B. B., Diop, Boubacar Boris (2010) "Black and Blues", 收入 S. 巴舍利耶、B. B. 迪奥普和 N. 达拉·谢萨, in S. Bachelier, B. B. Diop et N. Dalla Chiesa, *Lentement/Slow*, pp. 11–26, Paris: VMCF。

卡努斯, T., Khannous, Touria (2013) *African Pasts, Presents, and Futures. Generational Shifts in African Women's Literature, Film, and Internet Discourse*, Lanham: Lexington Books。

马兹鲁伊, A., Mazrui, Ali (1999) "From Slave Shipto Space Ship: Africa Between Marginalization and Globalization", *African Studies Quarterly*, 2(4): 1–7。

诺迪永, F., 普日霍德曾, J. 和拉奥, S., Naudillon, Françoise, Przychodzen, Janusz et Rao, Sathya (2006) *L'Afrique fait son cinéma*, Montréal: Mémoire d'encrier。

帕格斯利, B., Pugsley, Bronwen (2012) "Ethical Madness? Khady Sylla's Documentary Practice in *Une Fenêtre ouverte*", *Nottingham French Studies*, 51(2): 204–219。

西拉, K., Sylla, Khady (1992) *Le Jeu de la mer*, Paris: L'Harmattan。

特切乌亚普, A., Tcheuyap, Alexie (2011) *Postnationalist African Cinemas*, Manchester: Manchester University Press。

威廉斯, P. J., Williams, Patricia J. (1993) "Disorder in the House: The New World Order and the Socioeconomic Status of Women", 收入 S. M. 詹姆斯和 A. P. A. 布西亚 (主编), in S. M. James et A. P. A. Busia (éds) *Theorizing Black Feminisms: The Visionary Pragmatism of Black Women*, pp. 118–123, New York: Routledge。

作者简介

莎拉·海因娜玛（Sara HEINÄMAA） 芬兰科学院教授（2017—2021），芬兰于韦斯屈莱大学哲学教授。现象学、存在主义、思想哲学和哲学史研究专家，在上述领域著述颇丰，尤其论及规范性、情感、人格、主体间性和社会性别等问题。她不仅对胡塞尔现象学开展了大量研究，还研究了存在主义现象学及其方法，特别关注梅洛-庞蒂、西蒙娜·德·波伏瓦以及让-保罗·萨特的思想。著有《走向一种性别差异现象学》（2003）、《生、死和女性气质》（2010，合著）。与人合作主编了多部著作，如《意识》（2007）、《现象学与超越》（2014）以及《方法为什么重要：作为批评的现象学》（2021）。

佐佐木健一（Ken-ichi SASAKI） 日本东京大学名誉教授，现执教于日本大学。国际美学学会以及日本美学学会前主席，国际哲学团体联合会指导委员会委员。已出版的著作：《标题的魅力》（2001）、《非西方原则的美学》（1998）、《美学辞典》（1995）、《作品的哲学》（1985）以及《台词的结构》（获颁"三得利学艺奖"，1983）。

迪米特里·穆尔（Dimitri El MURR） 大学教授，法国高等师范学院—巴黎文理研究大学哲学系主任，让·佩潘研究中心（UMR 8230 CNRS）成员。他的研究涉及古代哲学史，尤其是苏格拉底、柏拉图，以及古代以来对政治柏拉图主义的接受。他发表过众多著作，其中包括：《友谊》（2001年、2018年修订版）、《光辉女神，在柏拉图周围》（与 A. 布兰卡奇和 D. P. 陶尔米娜合著，2010）、《知识的尺度：泰阿泰德篇研究》（2013）、《柏拉图的哲学艺术》（与 G. 博伊斯-斯通斯和 Ch. 吉尔合著，2013）、《知识与统治：论柏拉图的政治科学》（2014）、《柏拉图，〈政治家篇〉，前言、翻译和希腊文本》（与 M. 迪克索等人合著，2018）、《哲学家面对恶习：从苏格拉底到奥古斯丁》（与 C. 韦亚尔和 O. 雷诺以及布里尔合著，2020）。

克里斯蒂·多森（Kristie DOTSON） 美国密歇根州立大学哲学助理教授。2008年在孟菲斯大学获哲学博士，研究领域包括陈词认识论、非裔美国人哲学（尤其是黑人女性主义）、女性主义哲学（尤其是女性主义认识论），以及哲学与种族。她与罗伯特·贝尔纳斯科尼共同主编了《种族、混杂性和异族通婚》丛书。她近期的工作包括考察如何"现场"跟踪沉默实践，研究给予和接受陈词作为一种认知机能如何在造就和维持社会压迫中起到一种核心实践的作用。

金井芳子（Yoshiko KANAI） 日本立正大学文学系哲学教授，她以批判性的视角试图在女性主义与哲学两个领域之间搭建联系。近著有：《追求不同社会》（2008）、《依存与自立的伦理》（2011）、《家庭问题》（编著，2006）、《身体的共同体问题》（编著，2008）。

迈克尔·林奇（Michael P. LYNCH） 美国涅狄格大学斯道思分校教授。著有多部关于真理概念的著作：《语境中的真》（2005）；《作为一与多的真》，（2009）；《保卫理性》（2010，法语译本，2017）；《我们的互联网》（又译《失控的真相》，2017）。

塔内拉·博尼（Tanella BONI） 科特迪瓦阿比让－科科迪的费利克斯·乌弗埃－博瓦尼大学教授，著有多部哲学和文学著作。她担任国际哲学团体联合会副主席，还是《第欧根尼》杂志学术委员会委员。

穆罕默德·萨瓦多哥（Mahamadé SAVADOGO） 布基纳法索瓦加杜古约瑟夫·基－泽尔博大学教授，教授伦理与政治哲学及现当代哲学史，人文与传媒博士研究生院院长，创刊于2002年的《非洲哲学手册》负责人，是"知识分子自由声明运动"的全国协调人。近期著述有：《思考参与》（巴黎，2012）、《集体行动哲学》（巴黎，2013）和《创新理论、哲学和创造性》（巴黎，2016）。

彼得·肯普（Peter KEMP） 丹麦奥胡斯大学名誉教授，伦理问题知名专家。他尤为关注当代生物伦理问题，并著有大量相关著作和论文。曾任国际哲学团体联合会主席。

米雷耶·阿拉泰·博多（Mireille Alathé BODO） 科特迪瓦阿比让－科科迪费利克斯·乌弗埃－博瓦尼大学讲师，哲学系教师。2013年在费利克斯·乌

弗埃 – 博瓦尼大学答辩关于莱布尼茨的博士论文（题为"莱布尼茨论自由"），著有多篇论述莱布尼茨的论文，主要论文包括《莱布尼茨看民主和宗教》《争取承认女性能力的斗争：莱布尼茨的视角》《莱布尼茨看幸福和道德责任》《莱布尼茨看恶的问题》《莱布尼茨与二进制计算》。

M. 伯纳德·拉莫斯（Mogobe Bernard RAMOSE） 南非大学哲学教授。他的研究兴趣领域包括理论和应用伦理学、社会和政治哲学、解放哲学、非洲哲学和国际关系哲学。

克洛德·阿尔巴利（Claude ALBAGLI） 法国巴黎第十二大学教授。发展与经济和社会运动研究中心主任。主要研究发展（非洲、亚洲）与转型（欧洲）进程与战略，以及企业创新的多个方面。他尤其关注发展中国家的农业。当前他将所有这些兴趣点重新置于全球化语境中。著有十余部著作以及十余篇论文或著作章节。

本·萨利姆·希姆什（Bensalem HIMMICH） 作家、小说家及摩洛哥拉巴特大学哲学教授。作为多个国际文化组织成员，他活跃在政治及人权领域。他于 2002 年获得纳吉布·马赫福兹文学奖；2003 年，希姆什因其著作获得联合国教科文组织沙迦阿拉伯文化奖。2009 年至 2012 年，他担任摩洛哥文化部长。

让 – 塞巴斯蒂安·韦尔（Jean-Sébastien VAYRE） 法国蓝色海岸大学社会学讲师，法国国家科研中心法律、经济与管理研究小组（GREDEG，UMR7321）成员。主要研究在商业和组织领域中人工智能的技术应用的观念及其使用。

热拉尔德·加利奥（Gérald GAGLIO） 法国蓝色海岸大学社会学教授，法国国家科研中心法律、经济与管理研究小组（CREDEG，UMR7321）成员。他的研究主要涉及数字创新的发展、医疗机构对人工智能的使用、人工智能对劳动合作产生的影响。

雅各布·多梅尼库奇（Jacopo DOMENICUCCI） 毕业于法国巴黎高等师范学院，哲学教授。2014 年以来，他研究信任概念并与里查德·霍尔顿合著论文《作为一种双位关系的信任》（收入《信任哲学》，2016）。主编了《信任机制》一书（2018）。他发表了《我们能相信后 – 真相吗？——自由反对言论中的一匹特洛伊木马》（2019），论述关于 infox 的争论。关于数字社会中信任的未来，他撰写了《信任、扩展存储器和社交媒体》一文（2018），并与米拉德·杜埃伊合作主编了其第一部法文著作——《数字时代的信任》（2018）。

米拉德·杜埃伊（Milad DOUEIHI） 宗教史学家和语文学家，数字和数字文化主要理论家之一。曾在美国约翰斯·霍普金斯大学和加拿大拉瓦尔大学任教，此后在法国巴黎第四大学执掌法国第一个数字人文主义教席。著有法文著作：《大的数字改宗》（2008）、《走向一种数字人文主义》（2011）和《何谓数字的？》（2013）。伯杰–勒夫罗研究所学术委员会主任。与雅各布·多梅尼库奇主编了著作《数字时代的信任》（2018）。

热拉尔·图卢兹（Gérard TOULOUSE） 物理学家，法国国家科研中心的研究导师，巴黎高等师范学院物理实验室的研究导师，法国科学院成员。他的研究成果荣获过多种奖项。近著有：《科学家与人权》（2003）、《科学伦理是怎样的？》（2005）等。

莱昂内尔·奥巴迪亚（Lionel OBADIA） 法国里昂大学人类学教授，法国国家科研署人文科学部负责人，主要研究领域为宗教全球化，特别是亚洲的宗教以及巫术精神运动。具体研究欧洲的佛教、萨满教、北亚的医疗体系、新的灵修、东方和西方的文化互化。著有《宗教人类学》（发现出版社，2012年，第二版）等十余部著作，众多杂志专辑（如《社会学家》《社会人类学》《国际社会科学杂志》等）的学术编辑。著有二百余篇杂志论文或著作章节，论述宗教社会科学的理论和经验进路。

奥迪勒·卡泽纳夫（Odile CAZENAVE） 美国波士顿大学法国研究教授。研究领域涉及后殖民法语文学文本和电影文本的写作、审美和接受情况；社会性别、作家、艺术家和想象。她著有：《反抗的妇女：一种新的非洲女性小说的诞生》（1996）、《塞纳河上的非洲——新一代非洲小说家在巴黎》（2003），与帕特里夏·塞莱里耶合著有《当代非洲法语作家与承诺的担子》（2011）。作为特邀编辑合作主编了众多杂志的刊期，其中包括主题为"女性的诺言"的《发展中国家文化》第172期，与作家兼哲学家 T. 博尼合作主编了《世界创作家词典》（2013）的《非洲文学》部分。